W0213495

Hollerbach

HEILEN und KOCHEN mit der NATUR

Elisabeth und Karl
Hollerbach

HEILEN und KOCHEN mit der NATUR

Die besten
Wildpflanzen-Rezepte

IRISIANA

IRISIANA

Die Inhalte des Buches wurden von den Verfassern nach bestem Wissen erstellt und mit größtmöglicher Sorgfalt geprüft. Sie bieten jedoch keinen Ersatz für eine kompetente medizinische Beratung. Weder die Autoren noch der Verlag können für eventuelle Nachteile oder Schäden, die aus den im Buch gegebenen Hinweisen resultieren, eine Haftung übernehmen.

Bibliografische Information *Die Deutsche Bibliothek*
Die Deutsche Bibliothek verzeichnet diese Publikation in der Deutschen Nationalbibliografie; detaillierte bibliografische Daten sind im Internet unter http://dnb.ddb.de abrufbar.

© Heinrich Hugendubel Verlag, Kreuzlingen/München 2006
Alle Rechte vorbehalten

Umschlaggestaltung: Weiss / Zembsch / Partner, Werkstatt / München
unter Verwendung eines Motivs von Mauritius Images
Produktion: Ortrud Müller
Satz: Karl Hollerbach, Helsa
Druck und Bindung: GGP Media, Pößneck
Printed in Germany

ISBN-10: 3-7205-2727-1
ISBN-13: 978-3-7205-2727-9

Inhaltsverzeichnis

VORWORT ZUR NEUAUSGABE

Seit der ersten Auflage dieses Buches sind über achtzehn Jahre vergangen. In dieser Zeit wurde deutlicher denn je, wie sehr wir unsere Mitwelt „ver"nutzen und allem Lebendigen den Garaus machen, wie weit entfernt von „sustainable development" (unzureichend übersetzt etwa „nachhaltige Entwicklung") wir uns befinden. Nachhaltigkeit sollte Natur und Umwelt schonen, aber statt dessen wird weiterhin in immer größeren Monokulturen angebaut, die die Böden auslaugen und die ohne gewaltige Dünge- und Stickstoffeinträge keinen profitablen Ertrag abwerfen. Pestizide und Herbizide tun ihr übriges. Dazu kommen durch Straßen und Betonwüsten versiegelte Böden, Verschmutzung von Wasserkreisläufen und unseres Grundwassers, ungeheure Abfallberge und soviel schädliche Stoff-Emissionen, daß unsere Gesundheit spürbar gefährdet ist und viele Tier- und Pflanzenarten ausgestorben oder vom Aussterben bedroht sind. Wir kennen die Ursachen von vielen Katastrophen (wie z.B. den Überschwemmungen kürzlich im Odergebiet), wissen um die Empfindlichkeit der Ökosphäre, setzen aber immer noch auf Wachstum und Fortschritt.

Doch gibt es gleichzeitig auch ein wachsendes Interesse an ökologischem Landbau und gesunden, nicht genmanipulierten Lebensmitteln zu beobachten, an verantwortlichem Umgang mit Mensch und Natur. Immer mehr Menschen werden sich der Risiken bewußt, die aus Wachstumsideologie und Fortschrittsgläubigkeit erwachsen, wenden sich gegen Entmündigung einer globalen, lebensverachtenden Kapitalverwertungsmaschinerie, besinnen sich auf Selbsthilfe und einen ganzheitlichen Lebensansatz. Das ist nicht zuletzt abzulesen an der Flut von Büchern, die zu diesen Themen erscheinen. – Daß unser Buch, vor etwa zwanzig Jahren eines der ersten Pflanzenbücher, das sich mit den Wildkräutern und ihrer vielseitigen Verwendungsmöglichkeit im Alltag beschäftigte, nach so vielen Jahren wieder aufgelegt werden soll, freut uns natürlich besonders.

Wir haben das Buch gründlich durchgearbeitet und durch Angaben aus der aktuellen Fachliteratur ergänzt, wobei wir aber darauf hinweisen, daß wir den Standpunkt z.B. der Arzneimittelkommission E und anderer Institutionen unserer Gesundheitsbürokratie nicht unbedingt teilen. Arzneipflanzen sind mehr als verunreinigte Chemikalien bzw. isolierte Substanzen.. Sie wirken durch ihre wohldosierte Vielfalt an Wirkstoffen in Wechselbeziehungen so komplex, daß es bis heute nicht gelungen ist, diese Komplexiktät ausreichend zu durchdringen. "Die höchste Komplexität einer lebendigen Substanz kann man nie ganz erforschen, geschweige denn synthetisieren" (Pelt 1983). Es ist das vereinfachende, reduktionistische Denken, welches die Wirkung einer Heilpflanze auf *einen* wesentlichen Stoff zurückführen will. Reinsubstanzen sind einfacher zu verarbeiten und mit ihrem begrenzten Spektrum an Wirkungen leichter zu standardisieren, zu monographieren, zu verabreichen und deshalb *marktgerechter* als die Kräuter.

Die Volksmedizin hat sich einiges an Jahrtausende altem Wissen in der Pflanzenkunde erhalten. Sie weiß von der starken und deutlichen Wirkung der Pflanzen und ihrer Stoffwechselprodukte auf die Physiologie von Mensch und Tier. Viele unserer Angaben zur Anwendung stammen aus diesem reichen Erfahrungsschatz, und viele dieser Anwendungen haben wir selbst im Laufe der Jahre ausprobieren und bestätigen können. Manches an neueren Erfahrungen und Erkenntnissen arbeiteten wir in den Text dieser Neuauflage mit ein bzw. ergänzten ihn, strichen auch eine Pflanze (Immergrün) ganz, veränderten aber an der Grundkonzeption nichts.

Entwicklungsgeschichtlich sind Kräuter, aufgrund einer langen Ko-Evolution, unserem Organismus viel besser angepaßt als ihre Auszüge oder synthetische Nachahmungen. Ihr gesundheitlicher Wert liegt deshalb nicht nur in der Heilanwendung, sondern auch in der täglichen Ernährung. Pflanzen wirken darüber hinaus durch ihren Duft und ihre Farben auf uns stimulierend, sind mit uns und unserem Leben vielfach verbunden. Sie sind unsere Lebensgrundlage, ohne sie wäre Leben auf der Erde nicht denkbar.

Das Buch soll nicht nur als Ratgeber dienen, soll vielmehr Anregung sein, sich mit den Pflanzen und unseren Bezügen zu ihnen zu beschäftigen, ihre Schönheit und ihre Geheimnisse zu entdecken.

„Das Äußere einer Pflanze ist nur die eine Hälfte ihrer Wirklichkeit".
(Johann Wolfgang von Goethe)

München / Helsa November 1997

VORWORT ZUR ERSTEN AUFLAGE

Die Idee zu diesem Buch kam uns vor etwa drei Jahren, als wir aus der Großstadt aufs Land ins Dachauer Moos zogen. Frühjahr war's und die saftigen Wiesen standen voll Löwenzahn und Sauerampfer. Damit fing's an: mit Löwenzahnsalat und Sauerampfersuppe. Auf der Suche nach Rezepten für Wildkräuter-Verwendung fanden wir damals außer längst vergriffenen Kochbüchern aus Not- und Kriegszeiten nur ein Taschenbuch mit sehr dürftigen und phantasielosen Rezepten. Das gab uns den Anstoß, selbst auszuprobieren, was man an „Unkräutern" essen und wie man sie zubereiten kann. Die Rezepte haben wir gesammelt - es begann die Niederschrift eines eigenen Buches.

Von einigen der verwendeten Pflanzen kannten wir bereits Heilwirkungen, bei anderen vermuteten wir sie. Der größte Teil unserer Heilkräuter wirkt tatsächlich heilend und/oder anregend auf unseren Gesamtorganismus, wie wir im Fortgang unserer Arbeit feststellten, was uns dazu veranlaßte, unser bisheriges „Kochbuch" um den Heilpflanzenteil zu erweitern. Dabei haben wir uns auf die bekanntesten und wirksamsten der bei uns wachsenden Pflanzen beschränkt, um das Buch nicht zu umfangreich werden zu lassen.

Fast alle eßbaren „Unkräuter" besitzen heute mehr körperwirksame Inhaltsstoffe als unsere Kulturgemüse und Obstsorten. Darüber hinaus führte in letzter Zeit eine übersteigerte und oft unkontrollierte Anwendung von Kunstdünger und Pestiziden (d.h. chemischen Insekten- und Unkrautvernichtungsmitteln) zu einer Verwässerung des Eigengeschmacks, und dieser wird teilweise sogar von der „Chemie" überlagert. Gleichzeitig damit finden wir eine Abnahme des Vitamin- und Mineralstoffgehaltes, die durch einseitige Bevorzugung großer und äußerlich schöner Gemüse und Früchte noch verstärkt wird.

Besonderer Verunreinigungsgefahr unterliegen all die Gemüse, Getreide und Früchte, die direkt in der Nähe industrieller Anlagen oder an Autobahnen und anderen stark befahrenen Straßen angebaut werden. So wird z.B. ein Großteil des Bedarfs der Stadt München aus Anbaugebieten und Kulturen gedeckt, die die Ausfallstraßen der Stadt rechts und links säumen, bei anderen Großstädten sieht es nicht besser aus. Das bedeutet aber auch für uns und alle, die Wildpflanzen sammeln wollen:

- Keine Pflanzen aus Industrienähe oder von den Rändern stark befahrener Straßen und Autobahnen verwerten, der Mindestabstand beträgt 20 bis 30 Meter.
- Vorsicht vor frisch gedüngten oder 'begifteten' Äckern und Wiesen. Viele Bauern verwenden viel zu hohe Dosierungen der Giftstoffe, die sich beim Versprühen auch in der Umgebung der Felder niederschlagen. Auch hier einen Sicherheitsabstand von mindestens 20 bis 30 Metern einhalten oder nach dem Spritzen einen Regen bzw. mindestens eine Woche abwarten. Besonders viel wird leider im späten Frühjahr und Frühsommer gespritzt, wenn die Saaten

gerade aufgegangen sind oder die Felder halbhoch stehen. Notfalls auf Wiesen, Weiden und Waldränder ausweichen.

Trotz dieser Einschränkungen haben wir viel Freude am Bestimmen, Sammeln und Ausprobieren der Pflanzen gehabt und hoffen, sie mit diesem Buch weitervermitteln zu können.

Zum Schluß dieses Vorworts noch etwas gegen eine deutsche Kochunart: die gute alte Methode, Gemüse in viel Wasser totzukochen, mit dem Kochwasser dann die meisten Mineralstoffe und die restlichen Vitamine fortzuschütten, um es dann noch mit einer pappigen, überwürzten Mehlschwitze zu ersäufen. Es geht auch anders. Versuchen Sie mal Spinat ganz, oder nur sehr grob geschnitten - dünsten Sie ihn mit etwas Zwiebel oder Knoblauch in Butter, salzen leicht und würzen noch vorsichtiger mit einem Strich Muskat oder ein wenig Pfeffer. Sie werden staunen! Das ist übrigens die italienische Methode, Spinat zuzubereiten, er ist dort eines der beliebtesten Gemüse. Verfahren Sie so auch einmal mit einigen Wildkräutern, Sie können auf diese Weise am besten den Eigengeschmack kennenlernen, abschätzen, wie sie sich in anderen Gerichten einfügen und eigene Rezepte entwickeln. Verwenden Sie die Kräuter auch in kleinen Mengen, als würzige und gesunde Beigabe oder zur Auflockerung altbekannter Rezepte. Unsere Rezepte wollen Anregungen geben, Vorschläge für eine gesündere Ernährung sein.

Dachau, Januar 1979

EINLEITUNG

SAMMELN - TROCKNEN - VERARBEITEN

Sammeln Sie ausschließlich Pflanzen,

- die Sie genau kennen oder die Sie anhand der Abbildung und Beschreibung sicher bestimmen können. Achten Sie darauf, daß alle beschriebenen Merkmale zutreffen. Doldenblütlern widmen Sie dabei bitte besondere Aufmerksamkeit, da dieser Familie neben vielen nützlichen und harmlosen einige äußerst giftige Pflanzen zugehören. Bei Pflanzen, von denen Sie nur junge Triebe und Blätter verwenden, sollten Sie sich im Zweifelsfall zuerst eine ausgewachsene Pflanze suchen, die Sie sicher bestimmen können. In deren Nähe finden sich oft noch Jungpflanzen, die man dann später leichter erkennen kann.
- die frisch und sauber sind. Alte, welke oder fleckige Exemplare stehen lassen - sie haben weder die volle Lebenskraft noch ihr volles Aroma.
- die in genügender Menge vorkommen. Lassen Sie immer genügend kräftige Pflanzen stehen, damit diese sich wieder vermehren und den Bestand erhalten können.
- die Sie noch am gleichen Tag (spätestens am nächsten Morgen) verarbeiten können. Trocknen Sie nicht mehr, als Sie voraussichtlich bis zur nächsten Ernte brauchen werden.

Meiden Sie Pflanzen von

- Acker- und Feldrainen, die frisch gedüngt (weißlich-staubiger Belag, Jauchegeruch) oder mit Pestiziden gespritzt (Chlor- bzw. „Chemie"-Geruch) wurden. Vorsicht ist besonders im Mai geboten, wenn die Kornfelder handhoch sind, im Juni bei Mais- und Rübenfeldern. Auf frische Fahrrillen achten!
- Straßenrändern, bei stark befahrenen Straßen Mindestabstand 20 bis 30 Meter.
- Bächen, Gräben und stehenden Gewässern, deren Wasser nicht klar und sauber ist. Das gilt vor allem für Pflanzen, die ungekocht verwendet werden (Brunnenkresse), die Gefahr von gefährlichen Infektionen ist bei stehendem Wasser und schmutzigen Bächen besonders groß.

Wir haben diejenigen Pflanzen nicht aufgenommen,

- die zu leicht mit verwandten, aber giftigen verwechselt werden können.
- die nur in einem sehr begrenzten Gebiet vorkommen oder die regional recht selten sind, auch wenn sie nicht unter Naturschutz stehen, gut schmecken oder gute Heilpflanzen sind, wie Arnika, Bärlapp oder Sonnentau.
- die nur noch historisches Interesse verdienen, weil ihre Zubereitung zu umständlich ist oder zu viele Vorkenntnisse erfordert und dabei in keinem vernünftigen Verhältnis zum Nutzen steht.
- die nur unter ärztlicher Kontrolle als Heilpflanze verwendet werden dürfen wie Maiglöckchen, Fingerhut u.a..

Wir haben manche Pflanzen aufgenommen,

- obwohl sie von der Arzneimittelkommission E mit einer negativen Monographie versehen wurden. In all diesen Fällen handelt es sich um Pflanzen, die sich in der Jahrhunderte oder Jahrtausende langen Anwendung bewährt haben und von denen angenommen werden kann, daß sie bei sachgemäßer Anwendung auch keinen Schaden anrichten können.

Wenn Sie Pflanzen und deren Blätter für Heil- oder Würzzwecke trocknen wollen, sollten Sie sie an trockenen Tagen sammeln. Die günstigste Zeit ist morgens, nachdem die Sonne den Tau schon getrocknet hat, aber es noch nicht zu heiß ist. Die Pflanzen oder Pflanzenteile sollen sauber, nicht staubig sein. Sie dürfen nicht gewaschen werden (mit Ausnahme der unterirdischen Pflanzenteile), da sie sonst fleckig und schimmelig werden. Schadhafte Teile werden abgeschnitten.

Zum Trocknen kann man die Pflanzen bündeln und kopfunter aufhängen, die Blätter später abrebeln, oder die Blätter gleich einzeln trocknen.

Wurzeln und Wurzelstöcke werden in fließendem Wasser mit einer Bürste von der anhaftenden Erde befreit, dann gründlich ausgeschleudert. Dünne, schnurartige Wurzeln schneidet man in etwa 1 cm lange Stückchen, dicke Wurzeln und Wurzelstöcke in Scheiben oder Streifen von höchstens 3 mm Stärke.

Wollen Sie die Blüten alleine trocknen, zupfen Sie sie zuvor ab und behandeln sie schonend und jeweils nach Anweisung.

Sie können alle Pflanzenteile zum Trocknen auch in dünner Schicht auf Tüchern oder sauberem Papier oder einem speziellen Trockengestell (Einsätze mit siebartig durchlöchertem Boden) ausbreiten. An einem warmen aber nicht sonnigen, zugigen Platz trocknen sie besonders gut. Wurzeln und saftige Pflanzenteile müssen dabei hin und wieder gewendet werden.

Ofenwärme (Heizung, Backofen) zerstört Aroma- und Inhaltstoffe. Ein Nachtrocknen im Ofen kann höchstens bei Wurzeln und holzigen bzw. saftigen Teilen erforderlich werden, falls sie nach einer Woche noch nicht rappeltrocken sind und leicht brechen oder sich zerkrümeln lassen.

Erst wenn das Sammelgut völlig getrocknet ist (es muß in einer Schachtel rascheln oder auf Fingerdruck knistern), darf es in Dosen oder Schachteln gefüllt werden. Wenn Sie zu wenig Geduld haben, wird Ihr Tee oder Gewürz schon nach kurzer Zeit 'muffeln' oder gar verschimmeln.

WIRKSTOFFE

Pflanzen sind äußerst komplexe Wesen und darin unserem Organismus ähnlich. Sie enthalten eine kaum zu überblickende Vielfalt an Substanzen, die auf uns wirken. Dabei ist es nicht bei jeder traditionellen Heilpflanze bekannt, auf welchen Wirkstoffen ihre Heilkraft beruht, und es sind offenbar nicht in jedem Fall einzelne, umschriebene Substanzen. Beim Weißdorn ist es z.B. bis heute nicht gelungen, die nachgewiesene Herzwirkung an einem einzelnen oder einer Gruppe von Wirkstoffen fest zu machen. Erst der vollständige Auszug aus der Pflanze bringt die Wirkung.

Es kommt dazu, daß für viele Pflanzen genauere, naturwissenschaftlich orientierte statistik-medizinische Untersuchungen über Zusammenhänge von Einzelwirksoffen und Wirkung nicht vorliegen und wahrscheinlich auch nicht durchgeführt werden. Die Kosten hierfür sind enorm und können nur dann aufgebracht werden, wenn ein pharmazeutischer Hersteller Interesse daran hat, die Wirksamkeit seiner Präparate dem Bundesamt für Arzneimittel gegenüber zu beweisen. Und bei vielen Pflanzen wie Baldrian und anderen wechseln die wissenschaftlich bewiesenen Erkenntnise alle paar Jahre.

Wenn es nicht gerade um Pflanzen wie Weißdorn geht, hat fast keine der traditionellen Heilpflanzen eine Chance, ihre angestammte Indikation anerkannt zu bekommen, wenn sie dummerweise nicht die dazu passenden Wirkstoffe liefert. Als Beispiel hierfür möchten wir nur den Frauenmantel nennen, der nicht nur im Mittelalter hervorragend bei den verschiedensten Störungen, Über- und Unterreaktionen im weiblichen Zyklus und Klimakterium wirkte: Heute ist die einzige in den Standardzulassungen für Fertigarzneimittel erwähnte Indikation: 'Unspezifische leichte Durchfallerkrankungen'.

Ätherische Öle

sind stark riechende, ölartige Flüssigkeiten, die an der Luft leicht verfliegen. Sie sind in Alkohol und Benzin löslich, nicht jedoch in Wasser. Man findet sie in sehr vielen Pflanzen. Sie sind verantwortlich für deren charakteristischen Geruch. Meist bestehen sie aus einer Mischung vieler Einzelstoffe. Ihr Wirkungsspektrum reicht von geschmacksverbessernd, blähungstreibend (Kümmel, Fenchel), appetitanregend (Kalmus) über verdauungsfördernd, hautreizend (Rosmarin, Terpentin), harntreibend (Wacholder), kreislaufanregend (Kampfer), desinfizierend und antibiotisch (Thymol im Thymian wirkt stärker keimtötend als Phenol), bis krampflösend und auswurffördernd.

Eine Sonderstellung nehmen die schwefelhaltigen Senföle und Lauchöle ein, die in den Kreuzblütlern (Senf, Kohl, Kressearten) bzw. in den Lauchgewächsen (Zwiebel, Knoblauch, Bärlauch) enthalten sind. Sie riechen sehr stark, z.T. unangenehm und beißend, und schmecken scharf. Bei ihnen sind die schleimhautreizenden, kreislaufanregenden und antibiotischen Wirkungen besonders stark ausgeprägt. Bekannt sind z.B. Knoblauchpräparate gegen Arterienverkalkung. Ihre keimtötende Wirkung reicht beispielsweise bei Infektionskrankheiten der Atem- und Harnwege fast an die der Penizilline heran.

Alkaloide

sind alkalische (Name!), das heißt basische, laugenartige Pflanzenstoffe, die alle schon in sehr geringen Mengen giftig sind. Von einigen, wie Nikotin, Strychnin, Curare, genügen schon wenige Milligramm, um einen Menschen zu töten. Sie wirken gezielt auf bestimmte Organe oder Organgruppen, meist über das Nervensystem, das sie blockieren oder anreizen, können dadurch Krämpfe oder Lähmungen hervorrufen. Durch diese gezielte Wirkungsweise zählen sie, sehr sorgfältig dosiert, zu den wichtigsten Heilmitteln in der Hand des Arztes. Aufgrund ihrer Gefährlichkeit für den Laien wurden so wichtige Heilpflanzen wie die Tollkirsche, der Schlafmohn, der Stechapfel oder das Bilsenkraut hier nicht aufgenommen. Einige andere Pflanzen enthalten schwächer wirksame, in sehr geringen Mengen stark wirksame Alkaloide (Schöllkraut, Klatschmohn, Berberitze). Bei diesen ist bei richtiger Anwendung keine Gefahr zu befürchten.

Viele der alkaloidhaltigen Nachtschattengewächse waren übrigens in den Hexensalben des Altertums und Mittelalters enthalten. Wenn man sie auf Stirn, Schläfen und die Beuge des Ellenbogens einreibt, rufen sie mehr oder weniger starke Vergiftungserscheinungen hervor, die mit Schwindel, Wahnvorstellungen und wilden Träumen verbunden sind, also regelrechten Blocksberg-Erlebnissen.

Flavone

- auch Vitamin-P-Faktor genannt - sind gelbe Pflanzenfarbstoffe. Sie wirken festigend auf die Aderwände und fördern die periphere Durchblutung der Kapillaren. Dadurch sind sie wertvolle Heilmittel gegen Krampfadern, Durchblutungs- und Kreislaufbeschwerden. Außerdem fördern sie die Aufnahme von Vitamin C, D und Calcium in den Körper. Die wichtigsten Substanzen dieser Gruppe sind Rutin und Hesperidin; sie finden sich in zahlreichen Blüten (vor allem Linde, Weißdorn, Arnika, Holunder, Mädesüß, Roßkastanie) und Kräutern, besonders bei den Rautengewächsen, die dem Rutin den Namen gegeben haben und zu denen die Zitruspflanzen gehören.

Chemisch verwandt sind noch eine Reihe anderer Wirkstoffe, dazu gehören z.B. die Gerbstoffe (s.u.), das krampflösende Khellin, das sich in einigen mittelmeerischen Doldenblütlern findet, sowie das Cumarin. Dieser Stoff, der besonders im Waldmeister und im Steinklee reichlich vorkommt und diesen Pflanzen wie dem Heu seinen charakteristischen Duft verleiht, wirkt ebenfalls krampflösend und erweitert die peripheren Kapillaren. Chemische Abkömmlinge des Cumarins wirken blutverdünnend, sind daher wichtig zu Vorsorge und Behandlung von Herzinfarkt und Schlaganfall.

Gerbstoffe

können verschiedenen Stoffklassen zugehören, die aber alle meist sauren, phenolischen Charakter haben und mit Eisen zu dunkelgrünen oder blauen Tinten (Eisengallustinte, Dokumententinte) reagieren. Sie lassen Eiweiß gerinnen und werden technisch in großen Mengen zum Gerben von Häuten zu Leder verwendet. Ihre Heilwirkung beruht auf dem selben Prinzip: Die obersten Hautschichten werden gegerbt und dadurch Schwellungen und Entzündungen, Ekzeme, Frostbeulen und Mundfäule zum Abklingen gebracht. Ebensogut wirken sie innerlich bei Durchfallerkrankungen. Gerbstoffe finden sich in den meisten holzigen Pflanzen, besonders reichlich in Eichenrinde, vielen anderen Rinden und Wurzeln, Rosengewächsen (Fingerkraut-Arten).

Glukokinine

sind in der Lage, den Blutzuckerspiegel zu senken, wenn der Körper noch eigenes Insulin produzieren kann. Sie können daher bei leichten Fällen von Diabetes (Zuckerkrankheit) helfen, Medikamente einzusparen. Das gilt vor allem für Altersdiabetes im Anfangsstadium, bei dem es so gelingen kann, mit einer speziellen, kohlehydratarmen Diät auszukommen.

In allen Fällen, bei denen schon Medikamente eingenommen werden oder Insulin gespritzt wird, muß vor der Anwendung der Tees unbedingt der Arzt befragt werden. Glukokinine sind in der Brennessel, in Heidelbeeren und in der Eiche enthalten.

Glykoside

stellen eine große Gruppe von Wirkstoffen dar, die vom chemischen Charakter und Wirkungsspektrum her sehr unterschiedlich sind. Ihre Gemeinsamkeit ist, daß der eigentlich wirkende Teil in der Pflanze chemisch an Zucker gebunden (Name: Glukose = Traubenzucker) und dadurch in Wasser löslich ist.

Herzwirksame Glykoside stellen die wichtigste und wirksamste Gruppe unter ihnen dar. Sie finden sich vor allem in Giftpflanzen wie Fingerhut, Maiglöckchen, Küchenschelle, Adonisröschen, in wesentlich geringerer Menge in der Braunwurz und einer Reihe anderer Pflanzen. Die Wirkungsweise ist bei ihnen allen gleich: Die Herzfunktion wird verbessert, der Körper entwässert, das 'Wasser in den Beinen', das ja auch meist die Folge einer Herzschwäche ist, ausgeschwemmt. Das gilt besonders für das sogenannte Altersherz, bei dem ein Mißverhältnis zwischen Pulsfrequenz und Herzleistung eingetreten ist. Ihre heilende Wirkung können die herzwirksamen Glykoside allerdings nur beim kranken, geschwächten Herzen entfalten. Beim gesunden Menschen tritt die Giftwirkung in Form von Lähmungen in den Vordergrund. Da die Spanne zwischen Heil- und Giftwirkung sehr klein ist, muß die Anwendung der meisten Pflanzen dieser Gruppe dem Arzt vorbehalten bleiben, der die Patienten sorgfältig auf eine bestimmte Menge 'einstellt'. Hier wurden also nur Pflanzen aufgenommen, die die herzwirksamen Glykoside in geringer Menge enthalten, so daß bei normaler Dosierung eine

Vergiftung ausgeschlossen ist, bei leichten Fällen von Herzschwäche aber dennoch eine Wirkung erzielt werden kann.

Saponine sind von ähnlichem chemischem Charakter, sie haben jedoch keine Wirkung auf das Herz. Vielmehr schäumen sie mit Wasser stark (Name: *Sapo* = lat. für Seife). Sie wirken vor allem schleimlösend und auswurffördernd bei Husten. Zäher Bronchialschleim wird verdünnt und verflüssigt und kann dadurch leichter ausgehustet werden (Schlüsselblume, Seifenkraut, Birke, Roßkastanie). Sie haben außerdem eine reinigende Wirkung, können als Seifenersatz bei besonders empfindlicher Haut, die normale Seife nicht verträgt, und zum Haarewaschen verwendet werden. Durch ihre seifenähnliche Benetzungswirkung werden andere Tees besser ausgezogen, die Wirkstoffe vom Körper besser aufgenommen, d.h. sie besitzen auch resorptionsfördernden Charakter. Die Anwendung muß allerdings wohl dosiert werden, denn wenn die Saponine in größeren Mengen in die Blutbahn gelangen, können sie die roten Blutkörperchen zerstören.

Anthrachinonglykoside wirken stark abführend, indem sie die Peristaltik (wellenförmige Kontraktionen) des Dickdarms anregen. Die verwandten Emodine wirken ähnlich, führen aber leichter zu Übelkeit und krampfartigen Beschwerden, wenn man zu viel von ihnen zu sich nimmt. Beide kommen, außer in den ausländischen Heilpflanzen Aloe, Sennes und Medizinalrhabarber, auch in den einheimischen Acker- und Zaunwinden, im Faulbaum und Kreuzdorn vor.

Sonstige Glykoside: Arbutin, Cumarin, Flavone, Bitterstoffe, Senföle und Lauchöle finden sich in der Pflanze ebenfalls in Form ihrer Glykoside. Wegen der unterschiedlichen Wirkungen werden sie bei den jeweiligen Gruppen bzw. bei den entsprechenden Heilpflanzen erläutert.

Inulin[1]

ist ein stärkeähnlicher Stoff, der sich aber nicht, wie die Stärke, aus Traubenzucker-Molekülen, sondern aus Fruchtzucker zusammensetzt. Inulin wird im Körper wesentlich langsamer abgebaut, der dabei entstehende Fruchtzucker vom Körper aber sehr schnell zu Glykogen, einer Lagersubstanz für Kohlehydrate, aufgebaut. Dadurch wird der Blutzuckerspiegel durch Inulin nur um 1/6 des Werts erhöht, der sich bei der gleichen Menge Stärke oder Traubenzucker ergibt. Inulin, und damit auch Fruchtzucker, ist daher als Nährmittel für Diabetiker besonders geeignet. Löwenzahn, Wegwarte, Klette, Topinambur und eine Reihe weiterer Doldenblütler enthalten in ihren Wurzeln bis über 50 % Inulin.

---

[1] Bitte verwechseln Sie Inulin nicht mit Insulin. Dabei handelt es sich um ein höchst kompliziert gebautes Enzym, das von Tieren und Menschen in der Bauchspeicheldrüse erzeugt wird und mit dem Glucosestoffwechsel den Energiehaushalt des Körpers reguliert. In den letzten Jahren wird es fast ausschließlich durch gentechnolgische Verfahren hergestellt. Es kommt im Pflanzenreich nicht vor.

Begleitstoffe

Neben den oben beschriebenen Hauptwirkstoffen enthält jede Pflanze noch eine Vielzahl an anderen Substanzen, die ihr Wirkspektrum ausmachen und unsere Gesundheit positiv, aber auch negativ beeinflussen können. Daher kommt es, daß manche wertvolle Heilpflanze sich gelegentlich sehr unangenehm auswirken kann. Bekannt ist z.B., daß die Korbblütler bei manchen Menschen mehr oder minder schwere Allergien auslösen können. Das trifft auch für die Kamille zu. Allergien treten meist recht rasch nach der Anwendung auf. Sie sind in diesen Zusammenhängen lästig, aber im allgemeinen nicht gefährlich und vergehen nach Abesetzen des Krauts auch rasch wieder.

Ein anderes Problem ist, daß es in einigen Pflanzen auch Begleitstoffe gibt, die schwerere und länger anhaltende Schäden auslösen können. Wir wollen in diesem Zusammenhang nur die sogenannten Pyrrolizidin-Alkaloide nennen. Sie finden sich in stark wechselndem Gehalt in verschiedenen altbewährten Heilpflanzen: Huflattich, Pestwurz, die ebenfalls zu den Korbblütlern gehören sowie Beinwell und Boretsch aus den Rauhblattgewächsen. Diese Alkaloide stehen im Verdacht, Leberschäden und Krebs auslösen zu können. Dabei ist die Bewertung von Nebenwirkungen und Risiken nicht immer so eindeutig möglich, wie es ein offizieller Monographietext suggeriert. Die Schäden sind bisher nur bei der Anwendung der isolierten Reinsubstanzen in verhältnismäßig hoher Dosierung und langzeitiger Anwendung nachgewiesen. Uns ist keine Studie bekannt, die Vergiftungen nachweist, die von der Pflanze oder einem Tee daraus stammen. Sie ist bei einem bestimmungsgemäßen Gebrauch der Pflanze auch nicht zu erwarten, da alle Inhaltsstoffe hier im natürlichen Zusammenhang und einer erheblich niedrigeren Dosierung vorliegen. Wir werden auch hier wieder an den alten Grundsatz des Paracelsus erinnert: Nur die Dosis mach das Gift.

Das bedeutet für uns hier: Wähle deine Nahrung und deine Heilmittel möglichst vielseitig. Iß nicht mehr, als du brauchst, verwende Arzneien nicht länger oder in größerer Menge als nötig. Jede Übertreibung ist auf Dauer schädlich. Wir sollten auch daran denken, daß ein großer Teil unserer Krankheiten Zivilisationskrankheiten sind und von einem Zuviel oder Zuwenig kommen: Zu wenig trinken, zu wenig Bewegung, zu wenig Entspannung, zu wenig Liebe - aber zuviel essen, zuviel Fett, zu viele Zigaretten, zu viel Alkohol.

Und gerade bei den heilenden Pflanzen gilt, daß der schwache Reiz, der milde Heilimpuls oft nachhaltiger und tiefer wirkt, als wenn wir sie zu viel und zu hoch dosiert verwenden.

Wundern Sie sich nicht über die vielen scheinbar verschiedenen Wirkungen, die bei einigen Pflanzen angegeben sind. Wir möchten Ihnen nur an einem Beispiel zeigen, wie das zustande kommen kann:

Wenn eine Pflanze ätherisches Öl enthält, das hautreizend wirkt (Hederich, Brunnenkresse, Kiefer), so hat das auf die verschiedenen Organe die scheinbar unterschiedlichsten Wirkungen:

- Durch die Reizung der Mundschleimhäute wird der Appetit angeregt, durch die der Magenschleimhaut die Verdauung gefördert und dadurch ein Wärmegefühl erzeugt.
- Gliederschmerzen, Rheuma, Gicht, Prellungen und Blutergüsse werden geheilt, die Schmerzen gelindert.
- Durch Reizung des Nierengewebes wird verstärkt Harn ausgeschieden, was zu einer Entwässerung des Gewebes, einer Blutreinigung führt, und in einzelnen Fällen auch helfen kann, Grieß und Nierensteine aufzulösen oder auszuschwemmen.
- In der Lunge, den Bronchien, der Stirn- und den Nasen-Nebenhöhlen geht das vom Körper aufgenommene ätherische Öl in die Schleimhäute und die Atemluft über, verbessert dort auch die Durchblutung, wirkt schleimlösend und desinfizierend.

Diese Aufstellung berührt dabei noch nicht einmal die anderen Wirkungen des ätherischen Öls, noch weniger die anderen Inhaltsstoffe, die sich in der gleichen Pflanze finden können.

ERKLÄRUNG DER WICHTIGSTEN BOTANISCHEN FACHAUSDRÜCKE

Die Pflanze gliedert sich in einen oberirdischen und einen unterirdischen Teil.

Der unterirdische Teil dient der Pflanze zur Verankerung im Boden und zur Versorgung mit Wasser und sämtlichen Mineralstoffen. Außerdem kann er zum Speicherorgan für Reservestoffe ausgebildet sein (Knollen, Wurzelstöcke). Bei mehrjährigen Kräutern überwintern oft nur Pfahlwurzeln oder Wurzelstöcke, aus denen im nächsten Frühjahr neue Triebe hervorgehen. Bei den Wurzelstöcken handelt es sich allerdings nicht um Wurzeln. Botanisch gesehen sind sie umfunktionierte Stengel, also eine Art unterirdische Stämme.

Der oberirdische Teil wird als Sproß bezeichnet und besteht meist aus einem Stengel, Blättern und Blüten bzw. Früchten. Die Blätter versorgen die Pflanze durch die Photosynthese mit allen Bauelementen außer Wasser und Mineralien: Mit Hilfe des Sonnenlichts baut sich die Pflanze aus Kohlendioxyd und Sauerstoff die von ihr benötigten Stoffe wie Zucker, Stärke, Zellulose, Faserstoffe und alle ihre Wirk- und Inhaltsstoffe auf.

Die Blüte dient der Fortpflanzung. Ihre sämtlichen Teile sind Blätter, die zu diesem Zweck speziell ausgebildet sind, meist in mehreren, aufeinander folgenden, einander einhüllenden Kreisen: Die Kelchblätter umhüllen die empfindliche Knospe, es folgen die Blütenblätter oder Kronblätter, die den Insekten als Lockmittel dienen. Einen weiteren Kreis bilden die Staubblätter, die das männliche Organ darstellen und den Blütenpollen enthalten. In ihrer Mitte befindet sich meistens der Stempel, das weibliche Fortpflanzungsorgan. Aus dessen unterem Teil, dem Fruchtknoten, entsteht dann die Frucht. Diese umschließt den Samen, und in diesem ist wiederum in Form des Keims eine neue Pflanze vorgebildet.

Schemapflanze

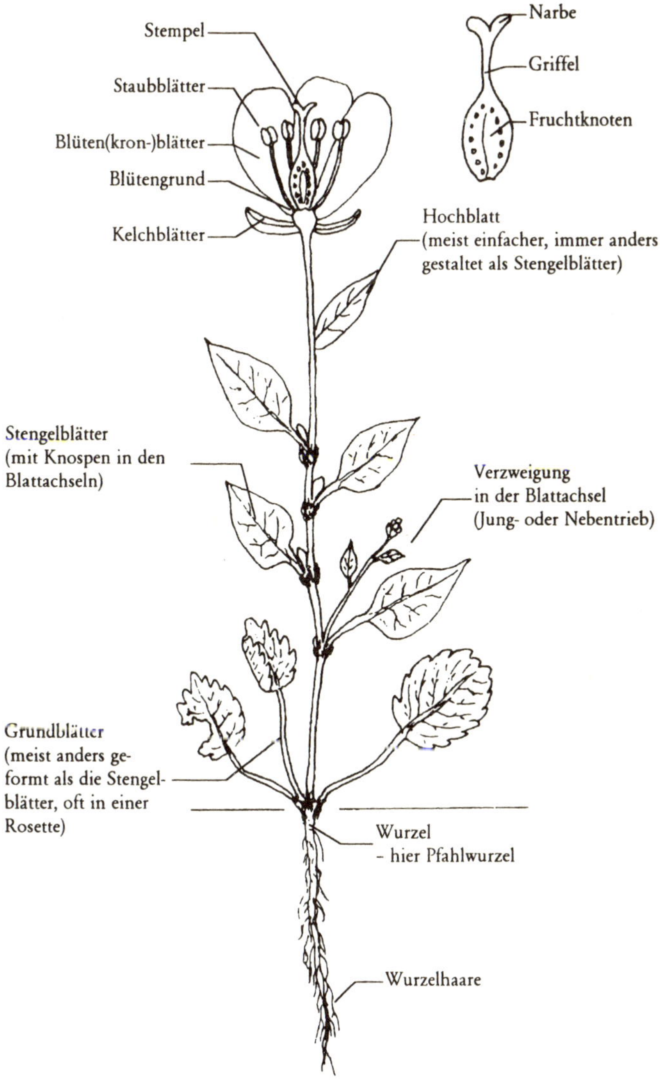

Die Wurzel

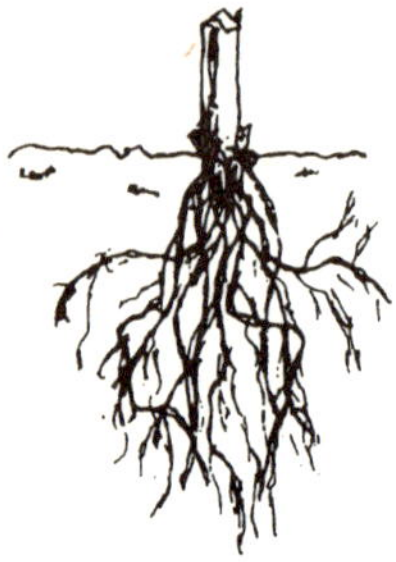

Wurzelgeflecht

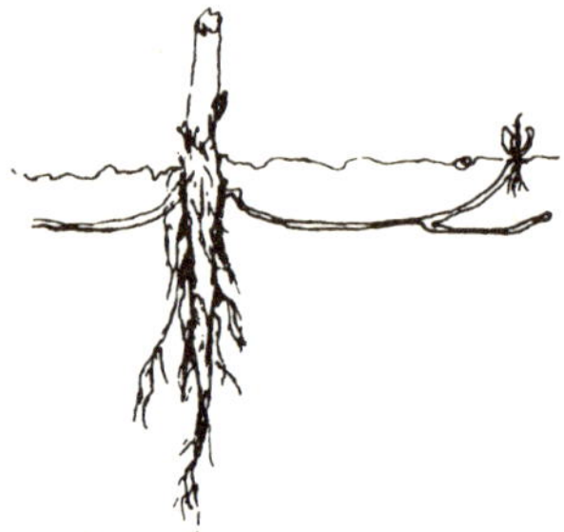

Pfahlwurzel
mit unterirdischen Ausläufern

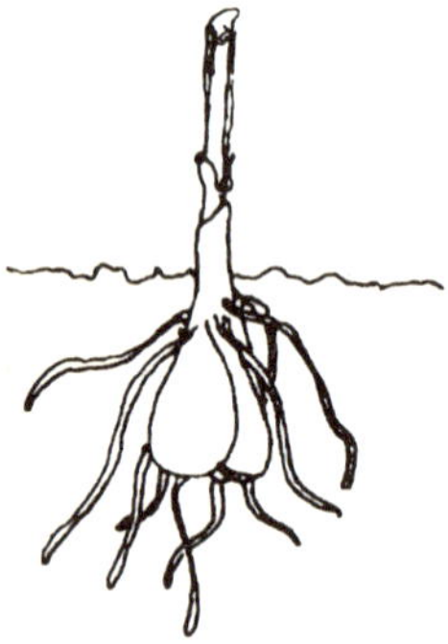

Wurzelknollen

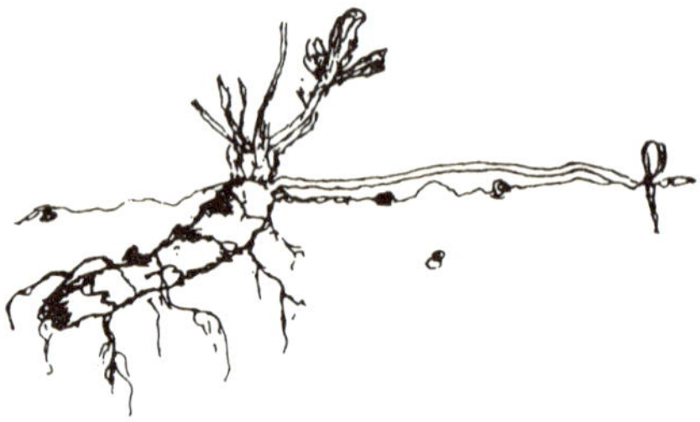

Wurzelstock mit
oberirdischen Ausläufern

Der Stengel

Stengelquerschnitt

gerillt

vierkantig

geflügelt

Stengel - Sproßformen

aufrecht

aufsteigend

liegend, niederliegend

windend

Blattstellung (Anordnung)

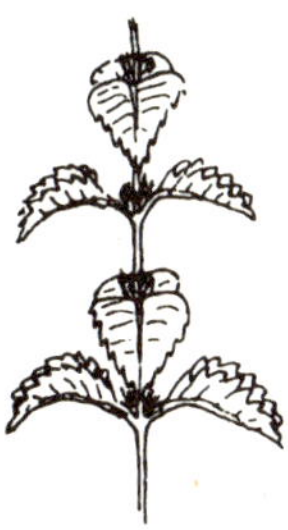

Kreuzgegenständig

wechselständig

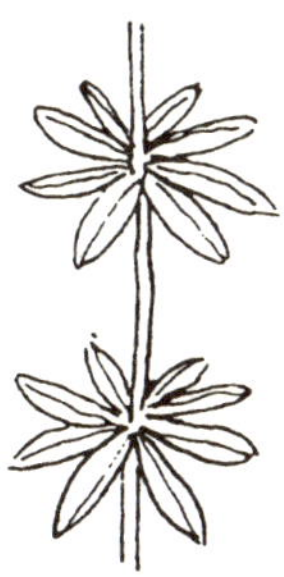

quirlständig

rosettig

Das Blatt

Blattansatz

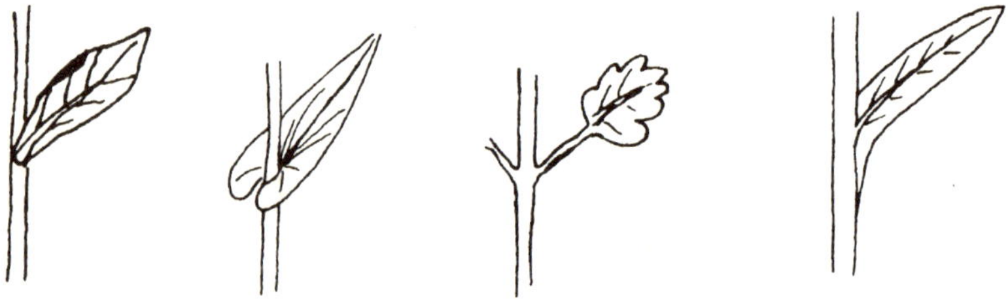

sitzend stengelumfassend gestielt herablaufend

Blattgrund

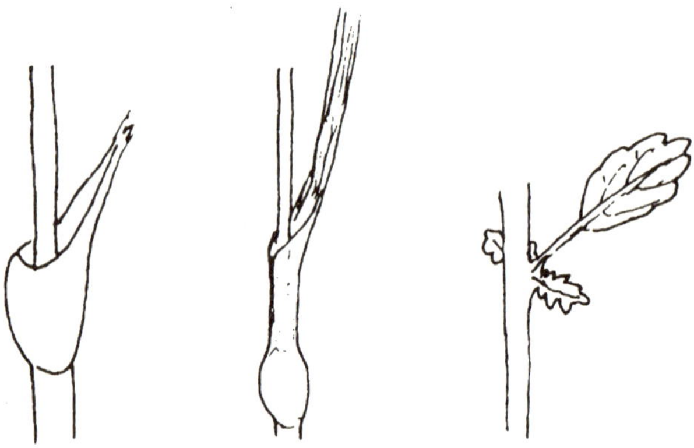

bauchig aufgetriebene Scheide Blattscheide Nebenblätter

Blattrand

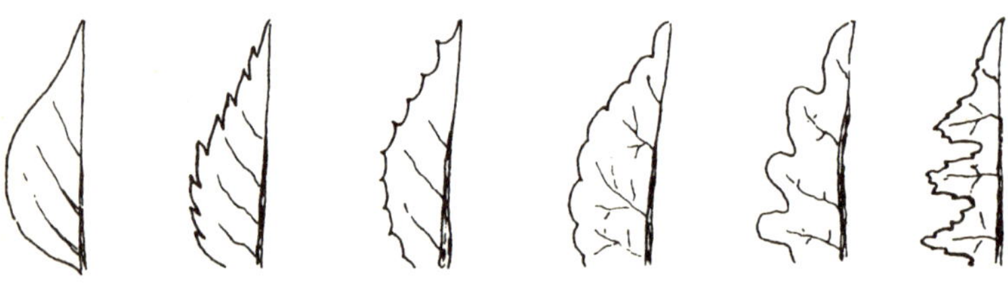

glattrandig gesägt gezähnt gekerbt gebuchtet schrot sägeförmig

Blattformen

a) einfache, ganzrandige

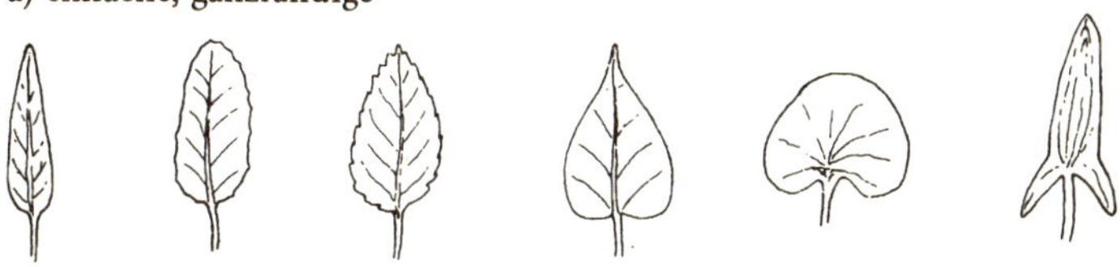

lanzettlich | oval | eiförmig | herzförmig | nierenförmig | pfeilförmig

b) geteilte

leierförmig | handförmig

d) gefiederte

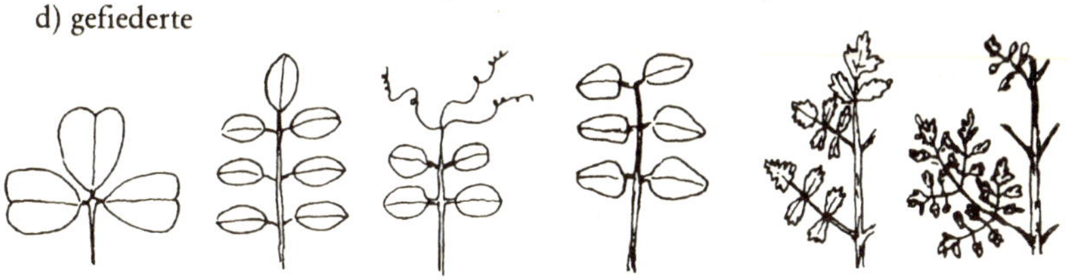

3-zählig gefiedert | unpaarig gefiedert | unpaarig, Endfieder zu Ranken umgebildet | paarig gefiedert | zweifach gefiedert | dreifach gefiedert

Nervatur

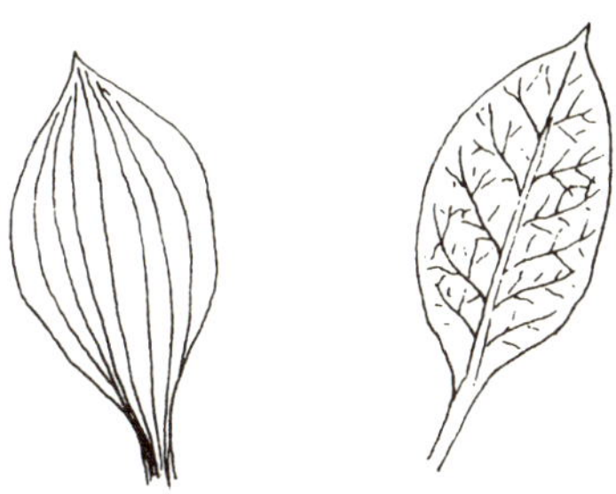

parallelnervig | netznervig

Die Blüte

Blütenformen

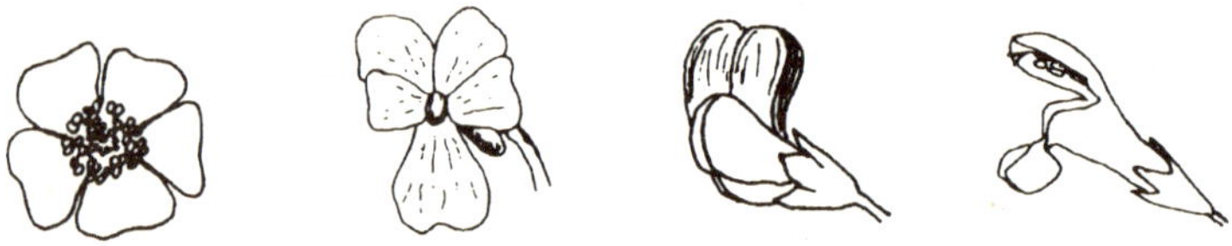

strahlig, radiär | 'asymmetrisch' zweiseitig | Schmetterlingsblüte | Lippenblüte

Blütenstände

Ähre | Kolben | Traube | Rispe | Doldenrispe Trugdolde | Wickel

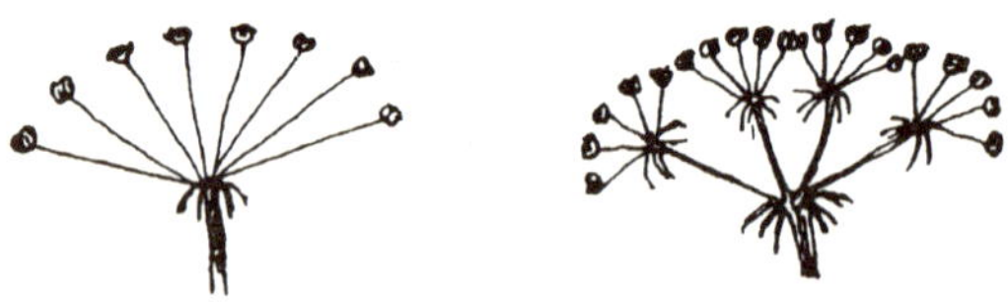

einfache Dolde | zusammengesetzte Dolde

Korbblüten
Jede Korbblüte ist ein Blütenstand und besteht aus zahlreichen Einzelblüten:

Asternartige Korbblüte:
innen Röhrenblüten, außen ein Kranz von Zungenblüten (z.B. Kamille)

Wegwartenartige Korbblüte:
nur Zungenblüten, z.B. Löwenzahn

STANDORT UND VERBREITUNG

Wald: Es kann sich hierbei um Laub-, Misch- oder Nadelwald handeln, aber auch um Auwälder am Ufer von Flüssen und deren toten Armen, um Gebüsche, um Lichtungen und Waldränder.

Wiesen können Nutzwiesen sein wie Viehweiden, Almen, aber auch Waldwiesen, Lichtungen, Parks oder Trockenrasen. Dort, wo sie sumpfig sind, bilden sie einen Übergang zu den Mooren.

Wege, Straßenränder, Zäune, Mauern, Schuttplätze, Bahndämme und Gärten werden oft unter dem Begriff 'Ruderalgebiete' oder 'Ruderalstellen' zusammengefaßt. Es handelt sich dabei um Stellen in der Umgebung von menschlichen Besiedlungen oder von menschlichen Eingriffen in die Natur.

Acker, Feld sind vom Menschen regelmäßig bearbeitete, aufgebrochene Böden. Sie zeichnen sich meist durch einen hohen Gehalt an Stickstoff und Nährstoffen, aber gleichzeitig leider auch an Giftstoffen und Rückständen von Kunstdünger aus.

Heide, Moor, Gebirge: Hier sind einige Standorte von Arten zusammengefaßt, die auf sehr sandigem, trockenem, oder moorig-torfigem Boden gedeihen. Die Standorte liegen oft, wie beispielsweise in der Lüneburger Heide, nahe beieinander. Auch Gebirgspflanzen zeigen oft ähnliche Ausprägungen wie Heide- oder Moorpflanzen.

Wasser in allen möglichen Formen - als Quelle, Bach, Strom, Tümpel, Graben, See oder Meer.

Angaben über die Verbreitung:

selten heißt, daß die Pflanze meist in unserer Vegetationszone überall selten ist. Es kann sich aber auch um Pflanzen handeln, deren Standorte sehr begrenzt sind (Moor-, Gebirgspflanzen), an denen sie dann aber gegebenenfalls massenhaft auftreten können.

zerstreut bedeutet: In kleineren Beständen über das ganze Gebiet verteilt, nur an besonders günstigen Stellen häufiger oder gar massenhaft vorkommend.

verbreitet sind Pflanzen, die man fast überall finden kann, wenn man am richtigen Standort sucht.

häufig bedeutet, daß man schon Pech haben muß, wenn man sie verfehlt.

gemein hängt mit allgemein zusammen. Diese Pflanzen stellen keine besonderen Ansprüche und sind daher an allen Standorten meist massenhaft anzutreffen.

MASSANGABEN

Wir verzichteten so weit wie möglich auf genaue Gewichtsangaben, da Mengen immer abhängig sind von den verwendeten Zutaten, von Sammelzeit oder Standort, von Geschmack oder Laune. Wird trotzdem einmal eine Gewichtsmenge angegeben, so genügt in jedem Fall die Genauigkeit der Küchen- oder Briefwaage.

1	Tl	=	1 Teelöffel	=	5	ml Wasser (3 Tl = 1 El)
1	El	=	1 Eßlöffel	=	15	ml Wasser
1	Schnapsglas			=	20	ml Wasser
1	Ta	=	1 Tasse	=	200	ml Wasser (5 Ta = 1 Liter)
1	l	=	1 Liter	=	1000	ml Wasser
1	Msp	=	1 Messerspitze			
1	Prise	=	die Menge, die man zwischen 3 Fingern fassen kann			

1 Handvoll entspricht bei Kräutern etwa einer knappen Tasse.

DIE PFLANZEN

ACKERHELLERKRAUT

Thlaspi arvense **- Ackerpfennigkraut, Ackertäschel**

Familie: Kreuzblütler - *Brassicaceae* (*Cruciferae*)

Beschreibung: 10-30 cm hohe Pflanze mit grob buchtig gezähnten, lanzettlichen Blättern, die mit pfeilförmigem Grund direkt an dem kantig gefurchten Stengel sitzen. Blüten klein, weiß, vierzählig, in lockerer Traube, oft gleichzeitig mit den auffallenden, rundlichen Früchten (münzähnlich flach, Name!)

Blütezeit: Mai bis Oktober

Geruch & Geschmack: scharf, würzig

Standort: Äcker, Ruderalgebiete, häufig

Sammelgut & -zeit: junge Pflanze, Blätter der ausgewachsenen Pflanze von März bis Juni, auf frisch gehackten (Rüben-)Feldern auch später

Inhaltsstoffe: Senföle

Verwendung in der Küche:

- Als Salat mit Öl und Zitrone, mit etwas zerdrückter Knoblauchzehe und Würzkräutern.
- Als Beigabe zu grünem oder anderem Salat.
- Frische Blätter feingehackt in Quark geben oder als Brotbelag.
- Gemüse: Kraut grob hacken, in Fett mit sehr wenig Wasser dünsten. Dann salzen und solange schmoren, bis es anfängt, knusprig zu werden. Schmeckt sehr gut zu frischen Pellkartoffeln, zu Frikadellen oder Eiern.
- Kraut wie oben schmoren, aus der Pfanne nehmen und in dem Fett kleine Frikadellen braten, danach das Gemüse darüberstreuen.
- Gute Beigabe zu vielerlei Mischgemüsen und Suppen.

ACKERSCHACHTELHALM

Equisetum arvense **- Acker-Zinnkraut, Fegekraut, Fuchsschwanz, Zinnkraut**

Familie: Zinnkrautgewächse - *Equisetaceae*

Beschreibung: Blütenlose Sporenpflanze. Die fruchtbaren Frühjahrstriebe sind 10-30 cm hoch, blaß-bräunlich und blattlos. Der hohle, gerippte, unverzweigte Stengel ist durch zahlreiche Knoten gegliedert, die von gesägten Blattscheiden umgeben sind. Er trägt an seinem oberen Ende einen zapfenähnlichen Sporenstand.

Verwendet werden die sich ab Mai bildenden 30-50 cm hohen Sommertriebe, deren gerippte Stengel nur unten verzweigt sind und die an ihren zahlreichen Knoten viele quirlständige, gegliederte Ästchen tragen. Deren Länge nimmt nach oben stark ab. Die Pflanze ähnelt so einem kleinen Tannenbaum. An den Knoten, auch an den Gliedern der Ästchen, wirkt die Pflanze wie zusammengesteckt, in die Blattscheiden 'geschachtelt'. Die Vermehrung erfolgt außer durch Sporen über die tiefliegenden, stark verzweigten und ausdauernden Wurzelstöcke.

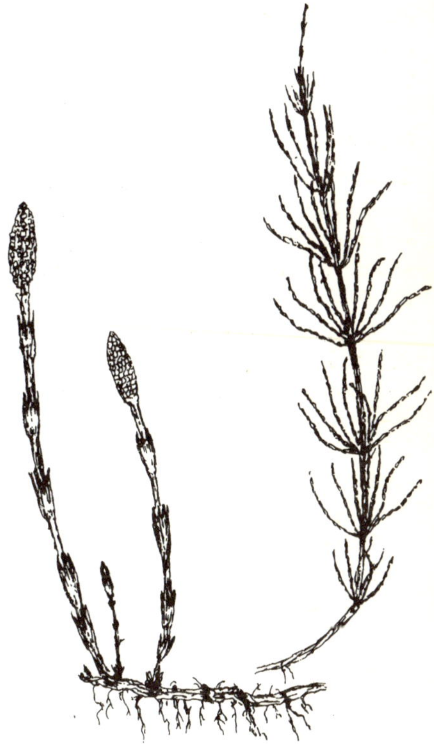

Blütezeit: Die Frühjahrstriebe erscheinen im März und April.

Geruch & Geschmack: Geruch fast fehlend, Geschmack trocken, salzig, etwas zusammenziehend

Standort: Äcker, Felder, Bahndämme, Wegränder, Ruderalgebiete. Liebt schwere Lehmböden, gedeiht aber auch noch auf grobem Schotter. Hartnäckiges, sehr verbreitetes und häufiges 'Unkraut'.

Sammelgut & -zeit: Sommertriebe Mai bis Juli

Inhaltsstoffe: Bis 8% Kieselsäure, die v.a. bei jungen Pflanzen bis zu 1/10 in löslicher Form vorliegt, Saponine (u.a. Equisetonin), verschiedene organische Säuren, Flavone, zahlreiche Salze und Spurenelemente (Calcium, Kalium, Magnesium, Aluminium, Eisen, Mangan u.v.a.).

Wirkung: Durch die Kieselsäure gewebefestigend und blutstillend. Besonders der frische Preßsaft fördert die Blutgerinnung. Außerdem werden durch Anregung der weißen Blutkörperchen die Widerstandskräfte gestärkt. Die Flavone wirken zusätzlich festigend auf die Blutgefäße, dadurch gegen venöse Durchblutungsstörungen vor allem der Beine. Dies wird wiederum unterstützt durch die entwässernde Wirkung der Saponine.

Heilanwendung:

- Als Teeabsud: 1 gehäufter Tl/Tasse - kalt ansetzen und langsam zum Kochen bringen, 1 Minute auf kleiner Flamme ziehen lassen (um die Kieselsäure auszuziehen, längeres Kochen zerstört die Saponine). Als Blutreinigungstee 2-3 Tassen am Tag.

- Bei Lungenleiden (Bronchitis, Staublunge, Lungenbluten, Tuberkulose im Anfangsstadium) sowie bei Geschwüren und Blutungen im Magen- und Darmbereich (Magen- und Zwölffingerdarmgeschwüre, Hämorrhoiden) zur Unterstützung der ärztlichen Behandlung. Hierzu müssen über einen längeren Zeitraum von einem stärkeren Absud (2-3 Tl/Tasse) 3-4 Tassen täglich getrunken werden, schluckweise über den Tag verteilt.
- Der frische Preßsaft ist bei Lungen- und Darmerkrankungen (s.o.) besonders wirksam. Man benötigt 3-5 Tl, die mit Wasser verdünnt ebenfalls schluckweise getrunken werden.
- Für Bäder nimmt man 1-2 Hände voll Kraut, setzt es in 2 l Wasser kalt an und bringt es langsam zum Kochen. Den abgeseihten Tee gibt man zum fertigen Voll- oder Teilbad dazu. Bei Nieren- und Nierenbecken-Entzündungen, dumpfen Schmerzen im Rückenbereich, für Fußbäder bei müden und schmerzenden Füßen.
- Für Umschläge und Waschungen bei schlecht heilenden, eiternden Wunden, offenen Beinen verwendet man den Teeabsud. Ebenso bei Zahnfleischbluten, Entzündungen in der Mund- und Rachenregion.
- Als Nasenspülung bei chronischem Fließschnupfen. Dafür gibt man auf eine Tasse handwarmen Tee ½ Tl Kochsalz, vorzugsweise Seesalz oder Emser Salz aus der Apotheke und zieht diesen Tee mehrmals täglich langsam in die Nase auf, bis er in den Rachen hinabläuft.
- Die frische oder getrocknete Pflanze kann pulverisiert und als hervorragendes Wundstreupulver verwendet werden.

Sonstiges: In der Apotheke als *Herba Equiseti*.

Der Name Zinnkraut stammt von seiner früheren Verwendung als Scheuermittel für Zinn und andere Metalle.

Schachtelhalmtee ist ein gutes Pflanzenschutz- und Bodenheilmittel. Man benutzt ihn verdünnt 1 x wöchentlich im Wechsel mit anderen Mitteln (Brennessel, Schafgarbe u.a.) zum vorbeugenden Gießen der Beete, konzentrierter zum Spritzen gegen Lauchmotte und Möhrenfliege (s.a. im Kapitel „Bodenheilmittel").

Vorsicht vor verfärbten und fleckigen Pflanzen - sie können von einem Pilz befallen sein, der giftige Alkaloide enthält. Nur einwandfreie, grüne Pflanzen sammeln!

Verwechslungsgefahr: Andere Schachtelhalmarten sind oft mehr oder weniger giftig. Deshalb keine Pflanzen aus dem Wald (den zierlicheren Waldschachtelhalm) oder von sumpfigen Stellen (Sumpfschachtelhalm) sammeln!

Kommission E: Für den Ackerschachtelhalm wurde 1986 eine Monographie erstellt Als Anwendungsgebiete werden genannt: Posttraumatisches und statisches Ödem. Zur Durchspülung bei bakteriellen und entzündlichen Erkrankungen der ableitenden Harnwege und bei Nierengrieß. Gegenanzeigen, Neben- und Wechselwirkungen sind keine bekannt.

AMPFER, wilder

Rumex obtusifolius **- stumpfblättriger Ampfer, Grindwurz, Mergelwurz**

Familie: Knöterichgewächse - *Polygonaceae*

Beschreibung: 50-120 cm hohe Pflanze mit auffälligen, großen, grundständigen, vorne abgerundeten Blättern mit herzförmigem Grund. Am Blütenstengel nur kleinere Hochblätter. Blüten klein, grün, rot überlaufen, in auffälliger Scheintraube. Fleischige Pfahlwurzel.

Blütezeit: Juni bis August

Geruch & Geschmack: zusammenziehend, kein besonderer Geruch

Standort: Weg- und Ortsränder, Äcker, Kahlschläge, Waldränder, Schuttplätze Wiesen,. Häufig und verbreitet.

Sammelgut & -zeit: *Wurzeln* im Frühjahr oder ab September/Oktober, *Früchte* August bis September

Inhaltsstoffe: Gerbstoffe, v.a. in den Früchten, in der Wurzel abführende Stoffe, sehr wenig Emodine

Wirkung: Die *Wurzel* wirkt abführend, wurde außerdem früher viel als Heilmittel gegen Grind (Name!) und Ausschläge verwendet. Der *Samen* hat stopfende Wirkung bei Durchfällen.

Heilanwendung:

- Frische *Wurzel* fein hacken und auspressen bzw. mit dem Entsafter entsaften. 1 El des Saftes (evtl. mit etwas Zitronensaft) einnehmen gegen Verstopfung und Verdauungsschwäche.
- Abkochung aus der getrockneten *Wurzel* 2 Tl/Tasse Wasser - abends 1 Tasse lauwarm trinken. Menge evtl. ausprobieren, wirkt auch gegen Verstopfung.

- Frischsaft oder den abgekochten Sud im Verhältnis 1:5 mit Wasser, Korn oder Brennesselspiritus verdünnt für Kompressen oder als Kopfhautmassage gegen Ausschläge, Schuppen, Schuppenflechte.
- Tl der *Samen* mit 1 Tasse Wasser (oder besser Rotwein) kalt ansetzen, langsam zum Kochen bringen und ca. 2 Minuten ziehen lassen - gegen hartnäckigen Durchfall.
- Frische *Wurzel* fein schaben, mit Fett oder Quark zu einer Umschlagpaste verarbeiten und bei Ausschlägen und Ekzemen anwenden.

Sonstiges: Altes Volksheilmittel. Ähnlich wirkt der krause Ampfer (mit welligem Blattrand, etwas kleiner).

Zum Trocknen *Wurzeln* in dünne Scheiben schneiden, bei erhöhter Temperatur (Backofen bis zu 60 Grad) gründlich trocknen. Schimmelgefahr!

AUGENTROST

***Euphrasia stricta* (*E. officinalis*) - Steifer Augentrost**
***Euphrasia rostkoviana* - Gemeiner Augentrost, Wiesen-Augentrost - Augustinuskraut, Hirnkraut**

Familie: Rachenblütler (Braunwurzgewächse) - *Scrophulariaceae*

Beschreibung (Steifer Augentrost): 10-15 cm hohe Pflanze mit eiförmigen, gesägten, gegenständigen Blättern. Weißliche bis hellviolette Rachenblüten mit gelbem Grund, von grünen Hochblättern umgeben. Vor allem im oberen Teil dicht und weich behaart.

Blütezeit: Juni bis September

Geruch & Geschmack: schwach bitter, etwas scharf

Standort: trockene bis halbtrockene Wiesen und Wegränder, Waldränder und Lichtungen, verbreitet bis zerstreut

Sammelgut & -zeit: Blühendes Kraut ohne die Wurzel, von Juni bis September

Inhaltsstoffe: Iridoidglycoside wie z.B. Aucubin (starkes Insektengift, auch im Läusekraut enthalten, für den Menschen schwach giftig), ätherisches Öl, Gerbstoffe

Wirkung: zusammenziehend, entzündungswidrig

Heilanwendung:

- Teeaufguß: 1 Tl/Tasse, 1-2 Minuten ziehen lassen, durch ein Tuch seihen. Bei Augenerkrankungen wie Bindehautentzündung, triefenden, verklebten oder müden Augen als Kompresse mit einem sauberen, fusselfreien Lappen auflegen oder als Augenbad. Immer frisch, nie mehrmals verwenden, da sonst die Infektionsgefahr zu groß ist.
- Teeaufguß wie oben, 1-2 Tassen täglich auch bei Krankheiten der Atemorgane wie Husten, Bronchitis, gegen leichte Magenbeschwerden und Magenkrämpfe schluckweise über den Tag verteilt trinken.
- Bei Fließschnupfen (Katarrh) pro Tasse ½ Tl Salz mit auflösen und ein wenig in die Nase aufziehen. Auf keinen Fall zu konzentriert oder zu häufig anwenden!

Sonstiges: In der Apotheke als *Herba Euphrasiae.*

Kann auch als Teeaufguß (2 Tl/Tasse, 5 Minuten ziehen lassen - hiervon 2 Tassen auf 5 l Wasser) zur biologischen Ungezieferbekämpfung an Obst- und Gemüsepflanzen verwendet werden: Im Wechsel mit anderen Spritzbrühen (Schachtelhalm, Brennessel, Pyrethrum, Schmierseife) bis zu 1 x wöchentlich überbrausen.

Andere Arten sind sehr ähnlich und haben die gleiche Wirkung

Kommission E: Die Wirksamkeit bei den beanspruchten Anwendungsgebieten ist nicht belegt, Risiken sind keine bekannt.

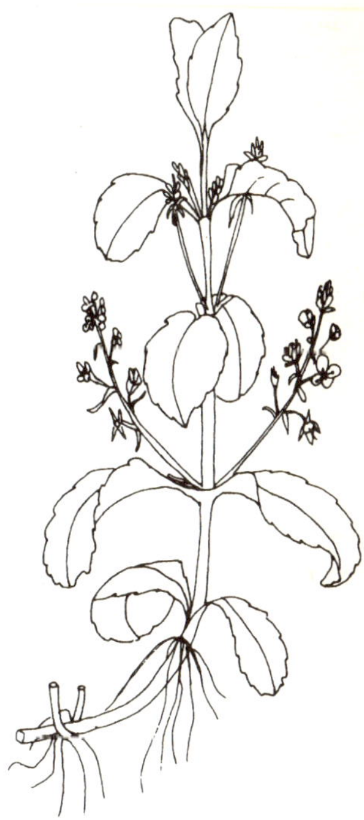

BACHBUNGE

***Veronica beccabunga* - Bachehrenpreis, Wasserbunge**

Familie: Rachenblütler (Braunwurzgewächse) - *Scrophulariaceae*

Beschreibung: 20-60 cm hohe Pflanze mit eiförmigen, gesägten, gegenständigen, glänzend-saftigen Blättern. Stengel aufsteigend oder aufrecht. Kleine hellblaue, fast symmetrische Blüten in lockeren blattachselständigen Trauben.

Blütezeit: Mai bis September

Geruch & Geschmack: schwach, etwas scharf, bitterlich

Standort: Bachufer, seltener an stehenden Gewässern (gleiche Verbreitung wie Brunnenkresse). Verbreitet.

Sammelgut & -zeit: Blätter und junge Triebe vor und während der Blüte, April bis September

Inhaltsstoffe: Bitterstoffe, wenig Aucubin (s. Augentrost)

Wirkung: stoffwechselanregend, etwas entwässernd

Heilanwendung:

➤ Zur Blutreinigungskur vor allem als Salat oder frischer Preßsaft (1-2 El pro Tag), auch in Mischung mit Brunnenkresse, Sauerampfer, Löwenzahn und anderen.

Verwendung in der Küche:

➤ Zum Salat immer in Mischung mit anderen Kräutern wie oben, mit Öl und sehr wenig Essig oder Zitrone möglichst salzarm anrichten.

BÄRENKLAU

***Heracleum sphondylium* -**
Herkuleskraut, Wiesenbärenklau

Familie: Doldenblütler - *Apiaceae* (*Umbelliferae*)

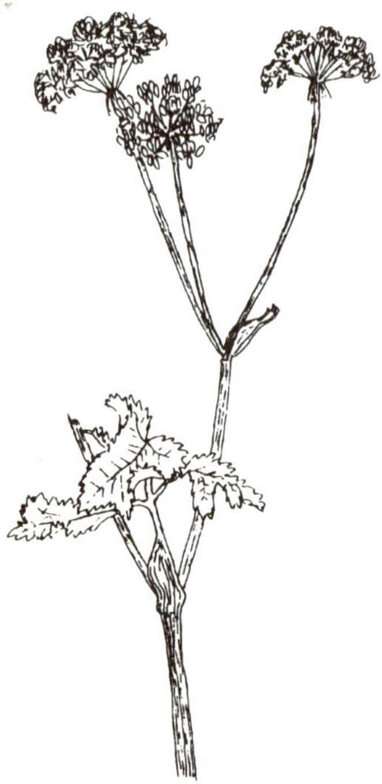

Beschreibung: 30-180 cm hohe Pflanze mit wechselständigen, sehr großen, gefiederten Blättern. Die Einzelfieder sind gelappt und grob gezähnt. Blattstengel lang und saftig, oben eine Wasserrinne. Stengel knotig, hohl, gefurcht. Ganze Pflanze borstig behaart. Blüten in großen Doppeldolden, grünlich-weiß, Randblüten asymmetrisch.

Blütezeit: Juni bis September

Geruch & Geschmack: Riecht stark aromatisch, etwas unangenehm. Geschmack sehr würzig, etwas süß.

Standort: Wiesen, Wegränder, lichte (Au-) Wälder, liebt feuchten Boden, sehr häufig.

Sammelgut & -zeit: junge Blätter und Blattstiele, April bis Oktober

Inhaltsstoffe: viel ätherisches Öl, Furocumarine (können auf der Haut Entzündungen oder allergische Reaktionen hervorrufen), Bitter- und Scharfstoffe, reichlich Zucker

Verwendung in der Küche:

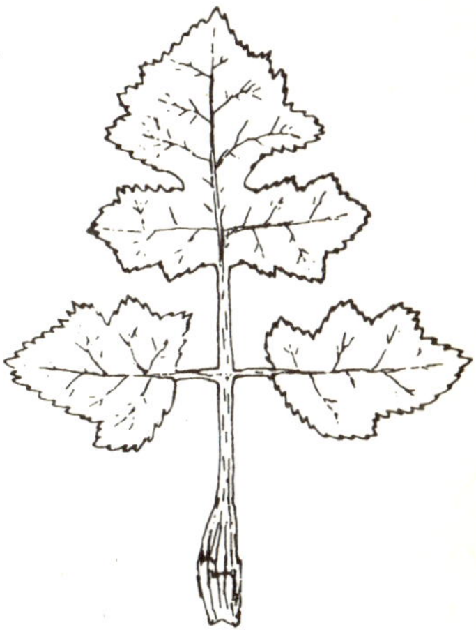

- Gut zu Mischgemüsen (sparsam verwenden, bis man sich an den Geschmack gewöhnt hat und die Mengen einschätzen kann).
- Blätter in Pfannkuchenteig ausbacken, sehr mild und würzig!
- Als Nituke (s. Sammelrezepte) zu kernig gekochtem (Natur-) Reis, Pellkartoffeln.
- Armenbier: ca. 1 Liter kleingeschnittene, saftige Blattstengel werden mit 2 Liter Wasser abgekocht. Den Absud läßt man nach Zugabe von wenig aufgelöster Bierhefe (oder Backhefe) in einem Glasballon einige Tage an einem warmen Ort gären. Wenn die stärkste Gärung beendet ist (nach 3-7 Tagen) seiht man ab und trinkt das Gebräu gut gekühlt.

Sonstiges: hervorragendes Kaninchenfutter. Allergiker sollten wegen der möglichen Hautreizung vermeiden, die Pflanze zu berühren.

BÄRENTRAUBE

Arctostaphylos uvae-ursi

Familie: Heidekrautgewächse - *Ericaceae*

Beschreibung: 20-40 cm hoher, immergrüner Halbstrauch mit holzigem Stamm und meist kriechenden Ästen. Blätter dunkelgrün, dick und ledrig, umgekehrt eiförmig, mit glattem Rand, nicht eingerollt. Blüten klein, weiß, glockig. Früchte rot, mehlig. Die Pflanze ähnelt der Preisel- und Heidelbeere, hat aber derbere Blätter, die nicht eingerollt sind. Standort immer trocken.

Blütezeit: März bis Juli

Geruch & Geschmack: *Blätter* sehr herb, zusammenziehend, *Beeren* sauer, herb, aber aromatisch, mehlig, ähnlich den Preiselbeeren.

Standort: Trockene Kiefernwälder, Zwergstrauchheiden (bis 2500 m Höhe) in den Heidelandschaften des Nordens und in den Alpen. Dort zerstreut, stellenweise häufig, sonst sehr selten.

Sammelgut & -zeit: *Beeren* Juni bis September, *Blätter* März bis Mai, vor der Blüte

Inhaltsstoffe: *Blätter:* Gerbstoffe (bis zu 20%!!), Arbutin und andere Phenolglykoside (stark schwankend, 2,5-12 %), Flavone.

Wirkung: Wie bei der Preiselbeere. Diese, ist jedoch, trotz ihres meist geringen Arbutingehalts, vorzuziehen, da sie wesentlich weniger schwer verträgliche Gerbstoffe enthält. Die große Menge an Gerbstoffen kann bei empfindlichen Menschen, zu hoher Dosierung oder zu langer Anwendung zu Übelkeit und Brechreiz führen. Als Gerbstoffdroge sollte man sie schonen, da es wesentlich häufigere Pflanzen mit ebenso großem Gehalt (Eiche, Tormentill, Nelkenwurz, Fingerkräuter u.a.) gibt.

Heilanwendung und Verwendung in der Küche: wie bei der Preiselbeere

Sonstiges: In der Apotheke als *Folia Uvae Ursi.*

Die Blätter sollten nur da gesammelt werden, wo die Pflanze sehr häufig auftritt.

In der Zwergstrauchregion der Alpen (1600-2500 m) findet sich auch die **Alpen-Bärentraube** (*Arctostaphylos alpina*). Ihre scharf gezähnten Blätter sind nicht immergrün (färben sich vor dem Abfallen leuchtend rot), die Beeren sind zunächst rot, später blauschwarz. Die Pflanze ähnelt der Rauschbeere. Sie ist, bei geringerem Gerbstoffgehalt, wie die Bärentraube zu verwenden.

BÄRLAUCH

***Allium ursinum* - Wald- oder Zigeunerknoblauch, Hexenzwiebel, Ramson**

Familie: Liliengewächse - *Liliaceae*

Beschreibung: 20-40 cm hohe Pflanze mit zwei grundständigen, langgestielten, parallelnervigen, lanzettlichen Blättern. Zahlreiche weiße, sternförmige Blüten in einem kugelförmigen Blütenstand auf blattlosem Stengel.

Blütezeit: Mai bis Juni

Geruch & Geschmack: starker Knoblauchgeruch, Geschmack etwas herber als Knoblauch

Standort: feuchte, lichte Laubwälder, Auwälder mit humusreichem Boden, auch in Parkanlagen, verbreitet bis zerstreut, zuweilen in Massenbeständen

Sammelgut & -zeit: *Blätter* vor der Blüte im März bis Mai, *Zwiebeln* im Sommer und Herbst

Inhaltsstoffe: Ätherische Öle, deren Hauptbestandteile Vinyldisulfid und Alliin sind, Mineralsalze, Schleim, Zucker.

Wirkung: Blätter und Zwiebeln des Bärlauchs enthalten die gleichen Wirkstoffe wie Knoblauch und wirken wie dieser: fäulniswidrig, blutdrucksenkend, herzstärkend und leicht antibiotisch.

Heilanwendung:

Am wirksamsten als frischer Salat, auch als Preßsaft möglich. Magenempfindliche sollten kleingeschnittene Blätter oder Zwiebeln in warmer Milch - Stunden ziehen lassen und dann die Milch trinken.

- Als Entschlackungskur, Reinigungsmittel für Magen und Darm. Bei größeren Mengen gegen Würmer.
- Gegen Arterienverkalkung
- Antibiotisch vor allem bei Infektionen der Atemwege.

Verwendung in der Küche:

- Bärlauchsuppe: Eine große Portion Bärlauch in feine Streifen schneiden, in 3-4 El Olivenöl dünsten, salzen. Etwa 1 l Wasser zugeben und ½ Stunde leicht kochen. Mit 2 Tl Stärkemehl in 1 Glas Weißwein verrührt binden. 2 Eigelb in etwas Wasser verquirlen und unterziehen, mit in Butter oder Olivenöl gerösteten Brotwürfeln servieren.
- Bärlauch-Salat: 2 Händevoll frischer Blätter werden grob in Streifen geschnitten und mit Zitrone, Olivenöl, Salz (u. evtl. etwas ausgelassenen Speck) angemacht. Verträgt sich auch gut mit Joghurt - der scharfe Geschmack wird dadurch etwas gemildert.
- Spaghetti-Sauce: 1 feingeschnittene Zwiebel mit einigen gewürfelten Speckstückchen in Olivenöl goldgelb dünsten. Dazu gibt man 1 Hand voll feingehackten Bärlauch, läßt ihn kurz anschmoren und löscht mit Fleischbrühe

oder Rotwein ab, fügt 2 gute Tl Tomatenmark hinzu und läßt das Ganze 5 Minuten leicht schmoren. Mit wenig Oregano, Thymian, Bohnenkraut, Paprika würzen.

- Spaghetti-Sauce: 1 feingeschnittene Zwiebel in Butter andünsten. 1 Hand voll feingehackten Bärlauch hinzugeben, salzen, mit 1 Glas herbem Weißwein ablöschen und 3 El Quark unterrühren. Mit Pfeffer, etwas Basilikum, evtl. ganz wenig Majoran abschmecken.
- Zum Würzen von Saucen, Suppen und Salaten - gut auch in Kräuterquarks oder Kräuterbutter.
- Bärlauchgemüse: wie Spinat zubereiten. Es ist besonders lecker, wenn vor dem Servieren saure Sahne untergezogen wird.

BALDRIAN

Valeriana officinalis **- Bullerjan, Katzenkraut, Katzenwurz, Tollerjan**

Familie: Baldriangewächse - *Valerianaceae*

Beschreibung: 30-150 cm hohe Pflanze mit gegenständigen, unpaarig gefiederten Blättern. Stengel hohl, leicht gerippt, unverzweigt. Blüten klein, weißlich bis hellrosa, schwach asymmetrisch, in endständigen Doldenrispen. Kurzer, gedrungener Wurzelstock mit zahlreichen braunen, wurmförmigen Wurzeln.

Blütezeit: Juli bis August

Geruch & Geschmack: starker, charakteristischer Geruch, v.a. in der Wurzel

Standort: Gebüsche, Gräben, feuchte Laub- und Mischwälder, Wiesen. Zeigt nährstoffreichen Boden an. Verbreitet und häufig, in großen Kulturen angebaut.

Sammelgut & -zeit: Wurzelstock mit anhängenden Wurzeln von August bis Oktober nach der Blüte. Pflanzen von trockenen Standorten sind wirksamer.

Inhaltsstoffe: Ätherisches Öl, Isovaleriansäure und deren Ester, Valepotriate (diese finden sich nur in der frischen Wurzel und dem Extrakt daraus, wirken besonders stark beruhigend).

Wirkung: Gutes Nervenberuhigungsmittel, das die Schlafbereitschaft fördert (durch Entspannung), aber nicht müde macht. Daher auch tagsüber zu verwenden bei Erschöpfungszuständen, Überarbeitung, Herz- und Magenstörungen und Migräne, wenn sie auf nervösen Störungen beruhen.

Heilanwendung:

- Tee als Kaltauszug: 1-2 Tl/Tasse kaltes Wasser. Morgens ansetzen, abends abseihen und zum Trinken schwach erwärmen. Bei heißem Aufguß (notfalls) oder gar Abkochung werden die Wirkstoffe weitgehend zerstört. Gutes Schlafmittel.
- Tinktur: Wurzelstock mit den Wurzeln gründlich waschen, fein schneiden und bis zur doppelten Höhe mit Doppelkorn oder 50 %igem Alkohol aufgießen. 14 Tage unter häufigem Umschütteln an einem warmen Ort stehen lassen, danach abfiltrieren. 20-30 Tropfen der Tinktur (höchstens ein schwacher Tl) auf etwas Wasser oder Zucker bei nervösen Störungen (s.o.) und zum Einschlafen.
- Wein: Vorbereitung wie oben, mit dem fünffachen Volumen eines herben Weißweins aufgießen. Nach 3-4-wöchigem Stehen abfiltrieren. Hiervon 1 Likörglas voll einnehmen.

Sonstiges: In der Apotheke als *Radix Valerianae*, die Baldriantinktur als *Tinctura Valerianae.*

Vorsicht: Baldrian nie in größeren Mengen oder über zu lange Zeit einnehmen, da sonst Gewöhnung und Abhängigkeit eintreten kann, bei übergroßen Mengen sogar Lähmungserscheinungen, Sehstörungen, Gehörausfall u.a.

Die Wurzel und ihre Zubereitungen locken Katzen an, die durch ihren Geruch in rauschartige Verzückung geraten und sich darin herumwälzen (Name!).

Kommission E: Eine Monographie wurde 1985 erstellt. Als Anwendungsgebiete werden Unruhezustände und nervös bedingte Einschlafstörungen angegeben. Gegenanzeigen, Neben- und Wechselwirkungen sind keine bekannt.

BARBENKRAUT, echtes

Barbarea vulgaris **- Barbarakraut, Winterkresse**

Familie: Kreuzblütler - *Cruciferae*

Beschreibung: 30-60 cm hohes Kraut mit leierförmig gefiederten Blättern in grundständiger Rosette. Stengelblätter weiter oben fast ungeteilt. Gelbe Blüten in verzweigter Traube. Pflanze ist wintergrün!

Blütezeit: Mai bis Juni

Geruch & Geschmack: leicht scharfer, senfähnlicher Geschmack

Standort: feuchte Äcker, Wegränder, Bahndämme, Schuttplätze, Ufer, häufig

Sammelgut & -zeit: junge Blätter von September bis April

Inhaltsstoffe: scharfschmeckende Senföle

Verwendung in der Küche:

Da die Pflanze den ganzen Winter über grün bleibt, sollte man sie besonders in dieser wildpflanzenarmen Zeit sammeln.

- Salat, alleine und/oder mit grünem Salat, Löwenzahn, Spinat, Weißkraut gemischt. Fein schneiden und mit Zitrone, Öl und/oder Joghurt und Salz anmachen
- Als Beigabe zu Mischgemüsen und Spinat.
- Als Würze in Kräuterbutter, über Bratkartoffel und in Fleischsaucen.

Sonstiges: Der deutsche Name steht vermutlich in Verbindung mit dem Barbaratag, dem 4. Dezember, an dem die Blätter noch zu einem Wildsalat eingesammelt werden können.

BEIFUSS, gemeiner

***Artemisia vulgaris* - Wilder Wermut, Gänsekraut, Besenkraut, Weiber-, Jungfern-, Mutterkraut, Mugwurz, Werwisch**

Familie: Korbblütler - *Asteraceae*

Beschreibung: 50–150 cm hohe, staudige, stark verzweigte Pflanze mit holzigem Stengel. Die fiederteiligen Blätter sind oberseits dunkelgrün, unten graufilzig. Kleine gelbe bis grüngelbe Blütenköpfchen in schmalen Rispen.

Blütezeit: Juli bis September

Geruch & Geschmack: Beim Zerreiben der Blätter entsteht ein angenehm würziger Geruch, schmeckt aromatisch bitter.

Standort: Schuttplätze, Wegränder, Gebüsche, sehr häufig

Sammelgut & -zeit: Blätter und Triebspitzen im Juli und August

Inhaltsstoffe: ätherisches Öl, Bitterstoffe

Wirkung: Wirkt anregend auf die Verdauungsdrüsen.

Heilanwendung:

- Tee, 1 Tl/Tasse, 1 Tasse pro Tag abkochen und lauwarm trinken, gegen Verdauungsschwächen und Erbrechen, gegen Appetitlosigkeit.

Verwendung in der Küche:

Als Gewürz verwendbar.

- In der Füllung von Enten und Gänsen, zu fettem Hammel- und Schweinefleisch
- Im Magenbitter.

Sonstiges: In der Apotheke als *Herba Artemisiae.*

Kommission E: Beifußkraut wird bei Erkrankungen und Beschwerden im Bereich des Magen-Darm-Trakts, bei Koliken, Durchfall, Krämpfen, Verdauungsschwäche, ferner bei Wurmbefall, Hysterie, Epilepsie, dauerndem Erbrechen sowie als beruhigendes Mittel (u.a.) angewendet. Da die Wirksamkeit bei den beanspruchten Anwendungsgebieten nicht belegt ist, kann eine therapeutische Verwendung nicht befürwortet werden. Eine abortive Wirkung wird beschrieben.

BEINWELL

Symphytum officinale **- Beinwurz, Schwarzwurz, Wallwurz, Schneewurzel**

Familie: Rauhblattgewächse - *Boraginaceae*

Beschreibung: 40-100 cm hohe Pflanze mit zahlreichen, großen, breitlanzettlichen, ganzrandigen Blättern, die wie der kräftige verzweigte Stengel dicht borstig behaart sind und an diesem herab laufen. Weiße, gelbliche, rosarote oder violette, glockenförmige Blüten in nickenden, einseitswendigen Wickeln. Kräftige schwarze, innen weiße Pfahlwurzel, bis 60 cm tief.

Blütezeit: Mai bis September

Geruch & Geschmack: schwach würzig, etwas dumpf, schleimig.

Standort: nasse Wiesen, Wegränder, Gräben, Waldlichtungen, häufig und verbreitet

Sammelgut & -zeit: *junge Triebe* und *Blätter* April bis August

Wurzeln März und April oder September und Oktober

Inhaltsstoffe: *Wurzeln*: Allantoin (ein Abbauprodukt des Harnstoffs), Glykoside, Pyrrolizidinalkaloide, Schleim- und Gerbstoffe. *Blätter* ähnlich, geringerer Allantoingehalt.

Wirkung: Wundreinigend (Allantoin löst und verflüssigt Wundsekrete), reizmildernd, schmerz- und blutstillend, zusammenziehend. Fördert Wund- und Knochenheilung, Abschwellen von Blutergüssen.

Heilanwendung:

- Teeabkochung: Aus der getrockneten Wurzel: 2 Tl/Tasse - täglich 1-2 Tassen schluckweise (auch zur Rollkur) bei Magenschleimhautentzündung, Magen- und Zwölffingerdarmgeschwüren, Verdauungsstörungen.
- Preßsaft: Frische Wurzeln und wenig Blätter gründlich zerkleinern, auspressen, zum Sieden erhitzen und heiß in kleine Tropfflaschen abfüllen. Zur besseren Haltbarkeit kann auf 4 Teile Pressaft 1 Teil reiner Alkohol zugefügt werden. 3-4 x täglich 10-20 Tropfen bei Entzündungen der Mundschleimhaut, Bläschen, Aphthen möglichst lange im Mund behalten. Bei Magenschleimhautentzündung und Geschwüren 3 x täglich 1 Tl zur Rollkur. Bei offenen Pilzinfektionen zwischen den Zehen zum Pinseln.
- Brei: Gut getrocknete Wurzel pulverisieren und mit heißem Wasser zu einem steifen Brei anrühren. Auf ein Tuch streichen und als Umschlag verwenden bei Prellungen, Verstauchungen, Blutergüssen, Sehnenscheidenentzündung, Knochenbrüchen (kalt); bei Drüsenschwellungen, Mumps, Rheuma, Gicht oder Arthrose vorzugsweise warm. Der Umschlag sollte 6-8 Stunden, evtl. über Nacht, liegenbleiben und währenddessen gut abgedeckt sein (Plastikfolie). Man kann die frische Wurzel auch im Mixer zermusen und entsprechend anwenden.
- Salbe: Fein geschnittene frische Wurzel in Schweineschmalz auslassen und durch ein Leinentuch abseihen bzw. abpressen. Bei kühler Lagerung etwa 1 Jahr haltbar. Besser: Gut getrocknete Wurzel pulverisieren und mit Schweineschmalz

zu einer Salbe verarbeiten (3 gehäufte El auf 1 Tasse Schmalz) Bei Prellungen, Knochenbrüchen, Verstauchungen, Blutergüssen, Sehnenscheidenentzündung.

Verwendung in der Küche:

- Gemüse: Für 2 Personen 6-8 Hände voll sehr fein geschnittene junge Blätter in heißem Fett kurz anschmoren, salzen, etwas Meerrettich zufügen, 2 Tassen Wasser aufgießen und 30 Minuten dünsten lassen, mit etwas Mehl oder Stärke andicken.
- Junge Blätter in Pfannkuchenteig tauchen und in Butter, Schmalz oder Öl ausbacken - eine besondere Delikatesse!
- Junge Triebe können wie Spargel verwendet werden. Pro Person ca. 10-20 Pflanzen, die kaum die ersten Blattspitzen entfalten, kurz über der Wurzel abschneiden, putzen und gebündelt in kochendes Salzwasser legen, 1-5 Minuten sieden lassen, dann herausnehmen, abtropfen lassen und Butter und Kräuter darübergeben. Schmeckt köstlich!

Sonstiges: In der Apotheke als *Radix Consolidae.*

Beinwellwurzel schimmelt sehr leicht, sie muß daher zum Trocknen unbedingt in dünne Scheiben geschnitten und nach 2-3-tägigem Vortrocknen im Backofen bei 50-60 Grad gründlich nachgetrocknet werden, bis die Stücke pulverig brechen. Wer ein nicht standardisiertes Pflanzenpräparat verwenden möchte, so, wie es seit Tausenden von Jahren verwendet wurde, müßte sich dieses selbst herstellen.

Kommission E: In der Monographie von 1990 wird eine Anwendung bei Prellungen, Zerrungen, Verstauchungen und eine entzündungshemmende Wirkung beschrieben. Wegen der möglicherweise enthaltenen Pyrrolizidinalkaloide, die in hoher Dosierung und als Einzelsubstanz Krebs hervorrufen können, hat die Kommission E den Gebrauch dieser Heilpflanze eingeschränkt und als toxisch eingestuft. Salben und andere Zubereitungen zur äußeren Anwendung dürfen nur 5-20 Prozent der getrockneten Wurzel enthalten. Die pro Tag applizierte Dosis darf nicht mehr als 100 mg Pyrrolizidinalkaloide mit 1,2-ungesättigtem Necingerüst einschließlich ihrer N-Oxide enthalten. Die Anwendung darf nur auf intakter Haut erfolgen. Die Anwendung in der Schwangerschaft sollte nur nach Rücksprache mit dem Arzt erfolgen.

BERBERITZE

Berberis vulgaris **- Sauerdorn, Essigdorn, Essigbeere, Dreidorn**

Familie: Berberitzengewächse - *Berberidaceae*

Beschreibung: 1-2 m hoher Strauch mit stark holzigen Zweigen und dreiteiligen Dornen am Blattansatz. Blätter in Büscheln, eiförmig mit gezähntem Rand. Gelbe Blüten in herabhängenden Trauben. Längliche, leuchtend rote Beeren.

Blütezeit: Mai bis Juni

Geruch & Geschmack: Die reifen Beeren haben einen säuerlichen, angenehmen Geschmack.

Standort: lichte Laub- und Mischwälder, Parks, kalkliebend, zerstreut

Sammelgut & -zeit: völlig reife *Beeren* im August und September; *Rinde* und *Wurzeln* im März und April oder November

Inhaltsstoffe: *Beere*: Vitamin C und Fruchtsäuren, *Wurzeln und Rinde*: Alkaloide, vor allem Berberin

Wirkung: *Beere* als Vitamin-Träger, harntreibend, *Wurzel und Rinde* galle- und harntreibend, kreislaufanregend

Heilanwendung:

- *Beere:* Tee aus getrockneten Beeren, Sirup, Saft, Marmelade aus frischen Beeren bei Vitamin-Mangel.
- *Wurzel/Rinde:* ½-1 Tl pro Tasse aufkochen und 5 Minuten ziehen lassen, bei Verdauungsschwäche, Was sersucht, Gallenstauung und Gallensteinbildung, Kreislaufschwäche. In größeren Mengen gegen den Erreger der Orient/Aleppobeule (Leishmania tropica). Nicht bei Harnwegsentzündungen anzuwenden!

Verwendung in der Küche:

Wir können nur die Beeren verwenden. Alle anderen Teile des Strauches sind schwach giftig!

- Gelee: Beeren von den Stengeln befreien, waschen und 5 Minuten. kochen, entsaften. Saft am besten 1:1 mit Apfelsaft mischen, aufkochen, zuckern (1:1) und heiß in Gläser abfüllen. Geliert ohne Zutaten. Schmeckt säuerlich-herb.

- Saft: Beeren kochen, entsaften (Kerne nicht zerdrücken, da sonst bitterer Beigeschmack). Süßen, heiß abfüllen und Flaschen luftdicht verschließen.
- Essig: Saft in Flaschen füllen und offen eine Woche an die Sonne stellen. Dann verschließen und kühl aufbewahren.
- Auf Hammelbraten oder fettem Fleisch vor dem Servieren kurz aufkochen lassen; dadurch zerplatzen die Beeren und verteilen einen säuerlichen Geschmack, der mit dem des Fleisches harmoniert.

Sonstiges: Früchte in der Apotheke als *Fructus Berberidis*

Die Berberitze ist als Zwischenwirt des gefürchteten Getreiderostes in Europa fast ausgerottet. Als Ersatz kann die amerikanische Mahonie dienen (s.u.), die hier sehr häufig angepflanzt wird und fast gleiche Inhaltsstoffe und Verwendungsmöglichkeiten bietet.

Das stark gelb färbende Holz kann zum Färben von Leder und Wolle verwendet werden.

MAHONIE

***Berberis aquifolium* (=*Mahonia aquifolium*)**

Familie: Berberitzengewächse - *Berberidaceae*

Beschreibung: 1-2 m hoher, meist aber niedriger Strauch mit ledrigen, immergrünen, unpaarig gefiederten Blättern. Einzelblätter buchtig gezähnt mit stachligen Spitzen (ähnlich dem Ilex = Stechpalme), oberseits glänzend. Zahlreiche gelbe, duftende violette Blüten in hängenden Rispen. Beeren dunkelblau-violett, bereift, kugelig. Fruchtfleisch und Saft purpurrot. Rinde innen gelb, ebenso das Holz.

Blütezeit: April bis Mai

Geruch & Geschmack: sauer, zusammenziehend, aromatisch

Standort: Gärten und Parkanlagen, selten verwildert. Die Pflanze ist in Amerika heimisch, hier aber sehr häufig angepflanzt.

Sammelgut & -zeit: *Beeren* September bis Anfang November; *Stamm-* und *Wurzelrinde* März und April und Oktober und November

Inhaltsstoffe, Wirkung und Heilanwendung wie bei der Berberitze.

Verwendung in der Küche:

- Als stark färbende Beimischung zu Gelees, z.B. Apfelgelee.

BIBERNELLE

***Pimpinella saxifraga* – Kleine oder Steinbibernelle**

Familie: Doldenblütler - *Apiaceae (Umbelliferae)*

Beschreibung: Die Grundblätter der 15-50 cm hohen Pflanze sind zart, unpaarig gefiedert; Fieder eiförmig, tief gezähnt. Wenige, kleinere Stengelblätter. Blüten weißlich, in doppelter Dolde. Kräftige, weiße, knotige Wurzel.

Blütezeit: Juni bis Oktober

Geruch & Geschmack: Die ganze Pflanze riecht und schmeckt charakteristisch scharf-würzig.

Standort: Weg- und Waldränder, Wiesen, Weiden, häufig

Sammelgut & -zeit: junge *Blätter* und *Wurzeln* Mai bis Oktober

Inhaltsstoffe: *Wurzel*: geringe Mengen ätherisches Öl, Gerbstoff, 0,5 % Pimpinellin (Bitterstoff) und Saponine. *Blätter*: ähnlich, weniger Gerbstoffe

Wirkung: harn- und schweißtreibend, Sekretion der Schleimhäute verstärkend, gegen Heiserkeit

Heilanwendung:

➢ Tee: 1-2 Tl/Tasse. abkochen, täglich. 1-2 Tassen bei Entzündungen der oberen Luftwege, zum Gurgeln, bei Verdauungsschwäche.

Verwendung in der Küche:

➢ Junge Blätter schmecken sehr würzig und eignen sich gut als Beigabe zu Salaten, Saucen, Suppen und Kräuterbutter. Getrocknet besonders zu Saucen und Suppen.

➢ Verwendung in Mischgemüsen: s. Rezeptteil

GROSSE BIBERNELLE - *Pimpinella major*

Familie: Doldenblütler-*Apiaceae* (*Umbelliferae*)

Beschreibung: 30-100 cm hohe Pflanze, Blätter unpaarig gefiedert, Fieder eiförmig bis oval, tief gesägt, dunkelgrün glänzend. Weiße Blüten in Doppeldolden.

- alles andere wie oben -

Sonstiges: Wurzel in der Apotheke als *Radix Pimpinellae*

Kommission E: In der Monographie von 1990 werden als Anwendungsgebiete Katarrhe der oberen Luftwege angegeben. Gegenanzeigen, Neben- und Wechselwirkungen sind nicht bekannt.

BIRKE

***Betula* pendula (= *B. verrucosa*) - Weiß-, Hänge-, Warzenbirke**

***Betula pubescens* - Moorbirke**

Familie: Birkengewächse - *Betulaceae*

Beschreibung: Bis 30 m hoher Laubbaum der kühlen bis gemässigten Zonen mit meist hängenden Zweigen. Blätter dreieckig bis rautenförmig, gesägt, bei der Weißbirke weich behaart. Die Rinde des Stammes und der Äste ist weiß, papierartig dünn und läßt sich leicht abziehen. Wo sie verschwunden ist, tritt eine schwarze, grobe Borke auf. Die Blüten sind hängende Kätzchen (männliche Blüten) und kleine aufrechte Zapfen (weibliche Blüten).

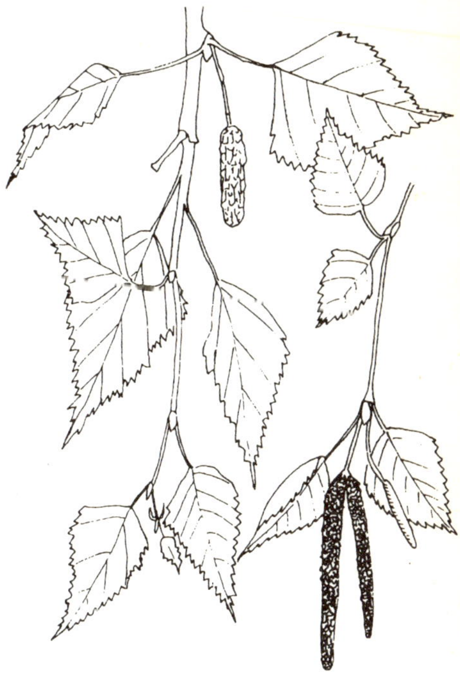

Blütezeit: April bis Mai

Geruch & Geschmack:

schwach zusammenziehend.

Standort: Lichte Laub- und Mischwälder, Moore, Heiden bis in die untere Alpenregion, Pionierpflanze. Verbreitet und häufig.

Sammelgut & -zeit: *Blätter* im Mai bis Juni, *Blattknospen* im März, *Saft* im März bis April[2]

Inhaltsstoffe: *Blätter* und *Blattknospen:* viel Gerbstoffe, Saponine, Harze, Flavone, Mineralstoffe, ätherisches Öl (v.a. in den Knospen), *Saft:* bis zu 3 % Zucker (Traubenzucker) und die Inhaltsstoffe der Blätter.

Wirkung: Durch den Gehalt an Saponinen und Flavonen stark wassertreibend, ohne die Nieren zu reizen. Blutreinigend. Äußerlich bei Hautunreinheiten und schlecht heilenden Wunden.

Heilanwendung:

- *Blätter*: 1 El/Tasse Wasser 1-2 Stunden einweichen und langsam zum Kochen bringen. Knospen 1-2 Tl/Tasse genauso. Zum Durchspülen bei Nieren- und Harnwegsentzündungen 5-6 Tassen am Tag. Bei Wassersucht (geschwollenen Beinen), Rheuma und Gicht, unreiner Haut (auch Furunkulose) genügen 2-3 Tassen in starkem Aufguß zum Ausschwemmen von Giftstoffen.
- Äußerlich als Abkochung für Teil- und Vollbäder bei unreiner Haut, Schuppenflechte usw. 2 Hände voll *Blätter* auf ein Teilbad, 3-4 auf ein Vollbad in einem Kessel mit Wasser gut auskochen und abseihen.
- *Frischsaft*: 2-3 El über den Tag verteilt als Blutreinigungsmittel bei den o.a. Erkrankungen. Die äußerliche Wirkung bei Ekzemen, Flechten und schlecht heilenden Wunden ist stärker ausgeprägt als bei den Blättern. Man benutzt den Saft unverdünnt oder 1:1 mit Wasser verdünnt zu Umschlägen.
- Birkenhaarwasser: ¾ l frischen *Saft* mit ¼ l 96%igem Alkohol (auch Isopropylalkohol) vermischen und in gut verschlossenen Flaschen aufbewahren. Bei Schuppen, Haarausfall und fettiger Kopfhaut.
- Verstärktes Birkenhaarwasser: je 1 Tl Rosmarin und Thymian, 2-3 Tl Klettenwurzel und 2 El frische, feingehackte Brennessel mit ½ l 70%igem Alkohol eine Woche lang ziehen lassen und nach dem Abseihen mit der gleichen Menge frischem *Birkensaft* vermischen. Aufbewahrung und Anwendung wie oben. Die Wirkung dieser Mischung ist wesentlich kräftiger.

Sonstiges: Blätter in der Apotheke als *Folia Betulae.*

---

[2] *Die Gewinnung ist amtlich geregelt und darf nur mit Genehmigung des Eigentümers (Forstverwaltung, Bauer usw.) bei Bäumen vorgenommen werden, die 1 m über der Erde einen Stammdurchmesser von mindestens 20 cm haben. Der Stamm wird 2 - 3 cm tief angebohrt und der Saft durch ein Glasröhrchen oder eine Rinne (gründlich lackiert!) in ein Glasgefäß geleitet. Das Loch muß hinterher sorgfältig mit Baumwachs, Pech o.a. verschlossen werden. Die Saftentnahme darf an einem Baum nur jedes zweite Jahr erfolgen. Wird der Saft nicht sofort verwendet, muß er konserviert werden, um ihn vor der Gärung zu bewahren. Das kann durch Zugabe von mindestens 20 % (d.h. 1/5 der Menge) reinen Alkohols (zur äußeren Anwendung auch Isopropylalkohol) geschehen oder durch Aufkochen mit 2 Tl Thymianblättern oder 1 Tl Nelken auf 1 Liter Saft.*

Kommission E: Die Monographie nennt als Anwendungsgebiete : Zur Durchspülung bei bakteriellen und entzündlichen Erkrankungen der ableitenden Harnwege und bei Nierengrieß, wobei auf reichliche Flüssigkeitszufuhr zu achten ist; zur unterstützenden Behandlung rheumatischer Beschwerden.

BRAUNWURZ

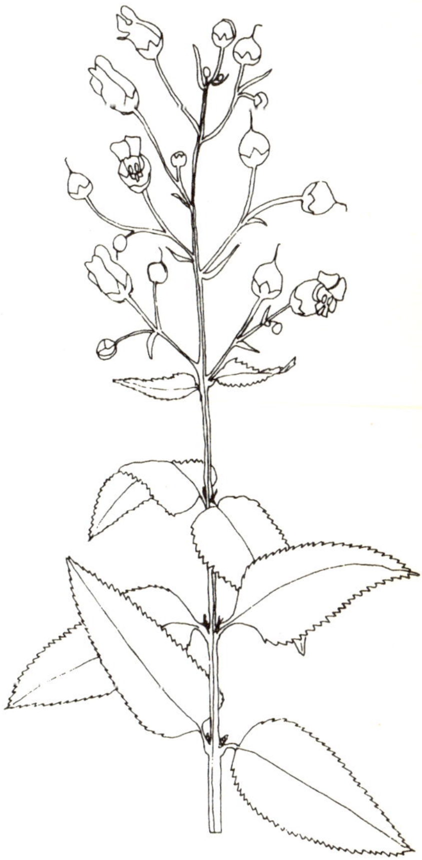

***Scrophularia nodosa* - knotige Braunwurz**

Familie: Rachenblütler (Braunwurzgewächse) - *Scrophulariaceae*

Beschreibung: 40-80 cm hohe, wenig verzweigte Pflanze mit kreuzgegenständigen, länglich-eiförmigen, gesägten Blättern. Stengel vierkantig, aber nicht geflügelt, an den Blattansätzen knotig verdickt. Schmutzig pupurbraune Rachenblüten in endständiger Rispe.

Blütezeit: Juni bis September

Geruch & Geschmack: beim Zerreiben unangenehmer, fauliger Geruch

Standort: auf feuchten, humusreichen Böden in lichten Laub-, Misch- und Auwäldern

Sammelgut & -zeit: *Oberirdische* Pflanze im Juni bis Juli, *Wurzel* im Oktober

Inhaltsstoffe: Sehr wenig herzwirksame Glykoside (wie Digitalis), Saponine (evtl. Harpagosid?)

Wirkung: Durch Saponine und Glykoside harntreibend v.a. bei leichten Herzstörungen, blutreinigend, drüsenabschwellend. Nach neueren Untersuchungen läßt sich für die *Wurzel* eine günstige Wirkung auf Stoffwechsel, Rheuma, Gicht vermuten (ähnlich der afrikanischen Teufelskralle).

Heilanwendung:

- 1 guter Tl/Tasse als Aufguß, täglich 1 Tasse schluckweise verteilt bei Skrophulose, Hämorrhoiden, Lymphknotenschwellungen, Gicht und Rheuma.
- Äußerlich als Umschlag (oder zerquetschte Blätter und Wurzeln auflegen), bei chronischen Ausschlägen und Geschwülsten.

Sonstiges: In der Apotheke als *Herba Scrophulariae*

BRENNESSEL

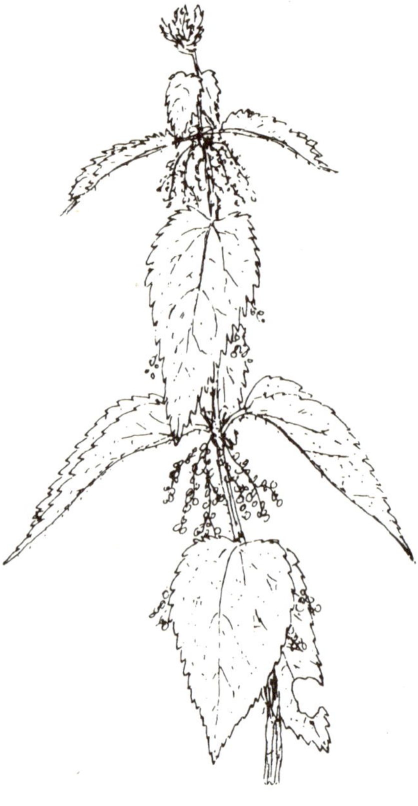

***Urtica urens* - kleine Brennessel**

***Urtica dioica* - große Brennessel**

Familie: Nesselgewächse (Brennesselgewächse) - *Urticaceae*

Beschreibung: 50-150 cm hohe, zweihäusige Pflanze (d.h. männliche und weibliche Blüten sitzen auf getrennten Pflanzen). Am vierkantigen Stengel stehen an langen Stielen kreuzgegenständig längliche, spitzei- bis herzförmige, grob gesägte Blätter. Blätter und Stengel sind dicht mit feinen Brennhaaren besetzt, die schon bei leichter Berührung brennende Nesselquaddeln auf der Haut hervorrufen (Die Spitze der Haare bricht ab, das restliche Haar wirkt wie eine feine Nadel, die den darin enthaltenen Reizstoff in die Haut einspritzt), Blütenrispe lang, hängend, mit kleinen, unscheinbaren Blüten. Sehr vielgestaltig, die Blätter der kleinen Brennessel sind kleinflächiger als die der anderen Art.

Blütezeit: Mai bis Oktober

Geruch & Geschmack: Geruch dumpf, manchmal etwas modrig, Geschmack angenehm würzig, herb, spinatähnlich

Standort: Wälder, Waldränder, Schuttplätze und Ruderalstellen; überall, wo Menschen sind, verbreitet.

Sammelgut & -zeit: junge *Blätter* und Triebe, auch das ganze Kraut und die *Wurzel* März bis Mai (nachwachsende bis Ende Juli)

Inhaltsstoffe: Gerbsäure, Vitamin C, in den Brennhaaren Histamin, Acetylcholin, Ameisensäure und ein noch nicht näher erforschtes Nesselgift.

Wirkung: leicht abführend und entschlackend, blutreinigend, harntreibend, hautreizend, schwach blutstillend, blutzuckersenkend

Heilanwendung:

- Teeaufguß aus *Blättern* oder fein geschnittenem *Kraut*: 2-3 Tl/Tasse Wasser, mehrere Tassen täglich zur Blutreinigung bei Hauterkrankungen, Rheuma, Gicht und Arthritis, bei Harnverhalten (Prostataleiden) und bei leichten Formen der Zuckerkrankheit (Diabetes), zur Unterstützung der Diät.
- Frischer Preßsaft, 1-3 El in 1 Glas Wasser am Tag, ist besonders geeignet zur blutreinigenden Frühjahrskur. Konservieren wie Obstsäfte, Anbruch im Kühlschrank 1-2 Wochen haltbar.
- Tinktur aus der getrockneten Pflanze: Man füllt eine weithalsige Flasche zu $^{2}/_{3}$ mit dem zerschnittenen Kraut, füllt mit Korn (oder bis zu 50 %igem Alkohol) auf und läßt sie unter häufigem Umschütteln 2-3 Wochen stehen. Danach filtrieren und in braunen Flaschen aufbewahren. Hiervon 30-40 Tropfen 2-3 mal am Tag wie den Teeaufguß.
- Man kann diese Tinktur auch als hervorragendes Pflegemittel für Haar und Kopfhaut verwenden: 2-3 mal wöchentlich die Kopfhaut mit wenig Tinktur anfeuchten und gründlich durchmassieren. Auch geeignet bei Kopfschuppen und leichtem Haarausfall. Die folgende Tinktur wirkt allerdings stärker.
- Tinktur aus der frischen Pflanze: Frische, junge Pflanzen in eine weithalsige Flasche gut halbhoch einfüllen und mit mindestens 50 %igem Alkohol (bis 70 %) aufgießen. Weiterverarbeitung wie oben. Diese Tinktur hat noch die Nesselwirkung der frischen Brennessel. Sie dient unverdünnt als Hautreizmittel bei Rheuma und verschiedenen Glieder- und Gelenkschmerzen. Im Verhältnis 1 : 4 mit verdünntem Alkohol vermischt regt sie die Durchblutung der Kopfhaut an und fördert dadurch den Haarwuchs, wirkt auch günstig bei Kopfschuppen und zu fettigem Haar.
- Ganz unerschrockene Naturen können ihre schmerzenden Glieder (Rheuma, Gicht, Arthritis, Arthrose) mit frischen Pflanzen auspeitschen. Das brennt zwar lange und heftig, schafft aber erstaunliche Erleichterung und Heilung.

Verwendung in der Küche:

- Brennesselsuppe: Man kocht eine kräftige Fleischbrühe aus Rind- und Schweinefleisch mit einigen Knochen, nimmt diese heraus und schneidet das Fleisch klein. Dann dünstet man 1 kleine, feingehackte Zwiebel in Fett an, gibt 1 El Mehl zu und läßt alles hellgelb werden. Man löscht mit Fleischbrühe ab und gibt nun pro Person eine reichliche Tasse feingehackte, junge Brennesseltriebe zu. Vor dem Servieren ein mit kalter Brühe verrührtes Ei einlaufen lassen und frische Kräuter darüberstreuen, Sahne unterziehen und in Butter angeröstete Weißbrotstückchen in den Teller geben.

- Brennesselspinat: In etwas Butter oder kernigem Öl kleingeschnittene Zwiebel bräunen. Eine große Schüssel grob geschnittene junge Brennesseltriebe dazugeben, mit Salz und wenig Muskat würzen und etwas Wasser oder Weißwein angießen. Etwa 15 Minuten auf kleiner Flamme dünsten, vor dem Servieren evtl. noch etwas andicken (z.B. mit zarten Haferflocken).
- Brennessel-Eiersalat: 8 hartgekochte Eier kleinschneiden, Salz, etwas Senf, Öl und Zitrone oder Essig hinzufügen und viel feingehackte Brennessel untermischen. Man kann zusätzlich Brunnenkresse, Sauerampfer, Wiesenknöterich dazugeben.

Brennesseln sind sehr gut als Beimengung zu verschiedenen Gemüsen, Suppen und Saucen zu verwenden; sie runden den Geschmack ab, ohne sich vorzudrängen. In Nudelaufläufen kann man sie wie Spinat, zu Salaten frisch verwenden, wenn man sie ganz kurz mit heißem Wasser überbrüht oder sie kurz in einem Handtuch etwas zerdrückt.

Sonstiges: Brennesselkraut in der Apotheke als *Herba Urtica.*

Die Brennessel ist eines der wichtigsten biologischen Bodenheilmittel - siehe dort.

Kommission E: In der 1987 erstellten Monographie heißt es zu den Anwendungsgebieten: Zur unterstützenden Behandlung rheumatischer Beschwerden und bei Einnahme zur Durchspülung bei entzündlichen Erkrankungen der ableitenden Harnwege, auch als Durchspülung zur Vorbeugung und Behandlung von Nierengries. Allerdings: Keine Durchspülungstherapie bei Ödemen infolge eingeschränkter Herz- oder Nierentätigkeit.

BROMBEERE

Rubus fruticosus

Familie: Rosengewächse - *Rosaceae*

Beschreibung: Die Pflanze variiert je nach Standort sehr stark. Sie neigt zur Bastardbildung, dadurch gibt es sehr viele ähnliche Unterarten, die aber genauso zu verwenden sind.

Bis ca. 2 m hoher Strauch mit bogig überhängenden Zweigen oder kriechend. Äste, Zweige, Blattstiele und Blattunterseite dicht mit hakigen Stacheln bewehrt. Blätter gefiedert mit 3-5 länglich-eiförmigen, großen Fiedern, die am Rand gesägt sind. Fünfzählige weiße, selten schwachrosa Blüten in lockeren Trauben. Frucht eine dunkelrote bis schwarze Sammelbeere.

Blütezeit: Juni bis Juli, vereinzelt bis in den Herbst.

Geruch & Geschmack: *Blüten* nur schwach duftend, *Blätter* schmecken herb aromatisch, die *Beeren* unreif recht sauer, reif aber süß und sehr aromatisch.

Standort: Wälder, Waldränder, Hecken, Lichtungen, Gärten. Verbreitet und häufig.

Sammelgut & -zeit: junge *Blätter* von April bis Mai; *Beeren* je nach Lage August bis Oktober

Inhaltsstoffe: *Beeren:* Zucker, Vitamin C und andere; *Blätter:* Gerbstoffe, organische Säuren, ätherisches Öl

Wirkung: *Beeren* und der Saft daraus wirken kräftigend und aufbauend, vor allem bei schwächlichen und kranken Kindern. - *Blätter* wirken durch den Gerbstoffgehalt leicht zusammenziehend und bei Durchfällen mild stopfend. Die Heilwirkung ist aber nicht besonders stark ausgeprägt. Größere Bedeutung als Haustee.

Heilanwendung:

- *Blätter* als Teeaufguß: 2-3 Tl/Tasse Wasser 5 Minuten ziehen lassen. Hiervon 3-4 Tassen am Tag bei leichten Durchfällen und Darmstörungen, auch zum Gurgeln bei Mundfäule und Zahnfleischbluten.

Verwendung in der Küche:

- Brombeersaft roh: Früchte ungewaschen in den Entsafter geben, auf 1 Liter Saft eine Zitrone ausdrücken und nach Geschmack 400-500 g (ca. 2 Tassen) Zucker auflösen. Sofort in kleine, sterilisierte Flaschen abfüllen, verschließen und pasteurisieren. Besser noch: In kleinen, rechteckigen Schalen einfrieren und in der Tiefkühltruhe aufbewahren.
- Brombeersaft gekocht: Früchte im Sieb überbrausen, abtropfen lassen. In einen großen Kochtopf geben und auf 1,5 kg Beeren den Saft von 1 Zitrone und ca. 500 g Zucker nach Geschmack zugeben. Auf kleiner Flamme (Drahtnetz) zum Kochen erhitzen und mit einem Kartoffelstampfer o.ä. zermusen. Nach kurzem

Aufkochen noch wenige Minuten ziehen lassen, auf ein großes, ausgekochtes Tuch (z.B. Flanellwindel) geben, über Nacht abtropfen lassen und am nächsten Tag möglichst gründlich ausdrücken (Gummihandschuhe). Weiter verarbeiten wie den rohen Saft.

- Brombeergelee aus rohem oder gekochtem Saft: In den kalten Saft Gelierpulver nach der Packungsvorschrift geben, mit 500 g Zucker auf 1 Liter Saft (zusätzlich zu der ersten Menge, also zur Geleebereitung gleich die ganze Zuckermenge hernehmen) und evtl. noch etwas Zitronensaft zum Kochen bringen. Nach erfolgreicher Gelierprobe in Gläser füllen und zubinden. Das Gelee schmeckt besonders frisch und fruchtig, wenn man möglichst wenig Zucker und genügend Säure (Zitronensaft oder -säure) zugegeben hat. (Verwenden Sie z.B. ein 2+1-Geliermittel).
- Brombeer-Apfelgelee: Gewaschene Brombeeren werden mit der gleichen Menge zerschnitzter, ungeschälter Äpfel gemischt und nach Zugabe von wenig Wasser vorsichtig zum Kochen gebracht. Wenn die Äpfel genügend weichgekocht sind, wird alles zerstampft. Man läßt den Brei durch ein Tuch ablaufen und gibt dann auf 1 l Saft 1 kg Zucker sowie den Saft von 1-2 Zitronen zu, kocht ca. 5 Minuten auf starker Flamme durch und füllt nach positiver Gelierprobe in Gläser.
- Brombeerkonfitüre: 1 kg gewaschene Beeren mit 500-1000 g (je nach Geliermittel) Zucker, dem Saft von 1-2 Zitronen und 1-2 Päckchen Geliermittel mischen. Vorsichtig erhitzen. Früchte zerdrücken. Wenn alles etwa. 2 Minuten gut gekocht hat, in saubere Gläser füllen und verschließen.
- Brombeerlikör: Weithalsige Flasche zu $^2/_3$ mit reifen Beeren füllen und mit Doppelkorn o.a. aufgießen. Saft von ½ Zitrone und etwa das halbe Gewicht der Beeren an Zucker zugeben. 14 Tage in der Sonne stehen lassen, dabei häufig umschütteln. Danach abgießen, erneut mit Zucker und Schnaps aufgießen, diesmal aber 3-4 Wochen stehenlassen. Nach dieser Zeit abgießen, die Früchte gut auspressen, die beiden Auszüge vermischen und filtrieren. Nicht zu lange aufheben, der Likör verliert nach 1 Jahr sein frisches Aroma.
- Haustee aus getrockneten Blättern: Hierzu nimmt man weniger als zur Heilanwendung, also etwa 1 Tl/Tasse Wasser.
- Fermentierter Brombeerblättertee wird nach der Anweisung auf S. 235 hergestellt. Er läßt sich zubereiten wie schwarzer Tee, hat aber nicht dessen anregende Wirkung, da er kein Teïn (=Koffein) enthält.

Sonstiges: Blätter in der Apotheke als *Folia Rubi fruticosi*, auch der fermentierte Tee ist im Handel erhältlich.

Kommission E: Bei unspezifischen, akuten Durchfallerkrankungen; bei leichten Entzündungen im Bereich der Mund- und Rachenschleimhaut. Gegenanzeigen, Neben- und Wechselwirkungen sind nicht bekannt.

BRUNNENKRESSE

Nasturtium officinale (=Rorippa nasturtium aquaticum) **- Bachkresse, Wasserkresse**

Familie: Kreuzblütler - *Brassicaceae (Cruciferae)*

Beschreibung: 15-40 cm hohe Pflanze mit 3-5-zählig gefiederten Blättern. Einzelfieder rund-eiförmig mit gewelltem Rand, saftig. Kleine, vierzählige, weiße Blüten in lockerer, doldenartiger Traube. Pflanze meist in Polstern. - Auch im Winter grün.

Blütezeit: Mai bis August

Geruch & Geschmack: Scharf-würzig (Kresse-Geschmack, ähnlich Senf)

Standort: Ränder von Quellen, langsam fließenden Bächen und Gräben, überall verbreitet

Sammelgut & -zeit: Blätter und nicht blühende Triebspitzen Februar bis April, September bis in den Schnee

Inhaltsstoffe: ätherisches Öl mit Senfölglycosiden, Bitterstoff, im frischen Kraut bis über 80 mg/100 g Ascorbinsäure

Wirkung: stoffwechselanregend, galle- und harntreibend, schleimlösend

Heilanwendung:

- Preßsaft 1-2 El/Tag zur Frühjahrskur bzw. zur Entschlackung, zum Hustenlösen, bei leichten Infektionen der Harnwege. Salat allein oder in Mischungen zur Frühjahrskur usw.

Verwendung in der Küche:

Zu vielerlei Salaten (aber auch zu Brotaufstrichen, Quark, Butter):

- Mit Zitronensaft oder wenig Essig, Öl, Salz.
- Mit Joghurt, Kefir oder Buttermilch.
- Fein geschnitten zum grünen oder Endivien-Salat.
- In Mischung mit Löwenzahn, Bachbunge, Wiesenknöterich und anderen Kräutern.
- Zum Eiersalat

Sonstiges: Verwechslungsmöglichkeit evtl. mit dem Wiesenschaumkraut *(Cardamine pratensis)* oder dem bitteren Schaumkraut *(C. amara)*, die beide genauso verwendbar sind.

Kommission E: Die Monographie von 1990 beschreibt eine Anwendung bei Katarrhen der Luftwege. Gegenanzeige: Magen- und Darmulcera, entzündliche Nierenerkrankungen. Keine Anwendung bei Kindern unter 4 Jahren.

BUCHE

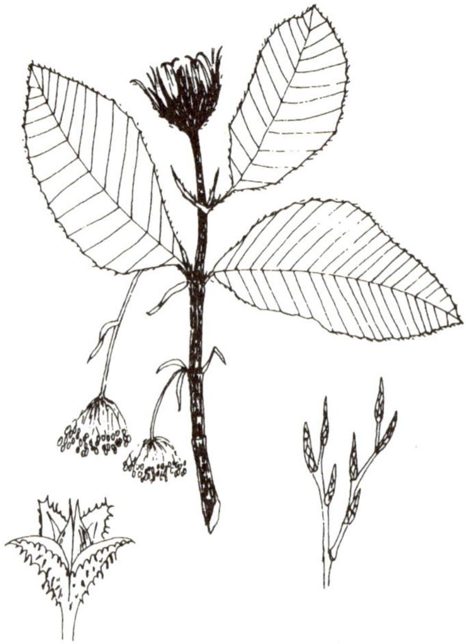

Fagus sylvatica **- Rotbuche**

Familie: Buchengewächse - *Fagaceae*

Beschreibung: Bis 30 m hoher Waldbaum mit glatter, silbergrauer Rinde und eiförmigen schwach gesägten Blättern, die vor allem im Frühjahr zottig behaart sind. Blüten sind klein und unscheinbar. Die Früchte sind dreieckige, braunglänzende Nüsse (Bucheckern), die einen sehr fettreichen Samen enthalten. Sie werden von einer stacheligen Kapsel umschlossen (ähnlich der Roßkastanie), die bei der Reife an drei Seiten aufplatzt.

Blütezeit: April bis Mai

Geruch & Geschmack: Blätter schmecken etwas zusammenziehend.

Standort: sehr verbreiteter Waldbaum, auch häufig in Parks

Sammelgut & -zeit: Junge *Blätter* April bis Mai; *Bucheckern*: September bis Oktober. In manchen Jahren findet man unter den Bäumen fast ausschließlich taube Früchte, in anderen sind fast alle gefüllt. Die Ursachen dafür bisher noch nicht geklärt, könnten aber mit klimatischen Schwankungen zusammenhängen.

Inhaltsstoffe: *Blätter*: Gerbstoffe, wenig ätherisches Öl; *Bucheckern:* reichlich fettes Öl, evtl. ein unbekannter, schwacher Giftstoff?

Verwendung in der Küche:

- Bucheckern roh wie Nüsse essen, aber Vorsicht: Nicht zu viele auf einmal, sie können sonst Bauchgrimmen und Übelkeit hervorrufen. Ob das auf den hohen Fettgehalt oder auf einen bisher noch nicht bekannten Giftstoff zurückzuführen ist, weiß man noch nicht und ist umstritten.

- Sehr junge, frisch entfaltete Buchenblätter ganz oder in Streifen geschnitten zu einem kohlartigen Salat. Evtl. auch in Mischung mit Brunnenkresse und anderen saftigeren Kräutern.
- Likör: Man füllt eine weithalsige Flasche (Saft-, Milchflasche) mit ganz jungen Buchenblättern fast voll und gießt mit einem guten Steinhäger oder einem anderen Wacholderschnaps auf. Man läßt den Ansatz 2-3 Wochen unter häufigem Umschütteln stehen. Nach dieser Zeit seiht man die jetzt hellgrüne Flüssigkeit ab, preßt gut aus und gibt auf 1 Liter 400-500 g (= ca. 2 Tassen) Zucker hinzu, den man zuvor in wenig kochendem Wasser aufgelöst hat. Mindestens 1/2 Jahr ruhen lassen.

DOST

***Origanum* vulgare – wilder Dost, wilder Majoran**

Familie: Lippenblütler – *Lamiaceae (Labiatae)*

Beschreibung: 30-60 cm hohe Pflanze mit kreuzgegenständigen, zugespitzt-eiförmigen, glattrandigen Blättern an einem schwach vierkantigen, wenig behaarten, aufrechten Stengel. Zahlreiche rosarote Lippenblüten in endständiger, rispiger Trugdolde.

Blütezeit: Juli bis September

Geruch & Geschmack: Sehr würzig, etwas bitter.

Standort: Wegraine, Waldränder, trokkene Wiesen. Wärmeliebend. In Süddeutschland verbreitet und häufig, im Nordwesten selten oder fehlend.

Sammelgut & -zeit: Blätter vor oder während der Blütezeit. Zum Trocknen ganze Pflanze sammeln, Blätter von der getrockneten Pflanze abstreifen.

Inhaltsstoffe: Ätherisches Öl mit Thymol u.a., Bitterstoff

Wirkung: Ähnlich Thymian und Quendel, allerdings schwächer: hustenlösend, fäulniswidrig, verdauungsanregend. Äußerlich als Kräuterkissen erwärmend, schmerzstillend, aufweichend.

Heilanwendung:

- Teeaufguß: 1 geh. Tl/Tasse, 2-4 Tassen täglich bei Husten, Reizungen der oberen Atemwege, Appetitmangel, krampfartigen Magen- und Darmstörungen.
- Zu Kräuterkissen - vor allem in Mischung mit anderen Pflanzen wie Kamille, Thymian, Quendel, Heublumen - bei Drüsenschwellungen, Zahnschmerzen, Ohrenleiden u.a.

Verwendung in der Küche:

- Als Würzkraut frisch oder getrocknet, vor allem zu Fleisch, Tomaten-Gerichten und südlicher Küche (Pizzas, Nudelgerichte, Paella, Risotto etc.).
- Dostfladen: Butter, Mehl, Wasser und wenig Salz zu einem zähen Teig verarbeiten, Dost nach Geschmack darunterkneten. In kleine Fladen formen und auf dem Backblech oder in der Pfanne backen. Gut zu Braten oder Suppe.
- Oliven verfeinert: Oliven mit einer Marinade aus gutem Olivenöl, wenig Zitronensaft, Thymian, zerstoßenem Pfeffer und reichlich Dost übergießen und in einem gut verschlossenen Gefäß mindestens eine Woche stehen lassen. Man reicht sie am besten zu Rotwein und Käse, z.B. an einem schönen Sommerabend.

Sonstiges: Die Pflanze liefert in Italien und anderen Mittelmeerländern das beliebte Gewürz Oregano; durch das kältere Klima ist hier das Aroma wesentlich schwächer.

EBERWURZ, stengellose

Carlina **acaulis - Silberdistel, große Wetterdistel, große Eberwurz**

Familie: Korbblütler - *Asteraceae (Compositae)*

Beschreibung: Von der Eberwurz gibt es zwei Unterarten, die in Wirkung und Verwendung gleichwertig sind. Die eigentliche *stengellose Eberwurz*: sehr niedrige, liegende Pflanze mit rosettig angeordneten, stark fiederschnittigen Distelblättern, die unterseits oft filzig behaart sind. In der Mitte, auf 0,5-2 cm hohem Stengel, sitzt eine silbrigweiße, auffällige Korbblüte, deren Zungenblüten von einem Kranz silbriger Hüllblätter umgeben sind. Die *gemeine Eberwurz* kann einen 10-40 cm hohen, beblätterten Stengel mit mehreren Blüten haben. Blätter und Blüten gleichen dabei denen der stengellosen Eberwurz. Beiden gemeinsam ist eine starke, tiefreichende Pfahlwurzel.

Blütezeit: Juni bis September

Geruch & Geschmack: Die Wurzel strömt getrocknet einen süßlichen, pilzigen Geruch aus, schmeckt anfangs süßlich, dann brennend bitter.

Standort: Halbtrockenrasen, alpine Zwergstrauchheiden, Almen, auf trockenem Boden. Im Süden (Alpen, Schwäbische Alb, Bayerischer Wald) verbreitet, sonst zerstreut bis fehlend.

Sammelgut & -zeit: Wurzel im März bis April oder im Oktober

Inhaltsstoffe: Inulin, Gerbstoff, Bitterstoffe, ätherisches Öl

Wirkung: harntreibend, antibakteriell, verdauungsanregend

Heilanwendung:

- Tee: 1 Tl/Tasse, 2-3 Tassen pro Tag gegen Eingeweidewürmer und Darminfekte. Höhere Dosierungen können evtl. Erbrechen auslösen.
- Magenbitter siehe Rezepteteil

Sonstiges: Wurzel in der Apotheke als *Radix Carlinae*

Die silberglänzenden, weißen Hüllblätter schließen sich bei feuchtem Wetter, spreizen sich bei trockener Luft (Wetterdistel). „Eberwurz" wohl deshalb, weil die Wurzeln gerne von den Schweinen ausgescharrt und gefressen werden.

Die Pflanze steht unter Naturschutz; sie darf gewerbsmäßig nicht gesammelt werden!

EFEU, gemeiner

***Hedera helix* - Ewigheu, Hühneraugenkraut**

Familie: Araliengewächse (Efeugewächse) - *Araliaceae*

Beschreibung: Immergrüne Pflanze mit langen Ranken, die an Mauern, Felsen, Baumstämmen mit Haftwurzeln emporklettert - bis etwa 15 m hoch. Blätter sind anfangs 3-5-lappig, später (an Blütentrieben) eiförmig zugespitzt. Unscheinbare, grünlichgelbe, halb kugelige Blütendolden. Der Efeu blüht erst im 8. bis 10. Lebensjahr. Er kann bis 500 Jahre, evtl. auch bis 1000 Jahre alt werden. - Die über den Winter reifenden, schwarzen Beeren sind giftig.

Blütezeit: August bis Oktober

Geruch & Geschmack: Schmeckt scharf und bitter.

Standort: an Mauern, Felsen, Friedhöfen, in Laub- und Mischwäldern, häufig

Sammelgut & -zeit: junge Blätter vorwiegend im April bis Mai, auch später

Inhaltsstoffe: Saponine, Glykoside (Hederin)

Wirkung: harn- und schweißtreibend, blutreinigend, hustenreizstillend und schleimlösend

Heilanwendung:

- Teeabkochung: 1-2 Tl/Tasse, 1-2 Tassen täglich bei Husten und Bronchitis, Keuchhusten.
- Efeuwein: 1 Prise Blätter in 1 l Rotwein sieden, bis zur Hälfte einkochen, abseihen, mit ½ l Rotwein auffüllen. Bei Gallen-, Nieren- und Blasensteinen.

Daueranwendung oder größere Mengen unter Umständen schädlich (wegen des Hederin).

➢ Äußerliche Anwendung: Bei Geschwüren, Wunden und Entzündungen, bei diversen Hautleiden, Hühneraugen. Blätter zerquetschen und auflegen. Bei Flechten, Krätze oder Frostbeulen wirken Efeublätter sehr gut.

Kosmetische Anwendung:

Bei Orangenhaut (Zellulitis, richtiger Zellulite, da es sich nicht um eine Entzündung handelt)

➢ Efeublätter 10 Minuten in Wasser kochen und diesen Absud zu Kompressen auf die „Orangenhaut" legen. Das entspannt und macht die Haut geschmeidiger.

➢ Umschläge aus zerkleinerten Efeublättern, die man direkt auf die von Zellulitis befallenen Körperpartien legt.

Kommission E: Laut der 1988 erstellten Monographie expektorierend, spasmolytisch, haut- und schleimhautreizend wirkend. Auch bei Katarrhen der Luftwege und chronisch-entzündlicher Bronchialerkrankung anzuwenden. Gegenanzeigen, Neben- und Wechselwirkungen sind nicht bekannt.

EHRENPREIS

echter oder Wald-Ehrenpreis

Veronica officinalis **- Hühnerraute, Köhlerkraut, Männertreu, Wundheilkraut**

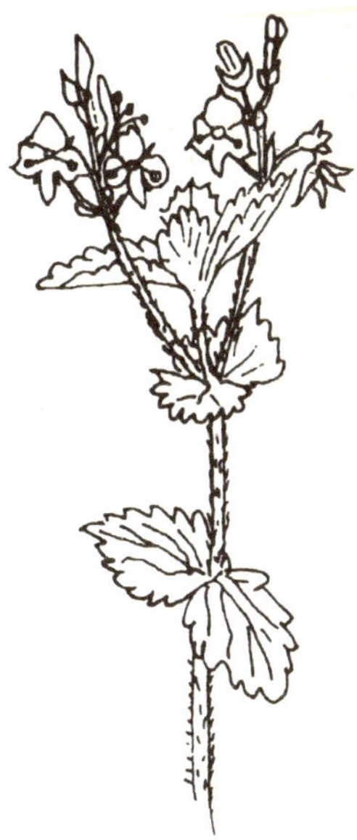

Familie: Rachenblütler (Braunwurzgewächse) - *Scrophulariaceae*

Beschreibung: 10-30 cm hohe Pflanze mit rauhhaarigen, kriechendem, am Ende aufsteigendem Stengel - stark verzweigt. Die Blätter sind weich behaart, verkehrt eiförmig, klein gesägt, sitzen an kurzen Stielen gegenständig am Stengel. Blüten in Trauben hellblau bis weiß, dunkeladrig, in einem vierzipfeligen Kelch. Die Frucht ist eine verkehrt dreieckige Kapsel.

Blütezeit: Mai bis August

Geruch & Geschmack: Riecht leicht würzig, schmeckt zusammenziehend bis bitter.

Standort: trockene Böden, lichte Wälder, Heide, magere Wiesen, häufig

Sammelgut & -zeit: blühendes Kraut im Mai und Juni

Inhaltsstoffe: Gerbstoffe, Bitterstoffe, Glykosid, Aucubin

Wirkung: drüsenanregend, blutreinigend, stärkende und günstige Wirkung auf den gesamten Organismus, „Heil aller Schäden".

Heilanwendung:

- Teeaufguß: ½ Tl/Tasse, 1-2 Tassen täglich gegen Bronchialkatarrh, Asthma, Blasenentzündung, Dickdarmentzündung, Ausschläge, Geschwüre, Gicht, Rheuma.
- In Kornbranntwein angesetzt gut gegen Rheuma: 1 gute Handvoll kleingeschnittenes Kraut auf 1 l Kornbranntwein, 2-3 Wochen in die Sonne stellen, dann abseihen. Von dieser Tinktur 3 x täglich 15 Tropfen auf Zucker. Auch zum Einreiben.
- Frischer Preßsaft als Blutreinigungsmittel, gegen Hautleiden, teelöffelweise einnehmen.
- Äußerliche Anwendung: Mit einem Absud auswaschen. Umschläge bei Hautleiden, Ekzemen etc. In Verbindung mit anderen Kräutern gegen Brust- und Lungenleiden, Leber- und Hautleiden, Ekzeme.

Sonstiges: In der Apotheke als *Herba Veronicae*

Kommission E: Ehrenpreiskraut - Zubereitungen werden bei Erkrankungen und Beschwerden im Bereich der Atemwege, des Magen-Darm-Traktes, der Leber sowie der Niere und ableitenden Harnwege, bei Gicht, Rheuma, Milzerkrankungen. Skrophulose, zur „Blutreinigung", Stoffwechselförderung, als Stärkungsmittel sowie als schweißtreibendes Mittel, ferner äußerlich bei Fußschweiß, Wunden, zur Förderung der Wundheilung, chronischen Hautleiden und Hautjucken angewendet. Die Wirksamkeit bei den beanspruchten Anwendungsgebieten ist nicht belegt.

EICHE

***Quercus robur (= Q. pendunculata)* - Sommereiche, Stieleiche**

***Quercus petraea (= Q. sessilis, Q. sessiliflora)* - Stein-, Trauben-, Wintereiche**

Familie: Buchengewächse - *Fagaceae*

Beschreibung: Bis 50 m hoher Waldbaum, auch einzeln- bzw. freistehend, mit stattlichem Stamm, tieffurchiger Borke und knorrigen Ästen. Die Blätter sind gestielt oder sitzend, mit tief gebuchtetem Rand. Blüten klein und unscheinbar. Früchte sind die bekannten Eicheln.

Blütezeit: April bis Mai

Geruch & Geschmack: sehr herb und zusammenziehend, 'trocken'

Standort: Laub- und Mischwälder, auch vereinzelt und in Parks, verbreitet

Sammelgut & -zeit: *Früchte* (Eicheln) Oktober bis Anfang November; *Rinde* möglichst von jungen Ästen und Zweigen (Spiegelrinde = Lohe, sie ist glatt und glänzt silbrig) im Mai

Inhaltsstoffe: Sehr viele verschiedene Gerbstoffe (Gerbsäuren (Tannin), Gallussäure, Ellagsäure), Mineralstoffe.

Wirkung: Stark gerbend, d.h. zusammenziehend bei Frostbeulen, Brandwunden, Verletzungen, Geschwüren und eitrigen Wunden, entzündungswidrig, gegen Fußschweiß. In größeren Mengen innerlich angewendet brechreizend, dadurch auch bei Vergiftungen hilfreich; denn die Gerbstoffe können auch Gifte binden. Durchfallwidrig.

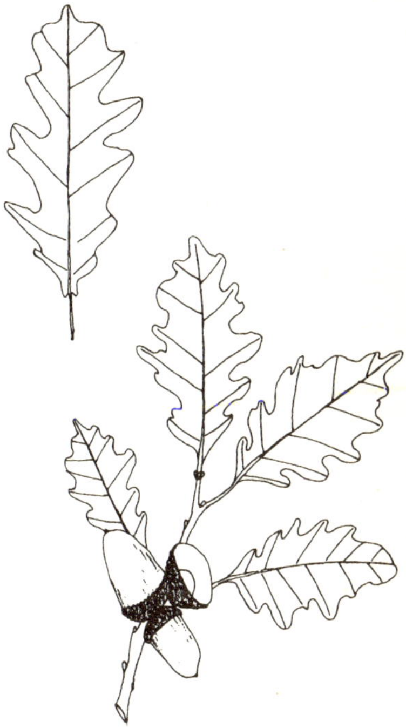

Heilanwendung:

- Abkochung: Aus der kleingeschnittenen *Rinde* 1 Tl/Tasse 5 Minuten auskochen, bei starkem Durchfall bis 2 Tassen täglich schluckweise. Bei Magengeschwüren und Magenschleimhaut-Entzündungen morgens und abends ½ Tasse lauwarm zur Rollkur (je 5 Minuten rechts und links, auf dem Bauch und dem Rücken liegen, nachdem man den Tee getrunken hat).
- Äußerlich zu Kompressen und Umschlägen sowie Spülungen bei leichten Brandwunden (großflächige gehören in ärztliche Behandlung), Geschwüren und Hautausschlägen.
- Abkochung: Aus der kleingeschnittenen *Rinde* 2 Händevoll auf 5 l Wasser 5-10 Minuten auskochen, für Hand und Fußbäder bei Erfrierungen, Frostbeulen und gegen Schweißfüße.
- Abkochung: wie oben, verdünnt auf ein knappes Sitzbad bei Hämorrhoiden. Zusätzlich ein Klistier mit dem verdünnten, warmen Tee. Noch besser und reizmildernder wirkt dieses Bad mit dem Zusatz von Badekamille (1-2 Hände voll im fertigen Absud ziehen lassen und abseihen).
- Tee: Aus der kleingeschnittenen *Rinde* 1 Tl/Tasse 5 Minuten auskochen, als Gurgelmittel bei Zahnfleischbluten, Apthen und Halsentzündung.

Verwendung in der Küche:

- Eichelkaffee: Die *Eicheln* werden gesammelt, wenn sie von allein abfallen, aus den Bechern genommen und geschält. Die Kerne werden zerschnitten und 1-2 Wochen an einer luftigen Stelle (notfalls auf dem Ofen bzw. der Heizung) getrocknet. Danach werden sie in einer trockenen, emaillierten Pfanne bei schwacher Hitze unter ständigem Rühren mittelbraun, auf keinen Fall zu dunkel, geröstet. Gleich nach dem Rösten mahlen und sofort in dicht verschlossenen, dunklen Gläsern oder Büchsen aufbewahren. Zubereitung: 1 gehäufter Tl/Tasse mit kochendem Wasser aufbrühen, gute 5 Minuten ziehen lassen. Schmeckt recht herb, aber aromatisch. Man kann ihn sehr gut mit Löwenzahn-, Zichorien- (= Wegwarten), oder Getreidekaffee mischen. Nach Geschmack Zucker und Milch zugeben. Eichelkaffee hat innerlich ähnliche Heilwirkungen wie die Rinde!

Sonstiges: Rinde in der Apotheke als *Cortex Quercus.*

Eichenrinde wurde früher in riesigen Mengen von den Lohgerbern zum Gerben von Leder benötigt. Sie ist darin heute weitgehend von rein chemischen Verfahren verdrängt worden.

Kommission E: Bei äußerer Anwendung gegen entzündliche Hauterkrankungen, aber Vollbäder nicht bei nässenden, großflächigen Ekzemen und Hautverletzungen, fieberhaften und infektiösen Erkrankungen. Eine innere Anwendung ist angezeigt bei unspezifischen, akuten Durchfallerkrankungen. Die Resorption von Alkaloiden und anderen basischen Arzneistoffen kann verringert oder verhindert werden. Die Wirkungen werden als adstringierend, virustatisch angegeben.

ENGELWURZ

***Angelica archangelica (Archangelica officinalis)* - echte Engelwurz**

***Angelica silvestris* - wilde oder Wald- Engelwurz**

Familie: Doldenblütler - *Apiaceae (Umbelliferae)*

Beschreibung: *Echte Engelwurz*: Sehr stattliche Pflanze (50-200 cm) mit großen, 2-3-fach gefiederten Blättern, die aus einer blasigen Scheide hervorgehen. Fiederblättchen eiförmig, gesägt. Blattstiel rund und hohl. Stengel ebenfalls rund und hohl, gerillt, am Grund bis zu 10 cm Durchmesser. Er ist meist bläulich bereift, oben verzweigt. Grünliche Blüten in kugeligen, zusammengesetzten Dolden. Kennzeichnend sind auch die dicken Wurzeln im Gegensatz zur *Wald-Engelwurz*, deren Wurzel dünn und pfahlförmig ist. Die *Wald-Engelwurz* ist etwas kleiner, schlanker, der echten Engelwurz sehr ähnlich. Die Blattstiele sind jedoch oberseits rinnig, die Blüten weiß bis rötlichweiß.

Blütezeit: beide Juli bis August

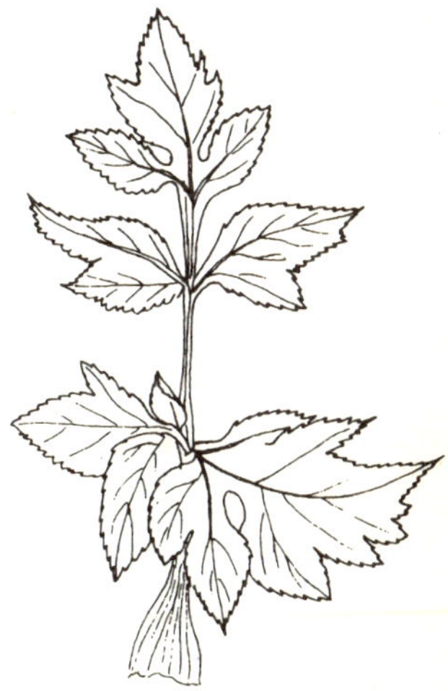

Geruch & Geschmack: Beide *Pflanzen* riechen stark würzig, *Wurzeln* schmecken etwas süßlich, dabei scharf und bitter.

Standort: *Echte Engelwurz*: Feuchte Wälder, Wiesen, Ufer, zerstreut. *Wald-Engelwurz*: Nasse Wiesen, Wälder, Hochmoore, Gärten, verbreitet und häufig.

Sammelgut & -zeit: *Wurzel* der zweijährigen Pflanze im April bis Mai und September bis Oktober; *Blätter* als Gewürz im Juni bis Juli

Inhaltsstoffe: Bei beiden Arten sehr ähnlich: Ätherische Öle mit Phellandren u.a., Flavone, Cumarine, Bitterstoffe, Harze (bis 6 %), Zucker, Angelikasäure.

Wirkung: Verdauungsfördernd, blähungstreibend, appetitanregend, auswurf- und durchblutungsfördernd, schmerzstillend.

Heilanwendung:

- Zum Tee von der *Wurzel* nimmt man ½ bis 1 Tl/Tasse, setzt kalt an und erhitzt nach etwa 1-stündigem Ziehen bis zum Sieden. Nicht kochen lassen, sonst verfliegen die ätherischen Öle. Bis zu 2 Tassen täglich gegen Verdauungsschwäche und Blähungen, bei Appetitlosigkeit, Katarrhen, Bronchitis, Rheuma, Gicht und Nervenschmerzen.
- Tinktur: 20 g getrocknete oder 10 g frische *Wurzel* mit 100 g 70-90 %igem Alkohol 2 Wochen unter häufigem Umschütteln stehen lassen, danach abfiltrieren und in einer braunen Flasche aufbewahren. Ist tropfenweise einzunehmen, wirkt wie der Tee.
- Pulver: Von der getrockneten, pulverisierten *Wurzel* 2-3 x täglich. eine gute Messerspitze voll einnehmen, Wirkung wie oben.
- Öl: 50 g sehr fein zerschnittene oder gepulverte *Wurzel* mit 100 ml Öl (Sonnenblumen- oder Olivenöl) ansetzen und 4 Wochen unter häufigem Umschütteln an einem warmen Ort stehen lassen, abfiltrieren. Bei Verwendung der frischen Wurzel muß das Öl vorsichtig von der unten abgesetzten Flüssigkeit abgegossen werden (dekantieren). Zum Einreiben bei Gicht, Rheuma, Nervenschmerzen, auch bei Bronchitis.

Angelica sylvestris findet man auch als Bestandteil verschiedener Kräuterliköre. Siehe auch Magen-, Brust- und Hustentees.

Verwendung in der Küche:

- Die Blätter eignen sich als würzige Zugabe zu Gemüsen und Fleischgerichten.

Sonstiges: Wurzel der echten Engelwurz in der Apotheke als *Radix Angelicae*

Kommission E: Die Wirkung wird in der 1990 erstellten Monographie als spasmolytisch, cholagog und als Magensaftsekretion fördernd beschrieben. Als Anwendungsgebiete gelten Appetitlosigkeit, dyseptische Beschwerden wie leichte Magen-Darm-Krämpfe, Völlegefühl, Blähungen. Die in Angelikawurzel enthaltenen Furocumarine machen die Haut lichtempfindlicher und können im Zusammenhang mit UV-Bestrahlung zu Hautenzündungen führen. Für die Dauer der Anwendung sollte daher auf längere Sonnenbäder und intensive UV-Bestrahlung verzichtet werden.

ERDRAUCH

***Fumaria officinalis* - Erdraute, Feldraute, Taubenkerbel, Grindkraut**

Familie: Mohngewächse - *Papaveraceae*. (Neuerdings einer eigenen Familie zugeordnet: Erdrauchgewächse - *Fumariaceae*)

Beschreibung: 10-40 cm hohe, krautige Pflanze mit graugrünen, doppelt gefiederten Blättern. Einzelfieder schmallanzettlich. Die gespornten Blüten sind rosa, hellrot bis hellpupur und haben an der Spitze einen dunkelroten Punkt, sie stehen in lockeren, aufrechten Trauben.

Blütezeit: Mai bis Oktober

Geruch & Geschmack: schwach, Geschmack ziemlich bitter

Standort: Wegränder, Schuttplätze, Äcker (Lehmboden). Sehr verbreitet, gebietsweise aber nur zerstreut.

Sammelgut & -zeit: blühendes Kraut Mai bis August

Inhaltsstoffe: Alkaloide (Fumarin), Bitterstoffe

Wirkung: Blutreinigend, harn-, schweiß- und stuhltreibend, vor allem die frische Pflanze. In der Volksheilkunde als Lebermittel bei Gelbsucht, Gallensteinen, Krämpfen.

Heilanwendung:

- Teeaufguß: 1 schwacher Tl/Tasse, 1-2 Tassen am Tag. Nach einer Woche mindestens 1 Woche pausieren, da das Alkaloid Fumarin in höherer Dosierung und bei längerer Anwendung giftig wirken kann. Also besser in Mischung mit anderen, ungefährlicheren Blutreinigungs-, Leber- und Galle-Tees verwenden. Bei verschiedenen Hautkrankheiten, Akne, Furunkulose, Leber- und Galle- und Verdauungsstörungen.

Sonstiges: In der Apotheke als *Herba Fumariae*

Kommission E: Ausreichend gesichert ist die leichte, spasmolytische Wirkung am oberen Verdauungstrakt. Als Anwendungsgebiete werden krampfartige Beschwerden im Bereich der Gallenblase und der Gallenwege sowie des Magen-Darm-Traktes beschrieben.

ESCHE

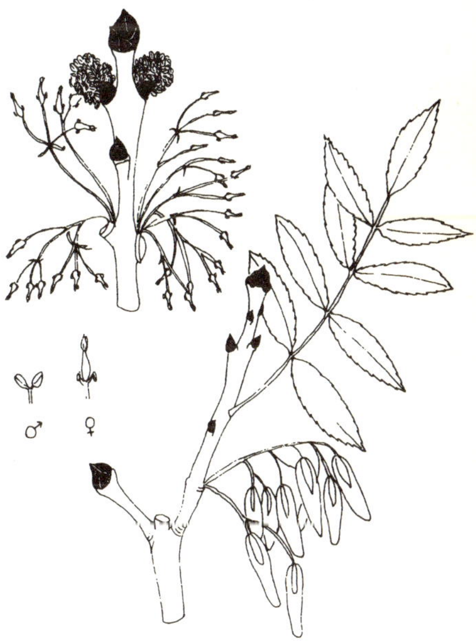

Fraxinus excelsior

Familie: Ölbaumgewächse - *Oleaceae*

Beschreibung: Bis zu 40 m hoher Laubbaum mit hellgrauer Rinde und kugeliger Krone. Die langgestielten Blätter sind unpaarig gefiedert, mit 7-11 lanzettlichen bis eirunden, gesägten Fiederblättchen. Sie erscheinen erst nach Ende der Blütezeit. Kleine grünlichgelbe Blüten mit rötlich-braunen Staubbeuteln in dichten, hängenden Rispen. Geflügelte Früchte mit nußartigem Samen in dichten Büscheln, hängen nach Abfallen der Blätter noch an den Bäumen

Blütezeit: April bis Mai

Geruch & Geschmack: Geruch der *Blüten* schwach, *Samen* schmecken etwas bitter, aber sehr würzig. *Blätter* dumpf, bitter und zusammenziehend.

Standort: Auwälder, Laub- und Mischwälder mit feuchtem, moorigem Boden, Ufer und Böschungen

Sammelgut & -zeit: *Blätter* Mai bis Juli; *Rinde* Mai bis Juli; *Früchte* September bis November (Dezember)

Inhaltsstoffe: Glykoside, Mannit (ein Zucker), ätherisches Öl (v.a. in den Samen), in den *Samen* auch fettes Öl

Wirkung: Leicht abführend und wassertreibend, blutreinigend, schmerzlindernd.

Heilanwendung:

- Teeaufguß aus den zerschnittenen *Blättern*, 1-2 Tl/Tasse, 2 Tassen täglich, als leichtes Abführmittel und zur Blutreinigung bei Gicht, rheumatischen und neuralgischen Schmerzen.
- Abkochung aus kleingeschnittener *Rinde*, 1 Tl/Tasse kalt ansetzen, langsam zum Kochen bringen und nach kurzem Ziehen abseihen, 1-2 Tassen täglich. Dieser Tee dient in der Volksheilkunde als Ersatz für die Chinarinde, als belebendes Kräftigungsmittel und zur Fiebersenkung.
- Eschen-Franzbranntwein: Eine Flasche wird zur Hälfte mit *Eschenfrüchten* gefüllt und mit Weinbrand aufgegossen. Nach 14-tägigem Stehen an der Sonne kann man abgießen. Zum Einreiben bei Gliederschmerzen und Rheuma wie Franzbranntwein, zum Erfrischen bei bettlägerigen Patienten.

Sonstiges: Blätter in der Apotheke als *Folia Fraxini.*

Die in den Früchten enthaltenen, sehr aromatischen Samen kann man, nach vorherigem kurzem Trocknen, mahlen und in Gewürzmischungen zum Backen verwenden. Sie haben einen Geschmack, der an Kardamon oder Piment erinnert. Außerdem als Glühweingewürz.

Aus der im Mittelmeerraum heimischen **Manna-Esche** *(F. ornus)* gewinnt man einen sehr zuckerreichen (Mannit-Zucker) Saft, der zum sogenannten 'Manna' getrocknet wird. Dies ist eine süße, klebrig-bröselige Masse, die vor allem bei Kleinkindern und empfindlichen Personen als mildes Abführmittel dienen kann.

Eine Essenz aus der nordamerikanischen *Fraxinus americana* wird in der Homöopathie als Mittel gegen Gebärmutterleiden, Geschwulste und Rheuma verwendet.

FAULBAUM

Rhamnus frangula **- Pulverholz**

Familie: Kreuzdorngewächse - *Rhamnaceae*

Beschreibung: 1,5 bis 3 m hoher Strauch mit wechselständigen, glattrandigen, zugespitzt-eiförmigen Blättern. Die Rinde ist glatt, zunächst grün, später graubraun, warzig. Unscheinbare, grünliche Blüten, rote, später schwarzviolette Steinfrüchte (ähnlich den Wildkirschen).

Blütezeit: Mai bis Juni

Geruch & Geschmack: Schmeckt süßlich-bitter, schleimig, mit fauligem Beigeschmack.

Standort: lichte Laubwälder, Auwälder, Erlen- und Weidenbrüche, Waldränder, verbreitet

Sammelgut & -zeit: *Rinde* von kräftigen Ästen (mit Einverständnis des Besitzers) oder von abgeholzten Stämmen/Ästen im Mai bis Juli; *Beeren* im September bis Oktober.

Inhaltsstoffe: v.a. Anthrachinonglykoside (Emodin, Glukofrangulin, (Chrysophanol) Gerbstoffe, Bitterstoffe

Wirkung: Die Anthrachinone (wie auch in den ausländischen Pflanzen Sennes, Aloe, Rhabarber enthalten) wirken dickdarmreizend und damit abführend. Die Wirkung ist bei Faulbaumrinde zwar geringer als bei den anderen Drogen, kann aber auch 2-3 Tage anhalten.

Die *Rinde* muß vor der Verwendung unbedingt 1-2 Jahre gelagert werden, da sie frisch verwendet heftiges Erbrechen verursachen kann. Die abführenden Substanzen werden z.T. erst während dieser Lagerzeit gebildet. *Beeren* sind dagegen frisch zu verwenden.

Heilanwendung:

- Tee:1 Tl der zerkleinerten *Rinde* in einer Tasse Wasser kalt ansetzen, dann zum Kochen bringen, abseihen. Vor dem Schlafengehen gut warm (evtl. leicht gesüßt) trinken.

Faulbaumrinde sollte - wie alle Abführmittel - nur im Notfall genommen werden, nie gewohnheitsmäßig über einen längeren Zeitraum, da dadurch die Darmmuskulatur erschlafft und man nach einiger Zeit nicht mehr ohne „sein Abführmittel" leben kann. Vorzuziehen ist eine schlackenreiche Ernährung mit Vollkornbrot, viel Gemüse und Salaten, Bewegung an frischer Luft und regelmäßiges Essen.

- Frische *Beeren* wirken ebenfalls abführend, nur schwächer. Etwa 15 bis 20 Beeren morgens nüchtern einnehmen. Man kann sie auch mit Zucker im Verhältnis 1:1 zu Mus kochen, durchpassieren und hiervon etwa 1 El morgens nüchtern einnehmen.

Sonstiges: In der Apotheke als *Cortex frangulae.*

Kommission E: In der Monographie von 1990 heißt es: Anthranoidhaltige Abführmittel dürfen nicht über einen längeren Zeitraum eingenommen werden.

Ein Verwandter des Faulbaums ist der

KREUZDORN

Rhamnus cathartica **- Purgierkreuzdorn**

Familie: Kreuzdorngewächse - *Rhamnaceae*

Beschreibung: Bis 3 m hoher Strauch mit langgestielten, spitzeiförmigen, gesägten Blättern. Unscheinbare, grüne Blüten in kleinen Trugdolden. Die Frucht ist eine dunkelrote bis schwärzliche Steinfrucht, die stark den Wildkirschen ähnelt. Ganze Pflanze mit starken Dornen besetzt.

Blütezeit: Mai bis Juni

Geruch & Geschmack: Geschmack der Beeren zunächst süßlich, danach anhaltend bitter und unangenehm.

Standort: Auwälder, Gebüsche, Waldränder, selten

Sammelgut & -zeit: reife Beeren im Oktober bis November

Inhaltsstoffe: Wie Faulbaum

Wirkung: Stark abführend, die Beeren können frisch oder getrocknet verwendet werden.

Heilanwendung: Wie bei Faulbaumbeeren. Man kann die Beeren auch bei milder Hitze im Backofen trocknen und in gleicher Menge einnehmen wie die frischen.

Kommission E: In der Monographie von 1990 heißt es: Anthranoidhaltige Abführmittel dürfen nicht über einen längeren Zeitraum eingenommen werden.

FELDSALAT

Valerianella locusta **- Nissel, Nüssel, Rapunzel**

Familie: Baldriangewächse - *Valerianaceae*

Beschreibung: 5-20 cm hohe Pflanze. Rosettige Grundblätter sind spatelig, glattrandig, die Stengelblätter lanzettlich. Aufrechter, gegabelter Stengel mit kleinen, unscheinbaren, blaßblauen Blüten in endständigen Trugdolden.

Blütezeit: April bis Mai

Geruch & Geschmack: angenehm, etwas nußartig

Standort: Äcker, Wegränder, Gärten, Weinberge. Zerstreut, stellenweise massenhaft

Sammelgut & -zeit: junge Grundblätter (Rosette) vor der Blüte bzw. vor Auswachsen des Blütenstengels von Februar bis April und im Spätherbst

Verwendung in der Küche:

- Salat: Rosetten putzen, welke Blätter abzupfen und mit wenig Essig oder Zitrone und reichlich Öl anmachen. Verfeinern: mit scharf ausgebratenem Speck und fein gehackter Zwiebel, fein geschnittenen Kräutern.
- Kartoffelsalat mit Rapunzel: Am Vortag gekochte Pellkartoffeln blättrig schneiden, mit etwas Brühe übergießen, 1 feingehackte Zwiebel, Essig, Öl, Pfeffer und Salz, nach Geschmack auch kleingeschnittene Gürkchen, ausgelassenen Speck und Milch dazu, etwa eine Stunde ziehen lassen. Danach den geputzten und in einzelne Blättchen zerzupften Feldsalat untermischen, abschmecken und vor dem Verzehr noch 1/2 Stunde ruhen lassen.

Sonstiges: Feldsalat ist eine allgemein bekannte und beliebte Salatpflanze, die auch häufig angebaut wird und in Geschäften erhältlich ist. Sie kann noch nach der letzten Ernte im Gemüsebeet ausgesät werden und liefert im Spätherbst und im Vorfrühling frischen Salat.

FICHTE

Picea abies (= Picea excelsa) - **Rottanne**

Familie: Kiefemgewächse - *Pinaceae*

Beschreibung: Bis 50 m hoher, immergrüner Nadelbaum von pyramidenförmiger Gestalt, der häufigste Nadelbaum in den deutschen Wäldern. Schmale, kurze Nadeln sitzen rings um die bogenfömig hängenden Zweige und Äste. Männliche und weibliche Blüten in kleinen roten Kätzchen. Zapfen lang, walzen- bzw. zigarrenförmig, hängend. Kräftiger Stamm mit schuppiger, braunroter Rinde. Bei Waldbäumen sind die unteren Äste abgestorben und verdorrt.

Blütezeit: April bis Juni

Geruch & Geschmack: Geruch harzig, 'nach Wald', Geschmack ebenso, terpentinartig, etwas bitter

Standort: Wälder, Parks, manchmal auch einzelstehend. Überall sehr häufig.

Ursprünglich kam sie nur im Voralpen- und Alpengebiet vor, wurde aber durch eine einseitige, auf schnelle Holzproduktion bedachte Forstwirtschaft in ganz Deutschland in Form von Fichtenmonokulturen angepflanzt. Diese sterilen Forsten sind meist von gleichaltrigen, gleichstarken, gleichhohen Bäumen bestanden, frei von Unterholz und sonstigem Bodenwuchs. Ein ökologisches Gleichgewicht ist in diesen Wäldern also nicht zu erwarten. Glücklicherweise gingen in letzter Zeit viele Forstverwaltungen von diesem Irrweg ab und nahmen neue Anpflanzungen in Form von Mischwäldern vor.

Sammelgut & -zeit: die jungen, hellgrünen *Triebe* (Maitriebe) April bis Mai; *Harz* (Terpentin) - s. bei Kiefer; *Nadeln* ganzjährig

Inhaltsstoffe, Wirkung und Heilanwendung: s. Kiefer

FIEBERKLEE

Menyanthes trifoliata - **Bitterklee**

Familie: Enziangewächse - *Gentianaceae* (von einigen Autoren auch einer eigenen Familie: Bitterkleegewächse - *Menyanthaceae* zugeordnet)

Beschreibung: 15-30 cm hohe Pflanze mit kleeähnlichen, aber größeren, dreizählig gefiederten, grundständigen Blättern. Sie sind langgestielt, die Einzelfieder verkehrt eiförmig. Blüten weiß bis rötlichweiß, trichterförmig, mit bärtigen Fransen, in endständiger Traube an einem blattlosen Blütenstengel.

Blütezeit: Mai bis Juni

Geruch & Geschmack: Geruch schwach, Geschmack stark und anhaltend bitter

Standort: Moore, Moose, am Ufer mooriger Gräben. Liebt schwach saure, torfige Böden. Selten, aber an seinen Standorten meist in großen Beständen.

Sammelgut & -zeit: Blätter während oder nach der Blüte Mai bis Juni

Inhaltsstoffe: Glykosidischer Bitterstoff (ähnlich wie beim Enzian und Tausendgüldenkraut, die der gleichen Familie angehören), Gerbstoffe, Saponine

Wirkung: Regt die Magensaftsekretion und Verdauung an, appetitanregend, indirekt stärkend.

Heilanwendung:

- Teeaufguß: 1 schwacher Tl/Tasse. Täglich 1-3 Tassen möglichst vor dem Essen bei Appetitlosigkeit, Magenschwäche und -krämpfen, Verdauungsstörungen und anderen Beschwerden im Magen-Darm-Trakt, wie Blähungen, Sodbrennen usw., sowie als Blutreinigungsmittel.
- Magentinktur: Zu gleichen Teilen mischen mit Wermut, Salbei und Tausendgüldenkraut, mit Wasser aufkochen und eindicken. Oder die gleiche Mischung mit einem klaren Schnaps ansetzen, zwei bis drei Wochen stehen lassen (umschütteln!) und abseihen. Man nimmt ein paar Tropfen (evtl. auf Zucker) nach dem Essen. Hilft ausgezeichnet gegen Völlegefühl oder Verdauungsbeschwerden.

Sonstiges: In der Apotheke als *Folia Trifolii fibrini*

Früher als Fiebermittel verwendet, da man von der Chinarinde eine allgemeine fiebersenkende Wirkung bitterschmeckender Pflanzen ableitete. Heute weiß man, daß das Mittel in keiner Weise fiebersenkend wirkt.

Kommission E: Die Monographie beschreibt als Anwendungsgebiete Appetitlosigkeit und dyseptische Beschwerden, und als Wirkung die Förderung der Magensaft- und Speichelsekretion. Gegenanzeigen, Neben- und Wechselwirkungen sind nicht bekannt.

FINGERKRAUT, aufrechtes

Potentilla erecta **– Blutwurz, Blutkraut, Ruhrwurz, Rotwurz, Tormentill**

Familie: Rosengewächse – *Rosaceae*

Beschreibung: 10-30 cm hohe Pflanze mit niederliegendem oder aufsteigendem Stengel (Blütentriebe). Grundblätter sind 3-zählig gestielt, Stengelblätter 5-zählig geteilt, sitzend, schwach behaart. Blüten 4-zählig (im Unterschied zu den anderen Fingerkrautarten, die alle 5 Blütenblätter besitzen). Kräftiger, schwärzlicher Wurzelstock, innen weißlich, läuft nach dem Anschneiden schnell tief blutrot an.

Blütezeit: Juni bis Oktober

Geruch & Geschmack: Wurzel schmeckt herb würzig, zusammenziehend.

Standort: Wälder, Heiden, Wiesen, verbreitet und häufig

Sammelgut & -zeit: Wurzelstock im März bis April oder September bis Oktober

Inhaltsstoffe: Gerbstoffe (Tormentillgerbsäure, Tormentillrot) Glykoside (Tormentillin)

Wirkung: stark zusammenziehend (adstringierend) blutstillend, entzündungswidrig

Heilanwendung: (s. auch Gänsefingerkraut)

- Tinktur: 20 g fein geschnittene Wurzel in 100 ml 50 %igen Alkohol 2-3 Wochen ausziehen lassen und abfiltern. Einzunehmen tropfenweise bei Magengeschwüren. Äußerlich anzuwenden bei Zahnfleischbluten, Mundschleimhautentzündung.

Vorsicht! Zu große Mengen können durch den hohen Gerbstoffgehalt Erbrechen auslösen.

Sonstiges: In der Apotheke als *Rhizoma Tormentillae*

FLOHKNÖTERICH

Polygonum persicaria

Familie: Knöterichgewächse - *Polygonaceae*

Beschreibung: 15-70 cm hohe, verzweigte Pflanze mit lanzettlichen, glattrandigen, wechselständigen Blättern. An den Stengelknoten, aus denen die Blätter hervorgehen, anliegende, häutige Blattscheiden, die am oberen Rand lange, fransige Wimpern tragen. Kleine rötliche Blüten in auffallenden, dichten, endständigen Walzen.

Blütezeit: Juli bis September

Geruch & Geschmack: Geruch schwach oder fehlend, Geschmack brennend scharf

Standort: Schutt, Wege, feuchte Äcker und andere Ruderalplätze, verbreitet

Sammelgut & -zeit: junge Blätter Juni bis September

Inhaltsstoffe: Scharf schmeckendes ätherisches Öl, sonst nichts bekannt.

Verwendung in der Küche:

- Als Gewürz in Gemüsen, Saucen und Salaten. Guter Pfefferersatz, nur sparsam verwenden. Die Schärfe verliert sich beim Kochen schnell, daher erst dem (fast) fertigen Gericht zusetzen.
- Die Pflanze eignet sich nicht zum Trocknen, sie verliert dabei Schärfe und Aroma. Man kann sie aber, ähnlich den Kapern, in Salzlake oder Essig einlegen. Dieser Essig läßt sich hervorragend für Salate, vor allem Gemüsesalate verwenden.

FRANZOSENKRAUT

***Galinsoga parviflora* - kleinblütiges Franzosenkraut, Knopfkraut**

***Galinsoga ciliata* - behaartes Franzosenkraut, Knopfkraut**

Familie: Korbblütler - *Asteraceae* (*Compositae*)

Beschreibung: 10-70 cm hohe Pflanze mit schwach behaartem (bei Galinsoga ciliata zottig behaartem), rundem, gabelig verzweigtem Stengel. Die zugespitzt-eiförmigen, gesägten Blätter sitzen paarweise, gegenständig an den Verzweigungsknoten. Die kleinen, wenigblütigen Blütenkörbchen sind trugdoldig angeordnet, im Körbchen außen 4-5 kleine, weiße Zungenblüten, innen gelbe Röhrenblüten. Im Unterschied zu anderen, ähnlich aussehenden Korbblütlern enthält das Franzosenkraut keinen Milchsaft.

Blütezeit: Juni bis Oktober

Geruch & Geschmack: Kein nennenswerter Eigengeruch, schmeckt mild würzig.

Standort: Weit verbreitetes Acker- und Gartenunkraut (behaartes ist weniger häufig).

Sammelgut & -zeit: junge Blätter und Triebe ab Mai bis September

Inhaltsstoffe: nicht bekannt

Verwendung in der Küche:

- Als Salat oder spinatähnliches Gemüse, gut geeignet wegen des milden Geschmacks als Beimischung zu Mischgemüsen und Gemüsesuppen.

Sonstiges: Die Pflanze wurde erst 1794 aus Peru nach Madrid gebracht, verwilderte ab 1805 aus Karlsruhe (später aus anderen botanischen Gärten) und ist seit Beginn dieses Jahrhunderts in Deutschland als ungeliebtes und schwer ausrottbares Unkraut eingebürgert.

FRAUENMANTEL, gemeiner

Alchemilla vulgaris **-Marienmantel, Tauschüsselchen, Alchemistenkraut**

Familie: Rosengewächse - *Rosaceae*

Beschreibung: An dieser 15-50 cm hohen Pflanze sind charakteristisch die (jung stark gefalteten) 7-11-lappigen, rundlich-nierigen, regelmäßig gesägten Blätter, die an einen pelerineartigen Mantel erinnern. Untere Blätter langstielig. An den Blattzähnen befinden sich Wasserspalten, aus denen in feuchten Nächten Wasser in Tropfen ausgeschieden wird. Stengel wie die grösseren Blätter deutlich sichtbar behaart. - Blüten in endständiger, oben kahler Rispe, bestehen nur aus weißlich-grünen Kelchblättern.

Blütezeit: Mai bis Oktober

Geruch & Geschmack: kein feststellbarer Eigengeruch, schmeckt leicht zusammenziehend, bitter

Standort: nasse Wiesen, Bachränder, Gebüsche, Wälder, Straßen- und Wegränder, häufig

Sammelgut & -zeit: junge Blätter im April bis August, blühendes Kraut vom Mai bis September

Inhaltsstoffe: Gerbstoffe, Bitterstoffe, etwas ätherisches Öl

Wirkung: zusammenziehend, stopfend, blutstillend

Heilanwendung:

- Teeaufguß: Aus getrocknetem blühendem Kraut, 1-2 Tl/Tasse gegen viele Frauenleiden, Weißfluß, vor und nach Geburten, bei Unterleibs- und klimakterischen Beschwerden, Menstruations-Unregelmäßigkeiten.
- Äußerlich als Preßsaft oder zerquetschtes Kraut auf Wunden, Geschwüre, als Spülmittel nach Zähne-Ziehen und Zahnfleischblutungen, -verletzungen.
- Sitzbäder für Frauen in Verbindung mit Eichenrinde und Zinnkraut.

Verwendung in der Küche:

- Junge Blätter sind allein verwendet evtl. zu herb, aber gut als Zugabe zu Kräutersuppen und -gemüsen. Siehe Mischrezepte.

Sonstiges: In der Apotheke als *Herba Alchemillae*

„Alchemilla" oder „Alchimistenkraut" deshalb, weil Goldmacher im Mittelalter in den kleinen Wassertröpfchen an den Blattzähnen die Flüssigkeit zum Goldmachen sahen.

Kommission E:1986 wurde für den Frauenmantel eine Monographie erstellt. Darin spricht sie dieser alten Heilpflanze jegliche Wirkung bei üblichen Frauenleiden ab. Als Anwendungsgebiete werden leichte, unspezifische Durchfallerkrankungen angegeben. Die einzige von ihr anerkannte Wirkung: "adstringierend". Es sollen durch den Tanningerbstoffgehalt Leberschädigungen möglich sein, was selbst Fachkreise für stark übertrieben halten.

GÄNSEBLÜMCHEN

Bellis perennis **- Maßliebchen, Tausendschönchen**

Familie: Korbblütler - *Asteraceae* (*Compositae*)

Beschreibung: Niedrige (bis zu 15 cm hohe) Pflanze mit gekerbten, spateligen Blättern in grundständiger Rosette. Einzelne Blütenköpfchen auf blattlosem, behaartem Stengel. Köpfchen mit gelben Röhrenblüten in der Mitte und weißen bis rotweißen Zungenblüten.

Blütezeit: fast das ganze Jahr, etwa Februar bis November

Geruch & Geschmack: mild, schwach würzig, wenig bitter, Blüten und Knospen aromatisch

Standort: Wiesen, Weiden, Parkrasen u.a. Grünflächen, sehr häufig und verbreitet, keine Verwechslung möglich.

Sammelgut & -zeit: Blattrosette und Blütenknospen während des ganzen Jahres

Inhaltsstoffe: Gerbstoffe, ätherische Öle, Bitterstoffe, Schleime

Heilwirkung: stoffwechselanregend, zur Frühjahrskur geeignet

Verwendung in der Küche:

- Salat: Junge Blattrosetten oder einzelne Blätter putzen und ganz mit sehr klein gehackten Zwiebeln, Salz, Essig und Öl mischen. Es eignen sich aber auch beliebig andere Marinaden, z.B. saure Sahne oder Joghurt. Schmeckt auch sehr gut mit Zitrone und etwas Öl, paßt gut zu anderen Wildkräutern.
- Kapern: Eine Handvoll Blütenknospen mit einer Prise Salz und etwas Estragonessig aufkochen und warm mit Essig bedeckt in gut verschließbare Gläser abfüllen. Schmekken schon nach wenigen Tagen.
- Als spinatähnliches Gemüse und als Bestandteil von Mischgemüsen, Suppen, Saucen (s. dort).

Sonstiges: Die Pflanze ist inklusive der Blüten winterhart und selbst unter Schnee und bei mäßigem Frost zu finden.

GÄNSEFINGERKRAUT

Potentilla anserina **– Krampfkraut, Silberkraut, Gänserich**

Familie: Rosengewächse - *Rosaceae*

Beschreibung: 15-50 cm hohe bzw. lange kriechende Pflanze mit grundständiger Blätterrosette. Blätter gefiedert, Teilblättchen länglich, tief gesägt, unterseits silberweiß behaart. Einzelne Blüten auf langen Stielen, bestehen aus jeweils 5 Außenkelch-, 5 Kelch- und 5 goldgelben Kronblättern mit 15-20 Staubgefäßen. Die Blüten schließen sich nachts ganz, bei Regen halb.

Blütezeit: Mai bis Juli

Geruch & Geschmack:

Schmeckt herb und zusammenziehend, leicht schleimig.

Standort: auf feuchten Böden, auf Wiesen und Schuttplätzen, an Wegen, Gräben, Bahndämmen, häufig

Sammelgut & -zeit: *Blätter* von Mai bis August, *Wurzeln* im Frühjahr und Herbst

Inhaltsstoffe: Gerbstoffe, Tormentol, etwas Bitterstoffe, Glykoside

Wirkung: zusammenziehend, blutstillend, krampflösend, entzündungswidrig

Heilanwendung:

- Teeaufguß aus den *Blättern*: 2 Tl/Tasse, täglich 2 Tassen warm trinken.
- Teeabkochung von *Wurzeln*: 1 El/Tasse, bis 2 Tassen täglich warm trinken.

Gegen Durchfall, Koliken, Ruhr, innerliche Blutungen, starke, schmerzhafte Periode, krampfhafte Anfälle.

- Blätter- oder Wurzelabsud zum Spülen von Wunden, gegen lockere Zähne, Augenlidentzündungen, Muskelkrämpfe (Umschläge bzw. zerquetschtes Kraut auflegen).

Verwendung in der Küche:

- Junge *Blätter* als Gemüsebeigabe oder allein: kochen, fein hacken, in eine helle Einbrenne geben, Einbrenne mit dem Kochwasser ablöschen, mit Salz, saurer Sahne und evtl. Muskat abschmecken. Etwas Semmelbrösel, evtl. angeröstet, daruntermischen.
- *Wurzeln* kann man auch roh essen, schmecken ähnlich wie Pastinak. Besser jedoch als Gemüse: Wurzeln abschaben und in kleine Scheiben schneiden, in eine Pfanne mit leicht gebräunten Zwiebeln geben, etwa 10 Minuten dünsten, dann mit frischen Kräutern würzen und mit Maismehl o.ä. andicken. Schmecken auch gut mit anderen Wurzeln gemischt.

➢ *Wurzeln* schaben, kochen (in etwas Salzwasser), kleinschneiden und in eine Auflaufform abwechselnd mit dem in Butter und Zwiebeln gedünsteten Kraut schichten. Zwei verquirlte Eier würzen und darüber schütten, geriebenen Käse und Butterstückchen auf dem Ganzen verteilen und im Backofen etwa 1/2 Stunde garen lassen. Dazu schmeckt gut ein scharf angebratenes Fleisch. Der Auflauf kann aber auch als eigene, volle und sättigende Mahlzeit angesetzt werden.

Sonstiges: Getrocknetes Kraut in der Apotheke als *Herba* Anserinae.

Kommission E: Die Monographie von 1985, ergänzt 1990, belegt eine adstringierende Wirkung entsprechend dem Gerbstoffgehalt. Der Pflanze werden Heilwirkungen in folgenden Anwendungsbereichen nachgewiesen: Leichte dysmenorrhoische Beschwerden, zur Unterstützung leichter, unspezifischer, akuter Durchfallerkrankungen, leichte Entzündungen im Bereich der Mund- und Rachenschleimhaut. Beschwerden bei Reizmagen können verstärkt werden.

GÄNSEFUSS, weißer

Chenopodium album

Familie: Gänsefußgewächse - *Chenopodiaceae*

Beschreibung: 20-150 cm hohe oder niederliegende, weißmehlige Pflanze mit verästeltem, knotenlosem Stengel. Die Blätter sind kurz gestielt, hellblaugrün mit sichtbaren Seitennerven, in der Form sehr veränderlich: rautenförmig bis lanzettlich oder breit 3-lappig mit gestutztem Mittellappen, buchtig oder gelappt gezähnt. Grünlich-weiße Blüten in end- oder achselständigen, pyramidenförmigen Scheinähren.

Blütezeit: Juli bis September

Geruch & Geschmack: schmeckt würzig mild, pelzig.

Standort: Äcker, Schuttplätze, Baustellen, verbreitet und häufig

Sammelgut & -zeit: junge Blätter vom Mai bis August

Verwendung in der Küche: genauso wie Melde

GEISSFUSS

***Aegopodium podagraria* - Giersch, Ackerholler, Gichtkraut, Zipperleinkraut**

Familie: Doldenblütler - *Apiaceae (Umbelliferae)*

Beschreibung: 30-100 cm hohe Pflanze mit ein- bis zweifach dreizählig gefiederten Blättern. Die Einzelfieder sind schief zugespitzt-eiförmig, z.T. charakteristisch asymmetrisch verwachsen. Stengel hohl, gerillt, die langgestielten Blätter gehen aus häutigen Blattscheiden hervor. Kleine weiße Blüten in flacher, zusammengesetzter Dolde.

Blütezeit: Juni bis Juli

Geruch & Geschmack: scharf würzig, aromatisch, jung etwas süßlich, erinnert an Petersilie

Standort: feuchte Gebüsche, Waldränder, Hecken, Flußufer, Gärten, gemeines Unkraut

Sammelgut & -zeit: junge, noch nicht voll entfaltete Blätter März bis Mai zum Salat, sonst März bis September

Inhaltsstoffe: ätherisches Öl, Bitterstoff

Wirkung: appetitanregend, schwach blutreinigend (harntreibend, verdauungsfördernd)

Heilanwendung:

- Volkstümlich als Heilmittel bei Gicht, Rheuma und Ischiasbeschwerden: 2-3 Hände voll der frischen Blätter werden zerstampft oder zerquetscht, erwärmt und mit einem Tuch auf die schmerzende Stelle gebunden. Durch die blutreinigende Wirkung hilft der Salat auch innerlich bei Gicht und Rheuma.

Verwendung in der Küche:

- Salat aus fein zerschnittenen oder auch nur zerpflückten, ganz jungen Blättern, mit Öl, Salz und wenig Essig oder Zitrone angemacht.
- Nituke s. Sammelrezepte
- Vielseitig verwendbar als Würzkraut in Salaten, Fleisch- und Gemüsegerichten, sowie zu Suppen.

GUNDERMANN

Glechoma hederaceum **- Efeu-Gundermann, Gundelrebe, Zaungucker**

Familie: Lippenblütler - *Lamiaceae (Labiatae)*

Beschreibung: 15-50 cm hohe Pflanze mit liegendem, nur mit den meist blühenden Enden aufsteigendem Stengel. Dieser ist vierkantig, behaart und treibt an den am Boden liegenden Knoten kleine Wurzeln. Blätter kreuzgegenständig, gestielt, nieren- bis herzförmig mit gekerbtem Rand. Blaue bis violette Lippenblüten zu 2-6 in Scheinquirlen in den Blattachseln. Die Unterlippe ist größer als die flache Oberlippe.

Blütezeit: April bis Juli

Geruch & Geschmack: Geruch schwach aromatisch, Geschmack stark würzig, etwas bitter

Standort: Feuchte Wiesen, lichte Laub-, Misch- und Auwälder. Sehr häufig und verbreitet.

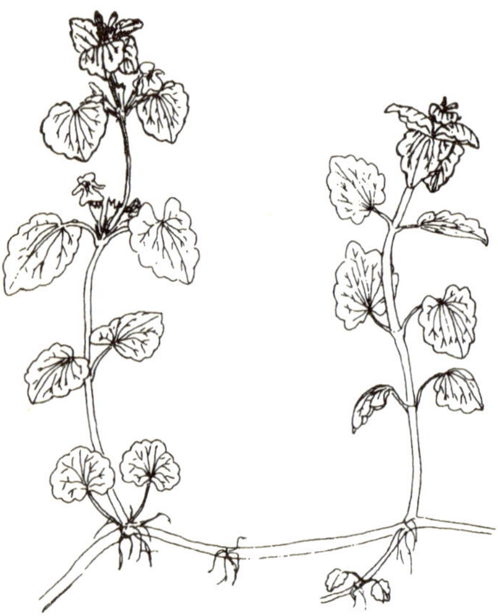

Sammelgut & -zeit: junge Blätter und Triebe des blühenden Krauts, April bis Juni

Inhaltsstoffe: Gerbstoffe, Bitterstoffe, wenig ätherisches Öl, wenig Vitamin C

Wirkung: entzündungshemmend, zusammenziehend und schleimlösend, v.a. bei Erkrankungen der Atemwege, anregend auf den Gesamtstoffwechsel

Heilanwendung:

- Teeaufguß: 2 Tl/Tasse (besser der frische Preßsaft 1 El), 3-4 mal täglich 1 Tasse (bzw. 1 El) bei Husten, Asthma, Reizungen und Entzündungen der Atemwege. Bei leichten Magen- und Darmstörungen, Blasenkatarrh.
- Äußerlich zu Umschlägen bei eiternden oder entzündeten kleinen Verletzungen.

Verwendung in der Küche:

- Vor allem als würzende Beigabe zu verschiedenen Suppen, Saucen, Salaten und Fleischgerichten. Besonders bei südlicher Küche o.a. mit würzigem Charakter.

➢ Suppe: Gundermann, Melde, Gänseblümchen, Wegerich, evtl. noch andere Kräuter zu gleichen Teilen mit einer feingeschnittenen Zwiebel in Fett andünsten, salzen, mit Wasser, oder besser mit Fleischbrühe aufgießen.

➢ Brotaufstrich: Junge Blätter mit Hirtentäschelkraut, Schafgarbe oder anderen Kräutern fein hacken, etwas Schnittlauch und Petersilie zugeben und mit Speisequark oder Butter verrühren.

Sonstiges: Gundermann ist für viele Tiere, nicht aber für den Menschen giftig und wird von den Tieren auf der Weide gemieden!

GUTER HEINRICH

***Chenopodium bonus henricus* - Dorf-Gänsefuß**

Familie: Gänsefußgewächse - *Chenopodiaceae*

Beschreibung: 15-60 cm hohe, leicht mehlig bestäubte, etwas klebrige Pflanze mit knotenlosem Stengel. Die Blätter sind langgestielt, dreieckig-spießförmig, ganzrandig, am Rande etwas eingewellt, trüb grün. Unscheinbare, grünliche Blüten, zwittrig, stehen in endständigen Ähren an Haupt- und Seitenzweigen.

Blütezeit: Juli bis August

Geruch & Geschmack: Schmeckt würzig-pikant. Der wohlriechende Duft unterscheidet ihn von ähnlichen, stinkenden Arten wie stinkender Gänsefuß, Mauer- und Bastard-Gänsefuß

Standort: in Unkrautbeständen auf Äckern, Ruderalgebieten, auch auf Kompost und Miststapeln, bevorzugt humusreiche Böden, häufig

Sammelgut & -zeit: junge Blätter und Triebe im April bis Mai vor der Blüte

Verwendung in der Küche:

➢ Junge Sprossen wie Spargel

➢ Blätter zu einem spinatähnlichen Gemüse, s. auch Melde

➢ Gut zu Mischgemüsen, s. Rezeptteil

HAGEBUTTE

***Rosa canina* - Hundsrose, Hagebutte, Heckenrose, Hiffe**

Familie: Rosengewächse - *Rosaceae*

Beschreibung: 2-3 m hoher Strauch mit stacheligen, überhängenden Ästen. Die wechselständigen Blätter sind 3-5-zählig gefiedert, die Einzelfieder spitzeiförmig mit gesägtem Rand. 5-zählige hellrosa bis weißliche Blüten. Leuchtend orangerote, schmalovale, krugartige Früchte, die an ihrem oberen Rand noch den Rest des Blütenkelchs tragen. Sie enthalten zahlreiche gelbliche, kantige Samen, die von feinen, stark juckenden Haaren eingehüllt sind. Sehr formenreich.

Blütezeit: Juni bis Juli

Geruch & Geschmack: *Blüten* oft stark und süß duftend, die *Früchte* sind wohlschmeckend säuerlich und aromatisch, die Kerne etwas bitter, zusammenziehend, vanilleähnlich.

Standort: Waldränder, Gebüsche, Hecken, Parkanlagen, verbreitet

Sammelgut & -zeit: reife Früchte Ende September bis Oktober

Inhaltsstoffe: In den Fruchtwänden sehr viel Vitamin C (bis zu 1,7g/100g frische Früchte), das auch beim Trocknen und Verarbeiten recht gut erhalten bleibt und aufgrund der Begleitstoffe wesentlich besser wirkt als chemisch reines Vitamin C. Frucht- u.a. Zucker, ätherisches Öl, Vanillin. Kerne sehr wenig Blausäureglykoside, Vanillin u.a.

Wirkung: Wichtiger Vitaminspender, wirkt anregend auf die Widerstandskräfte bei Erkältungen und in der Rekonvaleszenz nach Krankheiten, gegen Frühjahrsmüdigkeit, Skorbut u.a. Vitamin-C-Mangelerscheinungen. Schwach harntreibend und blutreinigend, v.a. die Kerne.

Heilanwendung:

- ➢ Teeaufguß aus den ganzen oder entkernten Früchten: 1-2 Tl/Tasse, mehrere Tassen täglich zur Vorbeugung und Kräftigung, s.o., sowie als täglich zu trinkender Haustee.

- Teeabkochung aus Hagebuttenkernen: 2Tl/Tasse mindestens 5 Minuten leicht kochen lassen, als schwach harntreibendes Spülmittel bei Nierensteinen und -grieß.

Verwendung in der Küche:

- Haustee aus ganzen oder entkernten Früchten, auch aus den Kernen allein, wie oben beschrieben. Der Tee aus den Kernen hat ein besonders feines Vanillearoma.
- Hagebuttenmark: Die Früchte werden halbiert, entkernt, notfalls der Stiel und der Kelch abgeschnitten und dann mit viel kaltem Wasser gründlich gewaschen. Danach füllt man sie in ein schmales Gefäß und übergießt sie mit wenig kaltem Wasser oder herbem Weißwein und läßt sie 3-4 Tage an einem kühlen Ort unter häufigem Umrühren stehen, bis sie gleichmäßig weich geworden sind. Danach passiert man sie durch ein feines, möglichst nichtmetallenes Sieb (Kunststoff oder das gute alte Haarsieb aus Roßhaaren). Für je 1 kg Mark bereitet man frisch einen Zuckersirup aus 1 kg Zucker, mischt ihn sehr heiß unter das Mark, füllt es sofort in kleine Marmeladengläser und bedeckt es mit einem in hochprozentigem Alkohol (54%igem Rum oder Weingeist) getränkten Pergamentpapier. Gut verschließen und kühl aufbewahren. - Man kann das Hagebuttenmark auch gut einfrieren! Als morgendliche Vitaminspritze auf das Brot geben.
- Hagebuttenlikör: Reife Hagebutten halbieren, in Flaschen zu $^2/_3$ ihrer Höhe füllen, mit einer knappen Tasse Zucker süßen und mit Weinbrand oder Doppelkorn auffüllen. Als Würze kann man noch ein kleines Stückchen Vanilleschote, Ingwer oder Piment zugeben. Nach mindestens vierwöchigem Stehen an einem warmen Ort unter häufigem Umschütteln abfiltrieren. Ein zweiter Ansatz muß mindestens 5-6 Wochen stehenbleiben. Dieser feine Likör gewinnt wesentlich, wenn er mindestens ½ Jahr ablagern kann.
- Hagebuttenwein: 3 l Hagebutten werden zerschnitten, mit etwa 1 l kaltem Wasser übergossen, dann läßt man sie unter gelegentlichem Umrühren 2-3 Tage stehen. Danach bereitet man einen Zuckersirup aus 2 kg Zucker und gießt ihn kochend über den Ansatz, ebenso weitere 3 l kochendes Wasser. Wenn alles auf Raumtemperatur abgekühlt ist, füllt man den Ansatz in einen genügend großen Glasballon, fügt ein Fläschchen Weinhefe (Tokajer oder Malaga), 1 kleines Schnapsglas Milchsäure und evtl. 2 Hefenährsalztabletten (alles aus der Drogerie) zu und verschließt mit einem durchbohrten Korken und einem Gärrohr (s. bei Holunderwein). Die Temperatur soll dabei 20 Grad nicht wesentlich unterschreiten, da sonst die Gärung zu schleppend verläuft. Nach einwöchiger Gärung wird die Maische durch ein Sieb abgegossen, die durchgelaufene und abgepreßte Flüssigkeit zurück in den Gärballon gegeben. Die Gärung dauert nun noch etwa 2-3 Wochen, bis keine Gasblasen mehr

durch das Gärröhrchen treten und die Hefe sich am Boden abgesetzt hat. Vorsichtig mit einem Schlauch abheben und in Flaschen füllen.

Sonstiges: Früchte in der Apotheke als Fructus *Cynosbati* bzw. *Rosae pseudofructus* (DAB 1996) mit und ohne Kerne, die Kerne als *Semen Cynosbati*.

Fertiges Hagebuttenmark ist in Reformhäusern und auf süddeutschen Märkten (Hiffenmark) erhältlich.

Zum Trocknen werden die Früchte mit einem scharfen Messer halbiert, in dünner Schicht ausgebreitet und bei milder Hitze (maximal 50°C) rasch im Ofen getrocknet. Wenn man die kernfreien Früchte gewinnen will, muß man die Kernchen mit einem Löffelstiel o.ä. entfernen, die Fruchtwände mit kaltem Wasser gut abbrausen und in Tüchern solange schleudern und schütteln, bis diese nicht mehr naß werden. Die Kerne werden ebenfalls gut abgespült, um die feinen Härchen zu entfernen, dann läßt man sie austropfen und trocknet sie auch bei milder Hitze.

Kommission E: Da eine Wirksamkeit nicht bzw. nicht ausreichend belegt ist, kann eine therapeutische Anwendung nicht empfohlen werden. Der Konsum von Hagebutten-Zubereitungen als Vitamin-C-haltige Nahrungsergänzung ist überwiegend dem Lebensmittelbereich zuzuordnen. Gegen die Verwendung als Geschmackskorrigens in Teemischungen bestehen keine Bedenken.

HASELNUSS

Corylus avellana **- Hasel**

Familie: Haselnußgewächse - *Corylaceae*

Beschreibung: Dicht verzweigter, 1,50-4 m hoher Strauch mit rundlichen bis herzförmigen, doppelt gesägten, am Blattgrund ausgerandeten Blättern. Äste schlank, sehr biegsam. Männliche Blüten in gelbgrünen, hängenden Kätzchen, die schon im Herbst ausgebildet werden. Weibliche Blüten klein und unscheinbar. Frucht eine Nuß, die in grüne, fransig zerschlitzte Hochblätter becherartig eingehüllt ist. Meist 1-4 zusammenstehend.

Blütezeit: März bis April

Geruch & Geschmack: Nüsse mit charakteristischem Eigengeschmack

Standort: Waldränder, Unterholz, Gebüsche, Parks, häufig angepflanzt

Sammelgut & -zeit: Nüsse September bis Oktober. Sie sind zunächst noch weiß und saftig-knackig, später nußartig fest.

Inhaltsstoffe: viel Eiweiß und fettes Öl

Verwendung in der Küche:

➢ Haselnüsse sind ein derart bekanntes und beliebtes Nahrungsmittel, daß wir auf eine Rezeptsammlung verzichtet haben. Wir verweisen hier auf herkömmliche Koch- und Backbücher!

HEDERICH

***Raphanus raphanistrum* - Ackerrettich, wilder Rettich**

Familie: Kreuzblütler - *Brassicaceae* (*Cruciferae*)

Beschreibung: 25-60 cm hohe Pflanze, deren wechselständige Blätter unten leierförmig, nach oben zunehmend einfach lanzettlich und wie der Stengel borstig behaart sind. Große vierzählige Blüten (Durchmesser bis 3 cm) in lockerer Traube, Blütenblätter weiß bis gelb oder elfenbeinfarben, mit dunkleren, gelben, braunen oder violetten Adern. Früchte sind lange, stark eingeschnürte Schoten. Schlanke schwarze Pfahlwurzel, je nach Standort recht kräftig.

Blütezeit: April bis Juni

Geruch & Geschmack: Geruch stechend unangenehm, Geschmack beissend scharf, manchmal aber auch nur modrig mit scharfem Nachgeschmack je nach Standort und Jahreszeit)

Standort: Äcker, Wegränder, Kulturwiesen - gemeines Ackerunkraut, überall verbreitet

Sammelgut & -zeit: *Blätter* und *Triebe* nur ganz junger Pflanzen, möglichst vor der Blüte von April bis Mai, *Wurzeln* August bis September

Inhaltsstoffe: ätherisches Öl mit reichlich Senfölen, Bitterstoffe

Wirkung: appetit- und verdauungsanregend, sekretionsfördernd (Speichel, Magensäfte, Galle), haut- und schleimhautreizend (Tränen, Nase). Ähnlich, aber schwächer als die Kulturform Meerrettich.

Heilanwendung:

- Nur frische, nicht getrocknete oder gekochte Pflanzen zeigen die volle Heilwirkung, daher als Beimengung zu Salaten, als Preßsaft (2-3 Tl/Tag) oder die geriebene Wurzel wie Meerrettich verwenden bei Appetitmangel, Verdauungsschwäche, Sodbrennen, 'Leibschneiden' und ähnlichen Beschwerden. Außerdem als schleimlösendes Mittel bei Husten und verstopfter, laufender Nase.

Verwendung in der Küche:

- Nach Geschmacksprobe als scharf-würzige Beigabe zu grünen und gemischten Salaten fein geschnitten. Wurzel gerieben bzw. mit dem Mixer zerkleinert wie Meerrettich.

HEIDELBEERE

Vaccinium myrtillus **- Bickbeere, Blaubeere, Waldbeere**

Familie: Heidekrautgewächse - *Ericaceae*

Beschreibung: 15-30 (bisweilen bis 60) cm hoher Halbstrauch, an der Basis verholzt, mit grünen, scharfkantigen Zweigen. Kleine spitzeiförmige, dünne Blätter mit feingesägtem Rand, an kurzen Stielen. Hängende, blattachselständige, bauchig-krugförmige Blüten von grünlicher bis rötlicher Farbe. Blauschwarze, oft bereifte Beeren mit rotem Saft.

Verwechslungsgefahr: mit der Rauschbeere s.u.!

Blütezeit: Mai bis Juni

Geruch & Geschmack: *Blätter* zusammenziehend, *Früchte* säuerlich aromatisch, etwas zusammenziehend.

Standort: lichte Waldungen, v. a. auf leichten, humusreichen Böden. Häufig, an den Standorten oft in Massen, besonders Bayer. Wald, Lüneburger Heide, Odenwald, Spessart, Rhön, Alpen (bis 2500 m)

Sammelgut & -zeit: *Blätter* Mai bis Juni vor der Fruchtreife; *Beeren* Juli bis August

Inhaltsstoffe: *Blätter:* Arbutin und andere Hydrochinonglycoside (s. Preiselbeere), Gerbstoffe, Myrtillin u.a. Glukokinine. *Beeren:* Zucker, Gerbstoffe, Vitamine (viel A, BGruppe, C), reichlich Minerale (Kalium, Eisen, Mangan), Pektin, Anthocyane (Farbstoffe, vgl. Flavone), Fruchtsäuren

Wirkung: *Blätter:* Harndesinfizierend, schwach blutzuckersenkend, *Beeren:* Stopfend bei Durchfällen; zusammenziehend und heilend bei Zahnfleischentzündung und -bluten, Mundfäule; augenstärkend; allgemein kräftigend (Roborans)

Heilanwendung:

- *Blätter:* Als Teeaufguß 1 geh. Tl/Tasse, 1-2 Tassen am Tag bei leichten Blasen- und Harnwegsinfektionen, Brennen beim Wasserlassen. Als zuckersenkendes Mittel regelmäßig über den Tag verteilt schluckweise (regelmäßige Zuckerkontrolle erforderlich!)
- *Getrocknete Beeren*: 2-3 El in wenig Wasser einweichen und kurz aufkochen lassen. Sie sind ein gutes Mittel bei leichteren Durchfallerkrankungen, Fäulnisdyspepsien (Verdauungsbeschwerden mit Blähungen, saurem Aufstoßen).
- Die *frischen Beeren* und der Saft wirken sicher gegen Erkrankungen der Mundschleimhäute, wenn man sie möglichst lange im Mund behält.
- Regelmäßiger Genuß der *Beeren* und ihrer Zubereitungen sind gut gegen überanstrengte Augen, besonders gegen Nachtblindheit und vom zu vielen Fernsehen geschädigte Augen.
- Durch Vitamin- und Mineralstoffgehalt allgemein kräftigend und blutbildend.

Verwendung in der Küche:

- Heidelbeersaft: Die Beeren werden mit ihrem halben Gewicht Zucker in einem emaillierten Topf vorsichtig zum Kochen gebracht, zerstampft und durch ein Tuch abgeseiht. Heiß in kleine, saubere Flaschen füllen und gleich verschließen, oder frische Beeren entsaften und den Saft einfrieren.
- Heidelbeerwein: 5 l Heidelbeersaft mit 2 kg Zucker, der in 2 l Wasser aufgelöst wurde, versetzen und 15 g (1 knappes Schnapsglas oder ca. 1 El) voll Milchsäure (aus Apotheke oder Drogerie) zugeben. 1 Fläschchen Rotweinhefe (Drogerie) untermischen. Weitere Verarbeitung s. Holunder!
- Blaubeerkonfitüre: 1 kg Beeren mit 1 Portion Geliermittel und 1 kg Zucker, evtl. noch zusätzlichem Zitronensaft, etwa 1-2 Minuten kochen und heiß in Gläser füllen. - Sehr lecker auch in Mischung mit Pfirsichen oder Birnen!

- Blaubeerpfannkuchen: In einen nicht zu dünnflüssigen Eierkuchenteig gibt man genügend gut gewaschene und verlesene Heidelbeeren, die man zuvor ca. 1 Std. eingezuckert hat. Pro Person rechnet man mit 1-2 Tassen Beeren. Von diesem Teig backt man bei mittlerer Hitze Pfannkuchen, die vor dem Auftragen mit Zucker bestreut werden.
- Heidelbeer-Piroggen: Man bereitet aus 500 g Mehl, 1 Päckchen Hefe, 1/4 Tasse Zucker, 100 g Butter, 1 Ei und etwas saurer Milch oder Sahne einen weichen Hefeteig, den man nach der üblichen Vorbereitung (mehrmaliges Gehen) dünn ausrollt oder auszieht. Daraus sticht man mit einer Tasse, die immer wieder in Mehl getaucht wird, Kreise aus. Zuvor eingezuckerte Beeren (wie oben) auf die Kreise setzen (ca. 1-2 Tl), Teig oben zusammenfalten. Mit einer Eigelb/Milchmischung bestreichen und bei Mittelhitze im Ofen goldbraun backen.
- Als Frischobst oder Kompott.
- Als Auflage für Obsttorten.

Sonstiges: In der Apotheke als *Folia Myrtilli* (Blätter) und *Fructus Myrtilli* (getrocknete Beeren).

Kommission E: Die Wirksamkeit von Heidelbeerblätter-Zubereitungen ist bei den beanspruchten Anwendungsgebieten nicht belegt. Bei zu hoher Dosierung oder längerem Gebrauch können chronische Vergiftungen auftreten. Die Früchte hingegen werden als risikolos beschrieben. Sie wirken adstringierend. Als Anwendungsgebiete werden genannt: Unspezifische, akute Durchfallerkrankungen, lokale Therapie leichter Entzündungen der Mund- und Rachenschleimhaut.

RAUSCHBEERE

***Vaccinium uliginosum* - Moorbeere, Trunkelbeere**

Familie: Heidekrautgewächse - *Ericaceae*

Beschreibung: 30-90 cm hoher Strauch mit rundlichen braunen Zweigen. Blätter ledrig, glattrandig, verkehrt eiförmig. Blüten rötlich, glockenförmig mit 5 Blütenzipfeln. Beeren schwarzblau, wie Heidelbeeren, aber mit grünlichgelbem Saft (sicheres Kennzeichen, denn der Saft der Heidelbeeren ist rot!)

Blütezeit: Mai bis Juli

Geruch & Geschmack: Früchte säuerlich, etwas zusammenziehend und aromatisch

Standort: Moore, Hochmoore, sumpfige Wälder und Wiesen. Zerstreut, an seinen charakteristischen Standorten meist massenhaft. Oft zusammen mit Moosbeere und Preiselbeere.

VORSICHT! Die Pflanze oder ein auf ihr angesiedelter Pilz können einen Giftstoff enthalten, der in größeren Mengen zu Vergiftung mit Übelkeit, Schwindel, Benommenheit und leichten Rauschzuständen (Name!) führen kann. Die Beeren werden trotzdem in einigen Gegenden der Voralpen ohne Schaden verzehrt. Wir raten aber dennoch zur Vorsicht!

HERZGESPANN

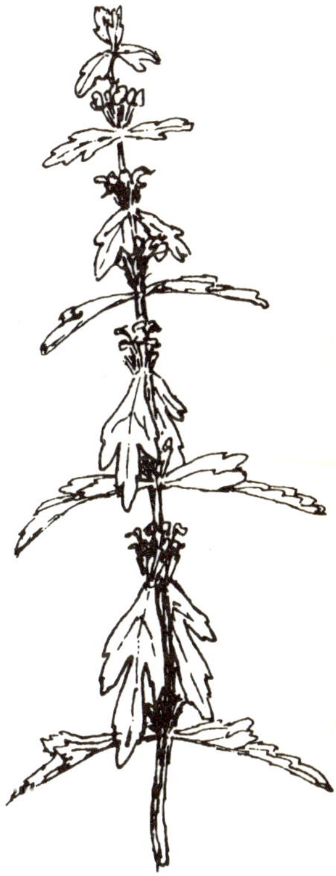

Leonurus cardiaca – **Herzheil, Löwenschwanz**

Familie: Lippenblütler - *Lamiaceae (Labiatae)*

Beschreibung: 50–150 cm hohe Pflanze mit vierkantigem, oft rötlich überlaufenem Stengel. Blätter kreuzgegenständig, tief handförmig gespalten oder 3-5-lappig (obere Stengelblätter). Rosa oder blaßviolette Lippenblüten in dichten Scheinquirlen in den Blattachseln. Der Blütenstand erscheint bei großen Pflanzen oft wie ein buschiger Schwanz.

Blütezeit: Juni bis September

Geruch & Geschmack: Die ganze Pflanze riecht und schmeckt scharf und unangenehm.

Standort: Hecken, Zäune, Schuttplätze. Selten, aber meist in großen Beständen

Sammelgut & -zeit: blühendes Kraut Juni bis September

Inhaltsstoffe: Bitterstoff, Gerbstoff, ätherische Öle, ein Alkaloid (Leonurin), geringe Menge an digitalisartigen Glykosiden

Wirkung: gegen Herzschwäche und nervöse Herzbeschwerden

Heilanwendung:

- Als Teeaufguß: 1 Tl/Tasse, davon 1-2 Tassen am Tag nüchtern, bei Herzschwäche oder nervösen Herzbeschwerden, Herzklopfen, leichten Fällen von Atemnot, Herzbeklemmung. Bei stärkeren Beschwerden auf alle Fälle einen Arzt aufsuchen!

Sonstiges: In der Apotheke als *Herba Leonuri cardiacae*

Kommission E: Der Pflanze werden Heilwirkungen bei nervösen Herzbeschwerden, auch im Rahmen einer Schilddrüsenüberfunktion (als Adjuvans) zuerkannt.

HEUBLUMEN

Keine eigene Heilpflanze – Es handelt sich um den feinen Rückstand bei der ersten Heuernte von möglichst 'bunten' Wiesen.

Familie: v.a. Süßgräser - *Poaceae (Gramineae)*

Sammelgut & -zeit: nach der ersten Heuernte Mai bis Juni

Sie sind bei den meisten Bauern, die selbst heuen und ihren Wiesenschnitt nicht als Grünfutter einbringen, sehr billig zu bekommen.

Inhaltsstoffe: ätherisches Öl, zahlreiche andere Stoffe in wechselnder Zusammensetzung

Wirkung: stoffwechselanregend, durchblutungsfördernd, erwärmend

Heilanwendung:

- Man rechnet für Umschläge und Wickel 2-3 Tassen voll auf 2 l Wasser, zum Teil- und Vollbad je nach Wassermenge etwa 1 l Heublumen auf 3 l Wasser. Langsam zum Kochen bringen, 2-3 Minuten auf kleiner Flamme ziehen lassen, abseihen und gut ausdrücken. Zum Vollbad, Körperwickel, spanischem Mantel nach Kneipp bei Grippe, Erkältung, fiebrigen Erkrankungen, zur Schwitzkur und Anregung des Stoffwechsels und der Widerstandskräfte. Nach dem Bad oder zum Wickel gut warm einpacken.
- Zum Vollbad oder zu Kompressen und Wickeln gegen Glieder- und Muskelschmerzen, rheumatische Beschwerden, Ischias u.ä.
- Zum Sitzbad oder zur Rückenkompresse bei Nierenentzündung und Koliken.
- Zur Verwendung in Kräuterkissen - s. dort.

Sonstiges: In der Apotheke als *Flores Graminis.*

Kommission E: In der Monographie von 1988 wird den Heublumen unter entsprechender Anwendung eine 'Beeinflussung innerer Organe über cutiviscerale Reflexe' bestätigt, außerdem eine heilende Wirkung bei degenerativen Erkrankungen des rheumatischen Formenkreises.

HIMBEERE

Rubus idaeus

Familie: Rosengewächse - *Rosaceae*

Beschreibung: 50-150 cm hoher Strauch mit rinnigen, aufrechten oder überhängenden Zweigen. Zweige und manchmal auch die Blattadern dicht mit feinen Stacheln besetzt. Blätter sind 3-5-zählig gefiedert, Einzelfieder eiförmig mit gesägtem Rand, unterseits dicht weißfilzig behaart, oben hellgrün. Fünfzählige, weiße Blüten in lockerer Rispe. Frucht ist eine rosa bis rote Scheinbeere, d.h. eine aus zahlreichen Steinfrüchtchen zusammengesetzte Sammelfrucht.

Blütezeit: Mai bis Juni

Geruch & Geschmack: *Blätter* schmecken aromatisch, zusammenziehend, die reifen *Beeren* süß und sehr aromatisch.

Standort: Waldränder, Wälder, Lichtungen, Gebüsche. Verbreitet und häufig.

Sammelgut & -zeit: *Blätter* April bis Juni, *Beeren* Juli bis August, einzelne bis in den Oktober

Inhaltsstoffe: *Blätter*: Gerbstoffe, organische Säuren, ätherisches Öl; *Beeren*: Zucker mit sehr viel Fruchtzucker, Vitamine, organische Säuren

Wirkung: wie bei der Brombeere - s. dort

Heilanwendung: wie bei der Brombeere - s. dort

Verwendung in der Küche:

Die Früchte sind süßer und wirken daher weniger sauer als die Brombeeren. Ihr Aroma ist sehr haltbar und tritt besonders in Sirup und Süßspeisen deutlich hervor.

➢ Heiße Himbeeren auf Eis: 2 Tassen Himbeeren mit 2 El Zucker ziehen lassen, auf kleiner Flamme langsam erhitzen. Nach Möglichkeit 1-2 Schnapsgläser Himbeergeist untermischen, heiß über Vanilleeis gießen und sofort servieren. Eine ganz besondere Köstlichkeit!

Weitere Rezepte wie bei der Brombeere.

Sonstiges: Blätter in der Apotheke als *Folia Rubi idaei*, Saft als *Sirupus Rubi idaei*.

Bei den in Geschäften käuflichen, frischen Himbeeren handelt es sich ausschließlich um in Gartenkultur gezogene Zuchthimbeeren, die meist wesentlich weniger aromatisch sind als Waldhimbeeren, oft zur Vermeidung der Maden auch noch mit Insektiziden behandelt sind.

HIRTENTÄSCHELKRAUT

Capsella bursa pastoris **- Beuteldieb, Blutkraut, Gänsekresse, Muttergottesbrot, Tascherlkraut**

Familie: Kreuzblütler - *Brassicaceae* (Cruciferae)

Beschreibung: 15-50 cm hohe Pflanze mit fiederteiligen Blättern in einer grundständigen Rosette und wenigen, fast ganzrandigen Stengelblättern. Kleine weiße, vierzählige Blüten in einer lockeren Rispe, meist schon gleichzeitig mit den charakteristischen, dreieckigen Früchten, den 'Hirtentäscheln'. Formenreich.

Blütezeit: Februar bis September

Geruch & Geschmack: würzig und etwas scharf, kresseähnlich.

Standort: Äcker, Wege, Bahndämme, Schuttplätze, Feldraine. Sehr verbreitet und häufig.

Sammelgut & -zeit: Blattrosette vor der Blüte (möglichst vor Ausbildung des Stengels!) März bis Juni, auf frisch gehackten Feldern oder gesäuberten Beeten auch später.

Inhaltsstoffe: ätherisches Öl mit Senfölen, Gerbstoffe, Cholin, wenig Alkaloide

Wirkung: innerlich und äußerlich blutstillend

Heilanwendung:

- Als Teeaufguß: 2 Tl/Tasse mit höchstens handwarmem Wasser aufgießen und 10 Minuten ziehen lassen. Hiervon 2-3 Tassen schluckweise über den Tag verteilt.
- Frischer Preßsaft alle 1-2 Stunden 1 Tl.

Beides bei: Hämorrhoiden, zu starker Monatsblutung, leichten inneren Blutungen (Blut im Stuhl oder Urin). **Achtung! Hier ist unbedingt zusätzlich ärztliche Beratung erforderlich!**

- Äußerlich zu Kompressen und Spülungen (Vagina, Einlauf) bei Blutungen und kleinen Verletzungen.

Verwendung in der Küche:

- Salat: Junge Pflanzen frisch mit der Wurzel ziehen, gründlich waschen, Wurzel abschneiden. Wie Feldsalat ganze Rosetten mit feingeschnittenen Zwiebeln, Essig und Öl anrichten. Wenn die Blätter schon derber sind, müssen sie wie Endiviensalat in feine Streifen geschnitten werden.
- Frikassee: Helles Fleisch (Geflügel, Kalb, Zunge o.ä.) wird in Salzwasser mit Wurzelgemüsen weichgekocht. Kleingeschnittene Zwiebeln in Fett andünsten, 2 Tassen grob zerschnittene Hirtentäschelblätter mit andünsten, 1-2 El Mehl anstäuben, mit der Kochbrühe ablöschen. Mit Kapern, saurer Sahne, evtl. etwas herbem Weißwein, weißem Pfeffer, Muskat, Salz abschmecken, vor dem Servieren 1 Eigelb unterziehen.
- Gut auch in allerlei Mischsalaten, milden Saucen und Suppen.

Sonstiges: In der Apotheke als *Herba Bursae pastoris.*

Im Mittelalter wurde Hirtentäschelkraut den Jungfrauen gegeben, um ihre Geschlechtslust zu dämpfen.

Kommission E: Die Monographie beschreibt bei parenteraler Anwendung muskarinartige Wirkungen mit dosisabhängiger Blutdrucksenkung und Blutdrucksteigerung, außerdem positiv inotrope und chronotrope Herzwirkungen sowie Steigerung der Uteruskontraktion. Gegenanzeigen, Neben- und Wechselwirkungen sind nicht bekannt.

HOLUNDER, schwarzer

Sambucus nigra **- Eller, Flieder, Holder, Holler**

Familie: Geißblattgewächse - *Caprifoliaceae*

Beschreibung: 2-6 m hoher Strauch oder Baum mit rissiger, grau-brauner Borke. Stamm und Zweige mit weißem Mark, Rinde junger Zweige grün, später graubraun papierartig, darunter eine grüne, faserige Schicht. Langstielige Blätter unpaarig (5-7zählig) gefiedert, Fieder spitzeiförmig, gesägt. Kleine gelblichweiße Blüten in tellerförmigen Trugdolden. Beeren klein, schwarzviolett glänzend.

Blütezeit: Ende Mai bis Anfang Juli

Geruch & Geschmack: *Blüten* stark duftend, zerriebene *Blätter* und *Rinde* riechen dumpf, unangenehm.

Standort: Wälder, Waldränder, Schuttplätze, Hecken, in Dorf und Stadt an Straßen und in Gärten - immer in der Nähe menschlicher Siedlungen. Sehr verbreitet und häufig.

Sammelgut & -zeit: *Blüten* Juni bis Juli nur bei trockenem Wetter; *Beeren* August bis September, nur vollreife Dolden sammeln; *Blätter und Triebspitzen* April bis Juni (vor der Blüte); *Rinde* (nur die grüne Schicht zwischen Außenrinde und Holz) Februar bis April, die *Wurzelrinde* auch September bis November.

Inhaltsstoffe: *Blüten*: Ätherisches Öl mit aromatischen Aminen, Glykoside (Sambunigrin u.a.) Cholin, Flavone, Schleim, *Rinde* und *Blätter*: Glykoside, Alkaloide, Saponin, Harz, Bitterstoffe, Gerbstoffe *Beeren*: Zucker, Vitamine A, B-Gruppe (bes. reichlich Vitamin B 1 und B6), C.

Wirkung: *Blüten*: schweißtreibend (nachgewiesenermassen nicht nur durch die Zufuhr heißen Wassers!), *Blätter*, *Rinde*, *Wurzelrinde*: Harntreibend, leicht abführend (blutreinigend, stoffwechselanregend), die Wirksamkeit der Pflanzenteile nimmt in der obigen Reihenfolge zu, *Beeren*: Kräftigend, erhöhen die Widerstandskräfte, schwach verdauungsanregend (v.a. bei Säuglingen und Kleinkindern), heilend bei verschiedenen Nervenschmerzen (Ischias, Hexenschuß, Trigeminusneuralgie, Migräne, Tic nerveux - durch Vitamin-B-Gehalt)

Heilanwendung:

- Teeaufguß aus den *Blüten*: 1-2 El/Tasse mit Honig gesüßt, bis zu 5 Tassen am Tag, heiß trinken. Auch als Mischung mit der gleichen Menge Lindenblüten. Zu Schwitzkuren bei Grippe und anderen Erkältungskrankheiten, Fieber, rheumatischen Beschwerden.
- *Blätter* und *Rinde:* Als Abkochung ½ (Rinde) - 1 Tl/Tasse nur kurz aufkochen lassen, davon 1-2 Tassen am Tag. Von frischen Blättern 2-3 Einzelfieder kleinschneiden und aufbrühen. - Als stark harntreibendes Mittel bei Wassersucht (dicken Beinen), zur Blutreinigungskur bei Stoffwechselkrankheiten, Rheuma, zur Frühjahrskur.

Vorsicht! Zu große Mengen können Übelkeit und Brechreiz hervorrufen!

- *Beeren*: Sie dürfen nicht frisch, sondern in jedem Fall leicht gekocht, verwendet werden. Bei empfindlichen Personen können sie sonst ebenfalls zu Übelkeit führen.
- Als Mus (s.u.) 3-4 El/Tag, Saft und Wein jeweils 1-2 Tassen pro Tag. Als Glühwein (aus Holunderwein) oder als Beimischung von Saft zu Glühweinbereitung. (Rezepte s.u.).
- Als Kräftigungsmittel, zur Stärkung der Widerstandskräfte, als leichtes Abführmittel.

Verwendung in der Küche:

***Blüten*:**

- Hollerküchlein: Kurz vor dem Essen werden saubere, frisch aufgeblühte Dolden gesammelt, pro Person je nach Appetit 4-8 Stück. Man taucht sie in einen nicht zu dicken Pfannkuchenteig (wenn sie besonders knusprig werden sollen, nehmen Sie statt Milch dunkles Bier), backt sie in reichlich Fett goldbraun aus.
- Hollersekt: Auf 10 l Wasser werden 10-15 große, saubere Dolden, 1-1,5 kg Zucker und der Saft von 2 Zitronen (evtl. teilweise durch Obstessig ersetzen) in einem großen Glasballon angesetzt. Solange umschütteln und schwenken, bis der Zucker aufgelöst ist. An einem warmen, sonnigen Platz 4-6 Tage gären lassen, dann 1 ungespritzte, in Scheiben geschnittene Zitrone zufügen und noch einen weiteren Tag stehen lassen. Danach entweder eisgekühlt trinken oder abseihen, in Mineralwasserflaschen o.ä. mit dichtem Verschluß füllen und an einem kühlen, dunklen Ort noch ein Vierteljahr ausgären lassen. Vorsicht beim Öffnen der Flaschen, sie haben einen gehörigen Druck und schäumen stark.
- Hollerblütenmilch: 1 Dolde Holunderblüten (und evtl. etwas Melisse) mit ¼ l heißer Milch übergießen, 10 Minuten ziehen lassen; abseihen, mit wenig Honig süssen, eiskalt servieren.
- Holunderblütenhonig: 1 kg Zucker in 1 l heißem Wasser auflösen und 5 Minuten kochen lassen. Mit diesem heißen Sirup werden 300 g saubere, entstielte Holunderblüten in einem Porzellan- oder Steinguttopf übergossen. Nach 24-stündigem Stehen abseihen und in kleine, saubere Flaschen füllen. Mit Mineralwasser verdünnt als erfrischendes Sommergetränk oder in heißem Wasser wie den Tee aus Blüten verwenden.

***Beeren*:**

- Holundersaft: 1 l entstielte Beeren mit ¼ l Wasser aufkochen, zerdrücken, durch ein Tuch abseihen und ausdrücken (Handschuhe!). Preßrückstand nochmals mit ¼ l Wasser und dem Saft von ½-1 Zitrone aufkochen, abseihen und gründlich auspressen. Nach Geschmack etwa 1 Tasse Zucker hinzufügen, die vereinigten Säfte wieder aufkochen und noch heiß in saubere, kleine Flaschen abfüllen und verschließen. Man kann diesen Saft auch gut einfrieren. Wenn Sie sich diese Arbeit ersparen wollen und einen Dampfentsafter zur Verfügung haben, können Sie den Saft natürlich auch damit gewinnen!

- Holunderwein: 3 l entstielte Beeren werden mit 2 kg Zucker und 2 l Wasser in einem emaillierten Topf zum Kochen gebracht, die Früchte dabei mit einem Stampfer zermust. Nach dem Erkalten mit weiteren 5 l Wasser in einen genügend großen Glasballon abfüllen (er darf wegen der Gärung nur zu etwa $^2/_3$ gefüllt sein). Als Säurezugabe empfehlen wir 1 Schnapsglas voll Milchsäure, notfalls den Saft von 2 Zitronen. Die Gärung wird durch Zugabe von ¼ Päckchen aufgelöster Hefe, besser eines Fläschchens Weinhefe (in Drogerien, Sorte Bordeaux o.ä.) eingeleitet. Der Ballon wird mit einem durchbohrten Korken verschlossen, in den ein Gärröhrchen eingesetzt wird. Dahinein gibt man sowenig Wasser, daß nur das untere 'Knie' gefüllt ist (s. Abb.). Die günstigste Temperatur liegt bei etwa 20 Grad. Die Gärung dauert nach einem stürmischen Beginn (1-2 Wochen) noch etwa 6-10 Wochen und ist beendet, wenn keine Blasen mehr aufsteigen bzw. durchs Gärrohr perlen und die Hefe sich am Boden abgesetzt hat. Dann kann man den Wein vorsichtig mit einem Schlauch vom 'Geläger' abheben und in peinlich saubere Flaschen abfüllen.

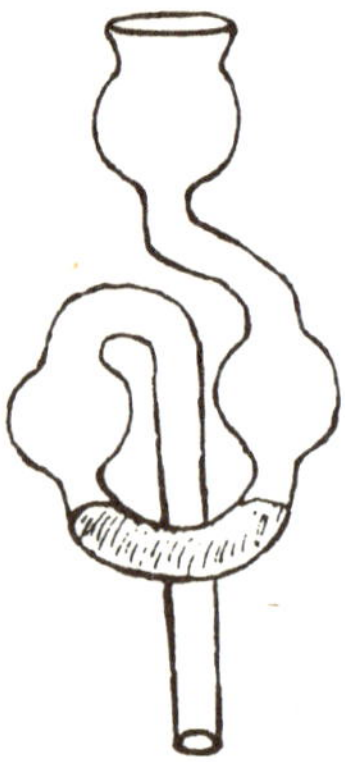

- Holundermus: ½ l entstielte Beeren waschen und mit 10 entkernten Pflaumen (evtl. Trockenpflaumen), 70 g Zucker, 1 Stückchen Zimt und ½ Tasse Wasser langsam zu Mus kochen. Wenn das Mus wegen der kleinen Kerne durchpassiert werden soll, auf keinen Fall ein Metallsieb verwenden! Etwas Zitronensaft und, wenn es gleich serviert werden soll, Semmelbrösel hinzufügen. Es kann auch eingemacht werden. Mildes Abführmittel.
- Holundersuppe: ½ l entstielte Beeren werden nach dem Waschen mit ½ l Wasser, 1 Glas Rotwein, etwas Zitronensaft, 1 Stückchen Zimt und Zucker nach Geschmack (1-2 El) ½ Std. leicht gekocht und mit ein wenig Stärkemehl gebunden. Heiß, an heißen Tagen aber auch eiskalt mit einigen Zitronenschnitzen servieren. Dazu frisches Hefegebäck, Arme Ritter, Strudel.
- Holundergelee (mit Geliermittel): Holundersaft ohne Zucker bereiten, in 1 l Saft 1 kg Zucker auflösen (oder den evtl. schon vorher eingerührten Zucker von dem 1 kg abziehen), Geliermittel nach Packungsvorschrift zugeben, die manchmal extra gepackte Zitronensäure nicht vergessen, kurz aufkochen.
- Apfel-Holundergelee: Ungeschälte Äpfel zerkleinern und mit der gleichen Menge (Raumteile) Holunderbeeren mischen. Mit wenig Wasser weich kochen, mit einem Stampfer zermusen. Langsam, über Nacht, durch ein Tuch ablaufen

lassen. Ausdrücken erhöht die Saftmenge, das Gelee wird aber etwas trübe. Auf 1 l Saft 1 kg Zucker und den Saft von 1-2 Zitronen zugeben (oder 5-10 g Zitronensäure), 5-10 Minuten offen kochen lassen, bis die entnommene Probe auf einem kalten Teller schnell erstarrt. Heiß in Gläser füllen.

- Milchshake: 2 Schnapsgläser Saft auf ½ l Milch gut durchschütteln.
- Glühwein: Aus Holunderwein oder einer Mischung von Rotwein und Holundersaft zu gleichen Teilen, mit etwas Zimt, 1-2 Nelken, Zitronenschale gewürzt, erhitzen.

Sonstiges: Blüten in der Apotheke als *Flores Sambuci.*

Kommission E: Als Anwendungsgebiet nennt die 1986 erstellte Monographie Erkältungskrankheiten, und eine schweißtreibende Wirkung wird bestätigt.

ATTICH

Sambucus ebulus **- Eppich, Zwergholunder**

Familie: Geißblattgewächse - *Caprifoliaceae*

Beschreibung: ½-2 m hohe krautige, nicht verholzte Pflanze. Blätter unpaarig gefiedert, Fieder gesägt, etwas schmaler als beim schwarzen Holunder. Schmale, gesägte Nebenblätter am Grund der Blattstiele. Weiße bis rötliche Blüten in schirmartigen Doldenrispen. Früchte kleine schwarze Beeren.

Blütezeit: Juli bis August, nach dem schwarzen Holunder

Geruch & Geschmack: unangenehm

Standort: Feuchte Wälder und Gebüsche. In Süddeutschland zerstreut, stellenweise häufig, sonst selten.

Sammelgut & -zeit: Wurzel März bis Mai, September bis Oktober

Inhaltsstoffe: Glykoside (Sambunigrin u.a., spalten etwas Blausäure ab), Bitter- und Gerbstoffe.

Wirkung: wie Blätter und Rinde des schwarzen Holunders

Heilanwendung: wie Blätter und Rinde des schwarzen Holunders

Die Beeren wurden früher als volkstümliches Abführmittel (Mus: Attich-Latwerge) verwendet. Da sie jedoch leicht giftig sind, sollte man von ihrer Anwendung absehen.

Sonstiges: Wurzel in der Apotheke als *Radix Ebuli*

Verwechslungsgefahr: Mit dem Traubenholunder - *Sambucus racemosa* (roter Holunder, Hirschholler)

Dessen Blüten und Früchte erscheinen zeitlich vor denen des Schwarzen Holunders und des Attichs. Seine Blüten sind grünlichgelb und stehen in eiförmigen oder kegeligen (nie schirmförmigen) Rispen.

Die Beeren werden scharlachrot, das Mark der Zweige ist gelblich bis hellbraun (nie weiß).

Die roten Beeren enthalten in ihren Kernen einen recht starken Giftstoff, der bei Verwechslungen besonders Kindern gefährlich werden kann!

HOPFEN

Humulus lupulus

Familie: Hanfgewächse - *Cannabaceae*

Beschreibung: Rechtswindende Schlingpflanze, die bis zu 5 m Höhe an Bäumen und Gebüschen hochklettert. Blätter handförmig geteilt, 3-5-lappig, mit gesägtem Rand, wie der Stengel borstig rauh behaart. Männliche und weibliche Blüten auf getrennten Pflanzen in hängenden Rispen. Männliche Blüten klein, grünlich, weibliche größer, zapfenähnlich, ca. 1,5-2,5 cm lang.

Blütezeit: Juli bis August

Geruch & Geschmack: Geruch betäubend aromatisch (nicht unähnlich dem Baldrian), Geschmack würzig und anhaltend bitter. Die jungen Schößlinge sind saftig-knackig, aromatisch, haben längst nicht die Bitterkeit ausgewachsener Blätter.

Standort: Auwälder, Erlenbrüche und andere feuchte Gebüsche und Wälder, oft an Flußufern. Verbreitet, aber nicht sehr häufig, von der Ebene bis in die Alpentäler.

Sammelgut & -zeit: *Hopfensprossen* (junge Triebe, dicht über dem Boden abgeschnitten) März bis April. Weibliche *Blüten* (Zapfen) September. *Hopfenmehl* (aus den weiblichen Blüten zur Samenreife ausgeschüttelte, orangegelbe Drüsenhaare) September

Inhaltsstoffe: *Hopfentriebe*: Nicht beschrieben. - Weibliche *Blüten*: Harzartige Bitterstoffe (Humulon, Lupulon), ätherische Öle, Flavone. *Hopfenmehl*: Wie bei den weiblichen Blüten, mit einem höheren Gehalt an ätherischen Ölen.

Wirkung: Beruhigend, gegen nervöse Herzstörungen. Gegen zu starke sexuelle Erregbarkeit. Appetitanregend, harntreibend, desinfizierend.

Heilanwendung:

➢ Teeaufguß aus den *Blüten:* 1-2 Tl/Tasse. Bei Einschlafstörungen abends 1 Tasse, evtl. gemischt mit Baldrian, Johanniskraut. Bei Nervosität und nervösen

Herzstörungen 1-2 Tassen über den Tag verteilt. Bei Blasenentzündung und Harnwegsinfektion, Brennen beim Wasserlassen 2-3 Tassen am Tag. Zur Appetitanregung ½-1 Tasse vor den Mahlzeiten.

- Äußerlich verwendet man den Teeaufguß zu Umschlägen bei Ekzemen und schlecht heilenden Wunden und Geschwüren. Die Wirkung soll hier Sulfonamiden gleichkommen!
- *Hopfenmehl* wird ähnlich verwendet: Teeaufguß aus ½-1 Tl/Tasse. Hierbei ist die beruhigende Wirkung schwächer, die desinfizierende bei Infekten und Hauterkrankungen wesentlich stärker ausgeprägt.

Verwendung in der Küche:

***Hopfensprossen*:**

- Hopfenspargel: Die etwa handspannenlangen, jungen Triebe werden gebündelt, in wenig Salzwasser wie Spargel gekocht und mit gekochtem Schinken, Rührei und Kartoffeln serviert. Man kann sie mit Butter, Kräuterbutter, brauner Butter, holländischer oder Bechamelsauce übergießen.
- Sehr gut auch kalt als Salat. Dafür die Sprossen nur kurz kochen, erkalten lassen und mit einer selbstangerührten Mayonnaise (1 Eigelb, Saft von ½ Zitrone, 1 Tl Senf, Salz, ¼ l gutes Speiseöl) oder einer Vinaigrette (2 El Weinessig, 4 El Öl, wenig Pfeffer und Salz evtl. feingehackte Kräuter, alles gut schlagen) auftischen.

***Hopfenzapfen* :**

- Met: 2,5 kg Honig werden in etwa 6 l heißem Wasser aufgelöst und in einen Gärballon gegeben. 15-20 g Hopfen, 1 ungespritzte Zitrone mit Schale in dünne Scheiben geschnitten und evtl. ein kleines Stückchen frischer oder ½ Tl gemahlener Ingwer werden zusammen in 3 l Wasser etwa ½ Std. ausgekocht, dann abgeseiht. Nach dem Abkühlen fügt man ½ Päckchen Bäckerhefe, besser 1 Fläschchen Weinhefe aus der Drogerie zu, mischt beide Mengen im Gärballon, verschließt mit einem Glasröhrchen (vgl. Holunderwein) und überläßt den Ansatz bei Raumtemperatur der Gärung, die mindestens 3 Wochen dauert und auf keinen Fall durch höhere Temperatur beschleunigt werden soll. Zur Verbesserung der Gärung kann man Hefe-Nährsalztabletten zugeben, die man mit der Weinhefe kaufen kann. Nach frühestens 4 Wochen abziehen und in saubere Flaschen abfüllen.
- Bier: 2 kg Malzextrakt werden in 3 l heißem Wasser aufgelöst. In weiteren 3 l Wasser kocht man 15-20 g Hopfen ½ Std. lang gut aus, seiht ab und gibt den Absud zum aufgelösten Malzextrakt. Man füllt alles in einen genügend großen Gärballon, gibt noch weitere 4 l kaltes Wasser zu. Dann löst man ½ Päckchen Backhefe in lauwarmem Wasser auf und gibt sie zu dem Ansatz. Dieser wird nun mit einem Gärröhrchen wie oben verschlossen. Man läßt den Ansatz 3-4 Tage an einem warmen Platz (ca. 20-24 Grad) gären. Wenn die stürmische

Gärung vorüber ist, kann man das Bier von der abgesetzten Hefe abziehen und entweder gut gekühlt sofort trinken oder für kurze Zeit in gut verschließbaren Flaschen (z.B. Sprudelwasserflaschen) aufheben.

Sonstiges: Blüten(Zapfen) in der Apotheke als *Strobuli Lupuli*, Hopfenmehl als *Glandulae Lupuli.*

Im großflächigen Hopfenanbau (v.a. in Bayern und Württemberg) werden ausschließlich weibliche Pflanzen kultiviert. In diesen Gebieten sind die Hopfensprossen auch auf den Märkten zu kaufen.

Kommission E: In der Monographie von 1984 bzw. 1990 werden die Wirkungen als beruhigend und schlafférdernd beschrieben und als Anwendungsgebiete Befindungsstörungen wie Unruhe, Angstzustände und Schlafstörungen genannt. Gegenanzeigen, Neben- und Wechselwirkungen sind nicht bekannt.

HUFLATTICH

***Tussilago farfara* - Brustlattich**

Familie: Korbblütler - *Asteraceae (Compositae)*

Beschreibung: Bei dieser Pflanze erscheinen im Frühjahr zuerst die 15-30 cm hohen, bräunlichen, blattschuppigen Bütenschäfte mit je 1 endständigem gelbem Blütenkörbchen, das kleiner ist als das des Löwenzahns. Blütenstengel weiß-filzig behaart, verblühte Stengel nicken. Blätter erscheinen gegen Ende der Blütezeit, sie sind grundständig, lang gestielt, etwa handgroß, eckig herzförmig, mit grob ausgebuchtetem, fein gesägtem Rand, an der Unterseite weiß filzig behaart.

Blütezeit: März bis April

Geruch & Geschmack: schwach würzig, salzig, zusammenziehend

Standort: Wegränder, Schuttplätze, Dämme, Eisenbahn- und Uferböschungen, sehr häufig und verbreitet

Sammelgut & -zeit: *Blüten* März bis April; *Blätter* April bis Juni

Inhaltsstoffe: Schleim, ätherisches Öl, geringe Mengen Bitter- und Gerbstoffe, sowie reichlich Salpetersalze (Kaliumnitrat).

Wirkung: reiz- und entzündungshemmend, bronchienerweiternd

Heilanwendung:

- Teeaufguß aus getrockneten Blättern oder Blüten 1 El/Tasse, 2 Tassen/Tag lauwarm trinken bei Heiserkeit, Bronchitis, Husten und anderen Entzündungen der oberen Atemwege, Blätter auch bei Durchfall.
- Frische Blätter mit der Unterseite auf eiternde Wunden und Geschwüre auflegen (Volksheilmittel).

- Inhalation der Dämpfe aus dem Teeaufguß der Blätter wirkt durch den Gehalt an Salpetersalzen, die über die Mundschleimhäute und Atemwege aufgenommen werden, bronchienerweiternd, wirkt bei chronischer Bronchitis und asthmatischen Atemnotanfällen erleichternd.

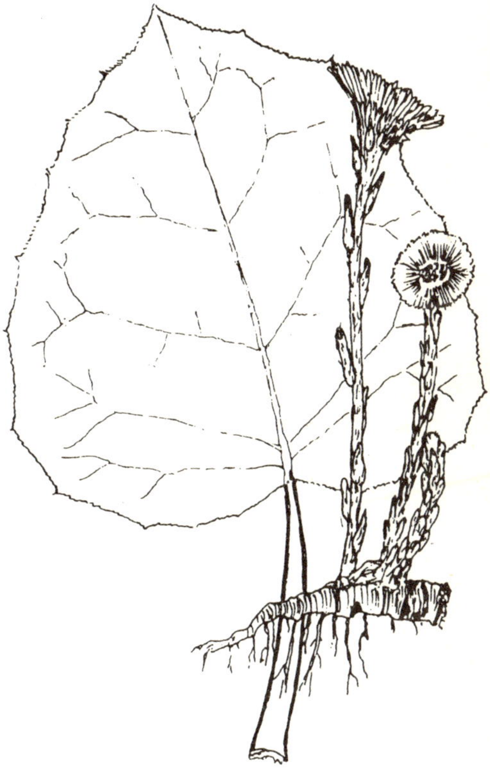

Verwendung in der Küche:

Es gibt eine ganze Menge an schönen Rezepten, von denen wir einige in den früheren Auflagen angegeben haben. Wegen der möglichen Belastung durch Pyrrolizidin-Alkaloide raten wir aber von der Verwendung in der Küche ab!

Sonstiges: Blätter in der Apotheke als *Folia Farfarae,* im DAB 1996 noch aufgeführt, 1997 nicht mehr, da sie wegen der Pyrrolizidinalkaloid-Problematik fast nicht mehr verwendet werden.

Kommission E: In der 1990 erstellten Monographie werden als Anwendungsgebiete akute Katarrhe der Luftwege mit Husten und Heiserkeit, akute, leichte Entzündungen der Mund- und Rachenschleimhaut genannt. Die Tagesdosis von Huflattichtee (Droge) und von Teemischungen darf nicht mehr als 10 mg, die Tagesdosis von Extrakten und Frischpflanzenpreßsaft nicht mehr als 1 mg Pyrrolizidinalkaloide mit 1,2 ungesättigtem Necingerüst einschließlich ihrer N-Oxide enthalten. Die Anwendung sollte nicht länger als 4-6 Wochen pro Jahr erfolgen. Den Huflattichblüten wird jegliche Wirksamkeit abgesprochen.

JOHANNISKRAUT

Hypericum perforatum **- Hartheu, Sonnenwendkraut, Tüpfelhartheu, Blutkraut, Tüpfel-Johanniskraut**

Familie: Johanniskrautgewächse - *Hypericaceae*

Beschreibung: 30-80 cm hohe Pflanze mit harten, runden, zweikantigen bzw. zweiflügeligen Stengeln, die sich oben verzweigen. Die fast glattrandigen, länglich-eiförmigen oder ovalen Blätter sitzen gegenständig am Stengel und wirken durch zahlreiche Öldrüsen auffallend gepünktelt. Die gelben Blüten sind 5-zählig, mit zahlreichen, gebüschelten Staubblättern, stehen in trugdoldigen Rispen. Beim Zerreiben der Blütenblätter tritt ein dunkler, blutroter Saft aus, der durch harzartige Hypericine gefärbt ist.

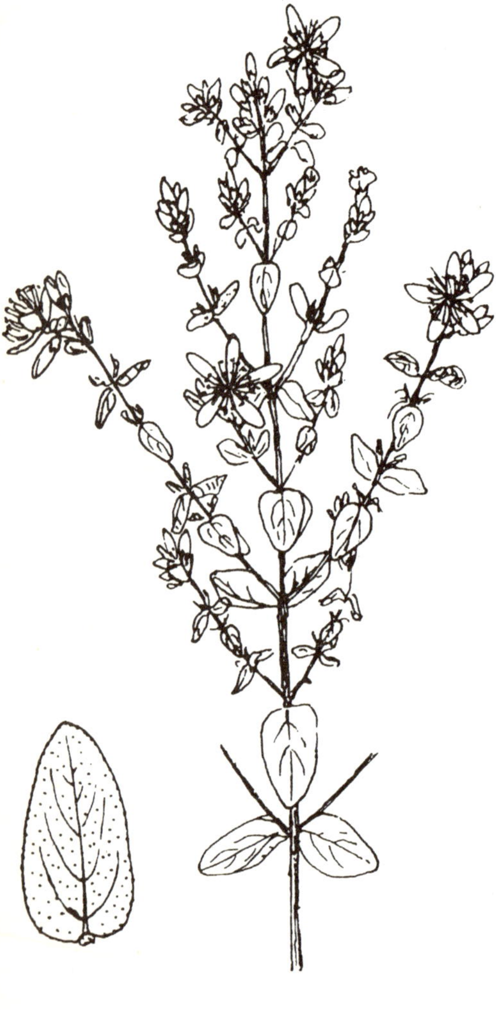

Blütezeit: Juni bis August

Geruch & Geschmack: Blüten und Blätter schmekken herb - bitter und harzig, kein ausgeprägter Eigengeruch.

Standort: Wiesen und Wegränder, Heiden, Waldlichtungen, Kahlschläge. Verbreitet und häufig.

Sammelgut & -zeit: *Blüten* im Juni bis Juli, blühendes *Kraut* im Juni bis August

Inhaltsstoffe: *Blüten*: Hypericin und Gerbstoffe, ätherisches. Öl. *Blätter:* Ätherisches Öl, Bitterstoffe, Gerbstoffe, Flavone (Hyperosid, Quercetin).

Wirkung: Als Wund- und Nervenmittel. Johanniskraut 'bringt Licht und Sonne ins Herz', es wirkt enspannend, ohne müde zu machen, stimmungsaufhellend und leicht antidepressiv.

Vorsicht: In sehr großen Mengen kann das Hypericin bei empfindlichen Menschen und Tieren eine „Lichtkrankheit" auslösen. Nach der Einnahme steigert sich dann die Empfindlichkeit für Licht bis zur völligen Unverträglichkeit. Dies wurde v.a. bei Kühen beobachtet, die zuviel davon abgeweidet haben. Neuere Untersuchungen und der sehr umfangreiche Einsatz von Johanniskraut in den letzten Jahren haben aber gezeigt, daß die früher formulierten Warnungen nicht notwendig sind.

Heilanwendung:

- Als Tee: 2 Tl/Tasse *Kraut* kalt ansetzen, langsam zum Kochen bringen, sofort abseihen. Täglich bis zu 3 Tassen bei nervösen Störungen, Depressionen. Äußerlich zu Umschlägen bei Verbrennungen und kleinen Verletzungen.
- Johanniskraut-Öl: Eine weithalsige Flasche wird mit sorgfältig gesammelten *Blüten* und jungen *Blättern* (etwa 1/4 Blätter, 3/4 Blüten) gefüllt. Darüber gießt man gutes Pflanzenöl bis zum Flaschenhals (Oliven- oder Sonnenblumenöl) und läßt das Ganze 4-6 Wochen an der Sonne stehen. In dieser Zeit des öfteren umschütteln, danach das jetzt rubinrote Öl abseihen. Wenn sich nach einiger Zeit ein trüber, wässriger Bodensatz bildet, muß das Öl vorsichtig abgegossen (dekantiert) werden. Durch diese Zubereitungsweise wird das Hypericin besonders gut aufgeschlossen. Zum *Einreiben* bei Nervenschmerzen (Ischias, Trigeminus), rheumatischen und anderen Rückenschmerzen, bei leichteren Verbrennungen, bei Verstauchungen, Blutergüssen, Quetschungen, Krampfadern. Gutes Hautpflegemittel. Zum *Einnehmen* bei Störungen des nervlichen Gleichgewichts, Depressionen 2-3 mal täglich 10-15 Tropfen.

Sonstiges: Kraut in der Apotheke als *Herba Hyperici*, Öl als *Oleum Hyperici* sowie zahlreiche Fertigpräparate.

Kommission E: In der 1984 und 1989 erstellte Monographie werden folgende Anwendungsgebiete beschrieben: Innerlich: *Psychovegetative Störungen, depressive Verstimmungszustände, Angst und/oder nervöse Unruhe.* Äußerlich: *Ölige Hypericum-Zubereitungen zur Behandlung und Nachbehandlung von scharfen und stumpfen Verletzungen, Myalgien und Verbrennungen ersten Grades. Eine milde, antidepessive Wirkung wird bestätigt. Nach experimentellen Befunden ist Hypericin den Monoaminooxydasehbhemmern zuzurechnen. Ölige Hypericum-Zubereitungen wirken antiphlogistisch. Eine Photosenssibilisierung ist möglich, insbesondere bei hellhäutigen Menschen. Weitere Neben- und Wechselwirkungen oder Gegenanzeigen sind nicht bekannt.*

KALMUS

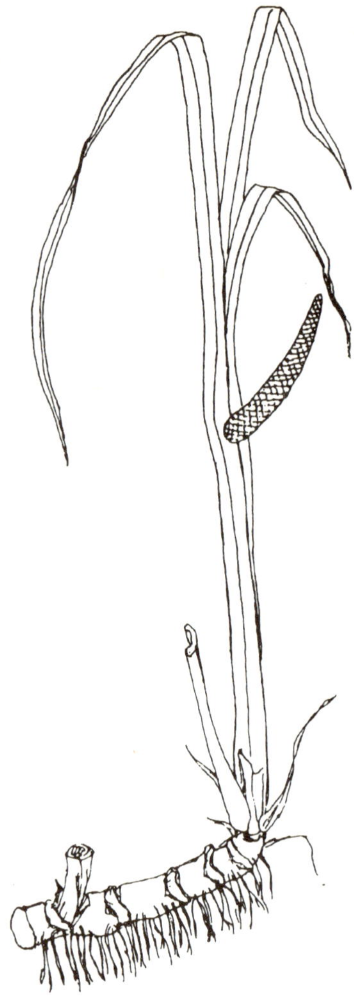

***Acorus calamus* - Deutscher Ingwer, Magenwurz**

Familie: Aronstabgewächse - *Araceae* (wird neuerdings in Frage gestellt)

Beschreibung: Schilfartige, 80-150 cm hohe Pflanze mit schwertförmigen, parallelnervigen Blättern (wie Schwertlilie). Unscheinbare, gelblich-grüne Blüten in einem seitenständigen Kolben, der etwa in halber Höhe des Stengels abzweigt. Die Vermehrung erfolgt hier in Deutschland ausschließlich durch den Wurzelstock, da die Pflanze steril ist und keine Samen ausbilden kann.

Blütezeit: Juni bis Juli

Geruch & Geschmack: Geruch gewürzhaft, ingwerähnlich, Geschmack aromatisch, aber nachhaltig scharf und bitter.

Standort: Gräben, Teiche, Ufer, auch in fließenden Gewässern, verbreitet, aber nicht häufig. Im 16. Jahrhundert aus Ostasien als Kulturpflanze eingeführt, dann verwildert.

Sammelgut & -zeit: Wurzelstock im März bis April oder September bis Oktober

Inhaltsstoffe: ätherisches Öl mit Asaron (mindestens 2,5%) und Bitterstoffe (Acorin und Acoretin)

Wirkung: Als aromatisches Bittermittel appetit- und verdauungsanregend, blähungstreibend. Tinktur zur Festigung des Zahnfleisches (Paradontose).

Heilanwendung:

- Tee: 1 Tl der feingeschnittenen Wurzel auf 1 Tasse Wasser, abkochen und 5 Minuten ziehen lassen, 1 Tasse täglich zur Verdauungsförderung und zur allgemeinen Kräftigung.
- Tinktur: 20 g in 100 g 70%igem Alkohol 2 Wochen ziehen lassen, täglich 15 bis 20 Tropfen einnehmen oder zum Gurgeln und Mundspülen in warmem Wasser auflösen.
- Wurzeln roh zum Kauen (wurde früher wie Ingwer kandiert).

- Pulver: (getrocknete Wurzel zerstoßen) 1-2 mal täglich 1 Messerspitze voll.

Verwendung in der Küche:

- Als Gewürz in der Indischen Küche, als Ingwerersatz in pikanten Süßspeisen und zu süß-sauer Eingelegtem.
- Als Likörzusatz.

Sonstiges: In der Apotheke als *Rhizoma Calami.*

KAMILLE, echte

Matricaria chamomilla (Chamomilla recutita)

Familie: Korbblütler - *Asteraceae (Compositae)*

Beschreibung: 10-60 cm hohe Pflanze mit rundem, aufrechtem, verzweigtem Stengel. Blätter 2-3-fach gefiedert mit sehr schmal-linealen, zugespitzten Fiederchen. Zahlreiche endständige, oft fast trugdoldig stehende Blütenköpfchen mit goldgelben Röhrenblüten und einem Kranz von weißen Zungenblüten (Strahlen). Der Blütenboden (Köpfchen durchschneiden) ist stark nach oben gewölbt und hohl. Dies unterscheidet sie von der falschen, der Hundskamille, die außerdem auch nicht duftet.

Blütezeit: Mai bis August

Geruch & Geschmack: Geruch stark aromatisch, charakteristisch. Geschmack würzig, ziemlich bitter.

Standort: Äcker, Wiesen, Wegränder, Ödland. Verbreitet, stellenweise massenhaft.

Sammelgut & -zeit: Blütenkörbchen Mai bis Juli (August)

Inhaltsstoffe: ätherisches Öl mit Azulen, Bisabolol u.a., Flavone, Cumarin, Bitterstoffe

Wirkung: krampflösend, blähungstreibend, schmerzstillend; entzündungswidrig, wundheilend

Heilanwendung:

- Als Teeaufguß: 1-2 Tl/Tasse, 2-3 Tassen am Tag schluckweise bei akuten und chronischen Magen- und Darmstörungen (Magenkrämpfe, -schleimhautentzündung, Magen- und Zwölffingerdarmgeschwüre, Blähungen, Durchfälle, leichte Krämpfe und Koliken) von unbekannter Ursache.
- Zum Gurgeln bei Halsschmerzen, Heiserkeit, Angina, Diphtherie und anderen Halsentzündungen (auch in Mischung mit Salbei). Zu Mundspülungen bei Zahnfleischbluten und Mundfäule (Aphten).
- Als Inhalation 1 Handvoll Kamillenblüten (aus der Apotheke auch die gleich wirksame, aber billigere Badekamille) auf eine kleine Schüssel mit siedend heißem Wasser geben, den Kopf darüber halten, mit Handtuch oder Decke gut abdecken und lange und tief einatmen, mindestens 5-10 Minuten. Bei Nasen-

und Rachenkatarrh, trockenen Schleimhautentzündungen, Stirn- und Nebenhöhlenvereiterungen.

- Äußerlich zu Umschlägen und Kompressen (Teeaufguß), bei Ekzemen, Hautflechten, Verletzungen, Bindehaut- und Augenlidentzündungen (wie bei allen Augenkompressen muß der Tee durch ein sauberes Tuch filtriert werden).
- Zur Haarwäsche bzw. zu Kurpackungen bei sprödem, empfindlichem oder durch Dauerwelle bzw. Färben geschädigtem Haar, Haarausfall, Schuppen, wirkt außerdem leicht bleichend.
- Kräuterkissen: Ein Leinensäckchen 15 x 15 cm mit Kamille allein oder in Mischung mit Heublumen, Quendel u.a. füllen und zunähen. Man legt es trocken oder feucht erhitzt auf (anfeuchten und auf den Ofen, Wasserkessel o.ä. legen) bei Zahn-, Ohren- und Kopfschmerzen, Leibkrämpfen, Nierenkoliken usw.
- Als Badezusatz kocht man 1-2 Händevoll in 2 l Wasser gut auf, läßt sie noch etwa 5 Minuten ziehen und gibt den Absud dann ans fertige Badewasser. Für Voll- und Sitzbäder bei Hautkrankheiten und entzündlichen Unterleibserkrankungen (Hämorrhoiden, Geschlechtorgane).

Sonstiges: In der Apotheke als *Flores Chamomillae*, Badekamille als *Flores Chamomillae pro balneo.*

Kamille ist die in Deutschland und den meisten europäischen Ländern am häufigsten verwendete Heilpflanze.

Ihre entzündungswidrige Kraft ist so groß, daß sie den Kortisonen (einer Art von Hormonen, in sehr vielen, rezeptpflichtigen Hautsalben enthalten) nahe kommt. Durch die geringere Konzentration ist eine langzeitige Anwendung erforderlich, die dann aber meist zu einer Heilung ohne Rückfälle führt. Die Hauptwirkstoffe, die Azulenverbindungen, sind in den Blüten in einer Vorform, den Proazulenen, enthalten. Die wirksamen Azulene entstehen daraus erst beim Erhitzen. Daher immer mit heißem Wasser aufgießen, aber höchstens kurz und gut zugedeckt aufkochen.

Kommission E: Der Kamille werden in der 1984/1990 erstellten bzw. ergänzten Monographie folgende Anwendungsgebiete zugeordnet: Äußerlich: *Haut- und Schleimhautentzündungen sowie bakterielle Hauterkrankungen einschließlich der Mundhöhle und des Zahnfleisches, entzündliche Erkrankungen und Reizzustände der Luftwege und Erkrankungen im Anal- und Genitialbereich.* Innerlich: *Gastrointestinale Spasmen und entzündliche Erkrankungen des Gastro-Intestinal-Traktes.*

KAMILLE, strahlenlose

Matricaria matricarioides

Familie: Korbblütler - *Asteraceae (Compositae)*

Beschreibung: 5-40 cm hohe Pflanze mit 2-3-fach fiederschnittigen Blättern, Fiederchen linealisch, Stengel kräftig, verzweigt. Zahlreiche endständige, grünlichgelbe, stark nach oben gewölbte Blütenköpfchen ohne Strahlenblüten. Der Blütenboden ist hohl wie bei der echten Kamille. Insgesamt gedrungener als diese, aber abgesehen von den strahlenlosen Blüten dieser sehr ähnlich.

Blütezeit: Mai bis September

Geruch & Geschmack: Geruch sehr aromatisch, ähnlich der echten Kamille, Geschmack würzig und bitter.

Standort: Ödland, Wegränder, Schuttplätze, Feldraine. Verbreitet und sehr häufig (aus Nordost-Asien eingeschleppt).

Sammelgut & -zeit: ganzes, blühendes Kraut oder nur die Blütenköpfchen Mai bis August

Inhaltsstoffe: ätherisches Öl ohne Azulene, Flavone, Cumarin

Wirkung: krampflösend, wurmtreibend, aber nicht entzündunsgwidrig

Heilanwendung:

- Als Teeaufguß: 1-2 Tl/Tasse, 1-2 Tassen am Tag bei Leibkrämpfen.
- Als stärkerer Aufguß mit 2-3 Tl/Tasse (Kinder 1-2 Tl/Tasse) 4-5 Tassen am Tag als Wurmmittel bei Spul- und Madenwürmern.

KIEFER

***Pinus sylvestris* - Föhre, Forche, Kienbaum, Waldkiefer**

Familie: Kieferngewächse - *Pinaceae*

Beschreibung: Bis 40 m hoher, immergrüner Waldbaum mit schlangenartig gekrümmten Stämmen und Ästen. Lange, schmale Nadeln (meist 5-7 cm, zuweilen bis 10 cm lang) stehen paarweise in bräunlichen, häutigen Scheiden, buschig vor allem an den Zweigenden. Die Rinde ist rötlich, später graubraun und löst sich in großen Schuppen ab. Krone schildförmig. Männliche Blütenkätzchen in Büscheln am Ansatz der neuen Triebe, gelb und stark stäubend. Kurze, kegelige Zapfen, die bei der Reife weit auseinanderspreizen. Bildet meist lockere, am Boden lichte Waldschläge.

Blütezeit: Mai bis Juni

Geruch & Geschmack: sehr stark harzig, nach Wald duftend

Standort: Auf sandigen Böden bis in die mittlere Alpenregion, in der Ebene bis an die Sanddünen der Meeresküsten, verbreitet und häufig.

Sammelgut & -zeit: Junge *Triebe* und *Sprossen* April bis Mai, ganze begrünte *Äste* und *Zweige* zur gewerblichen Gewinnung des ätherischen Öls (Oleum Pini silvestris), v.a. April bis Juni, *Nadeln* ganzjährig, *Harz* im Frühjahr durch Anzapfen der Stämme (nur mit Genehmigung des Besitzers, d.h. Forstverwaltung, Bauer, Gemeinde). Dazu wird die Rinde V-förmig eingekerbt und an der Spitze eine Ablaufrinne mit einem Auffanggefäß in den Stamm getrieben.

Inhaltsstoffe: *Triebe*, *Nadeln*, *Äste* und *Zweige*: Saure Harze, ätherisches Öl mit Terpenen (Pinen, Bornylacetat, Terpinol), Bitterstoffe. In jungen *Trieben* viel Vitamin C. Das *Harz* besteht aus einem nicht flüchtigen Anteil, dem eigentlichen Harz ('Kolophonium' = neutrale Harze und Harzsäuren. Es dient als Grundlage zur Herstellung von Ölfarben, Lacken, zum Bestreichen von Geigenbögen u.a.) und flüchtigen ätherischem Öl (Zusammensetzung s.o.).

Wirkung: haut- und schleimhautreizend, durchblutungsfördernd, desinfizierend, krampflösend, harntreibend, hustenlösend und reizstillend

Heilanwendung:

- Teeaufguß aus frischen *Nadeln* und jungen *Trieben*: 2 Tl/Tasse Wasser (zuvor zerkleinern, 10 Minuten ziehen lassen), mit Bienenhonig gesüßt gegen Heiserkeit und Bronchitis, als schwach harntreibendes Mittel, aber nicht bei Entzündungen der Harnwege!
- Tee-Extrakt für Bäder: 500-1000 g (= 1 Kessel voll) der frischen *Nadeln*, jungen *Triebe* und *Zweigspitzen* werden mit ca. 5 l Wasser angesetzt, nach einer Stunde zugedeckt sehr langsam zum Kochen gebracht und nach einminütigem Kochen noch 5 Minuten zum Ziehen stehen gelassen. Danach abseihen und zum Voll- oder Teilbad geben. Zur Durchblutungsförderung und Schmerzlinderung bei Rheuma und ähnlichen Erkrankungen, Muskelkater, körperlicher Überanstrengung, Rekonvaleszenz nach Krankheiten und zur Förderung der Schlafbereitschaft.

Die eventuell auftretenden harzigen Rückstände im Kessel können mit Benzin und/oder Brennspiritus entfernt werden.

- Kiefernsirup: 1 knapper l junge, frische Triebe wird mit 1 l Wasser langsam zum Kochen gebracht und zugedeckt zwei Tage nicht zu warm stehen gelassen, danach abgeseiht. Man fügt nun etwa 500 g Honig (am besten Waldhonig), notfalls auch Zucker zu sowie 1-2 Tl Zitronensaft, kocht noch einmal kurz auf und füllt heiß in kleine Flaschen. Als reizmilderndes Mittel bei Husten und Bronchitis.
- Kieferngeist: 200 g der *Nadeln* oder *Zweigspitzen* werden mit 1 l 70 %igem Alkohol (kann durch den billigeren Isopropylalkohol ersetzt werden) angesetzt und nach 2-wöchigem Stehen filtriert. Zum Einreiben wie Franzbranntwein, bei Muskelkater, Rheuma, müden, brennenden Füßen, Bettlägerigkeit.
- Das *Harz* kann wegen seiner Klebrigkeit kaum direkt verwendet werden. Früher wurden damit hautreizende Pflaster hergestellt, heute dient es (neben technischen Zwecken) in erster Linie zur Gewinnung des *ätherischen Öls*. Dieses findet vielseitige Verwendung bei allen Erkrankungen der Atemwege:
- Als Inhalationsmittel: 5-10 Tropfen Öl auf heißes Wasser geben, den Kopf darüber halten, mit Handtuch oder Decke gut zudecken und möglichst tief

und lange einatmen oder ein spezielles Inhalationsgerät verwenden. Bei Asthma, Nasen- und Rachenkatarrh, Schnupfen, Bronchitis.

- Als Vollbad: etwa 1 Tl Öl in das fertige Bad geben und gut vermischen.
- In der Sauna wiederholt einige Tropfen Öl auf die heißen Steine geben.
- Als Kieferngeist: 1 Tl Öl oder mehr auf 100 ml 70%igem Alkohol, Anwendung s.o.

Sonstiges: Ätherisches Öl aus Nadeln, Trieben und Zweigen in der Apotheke als *Oleum Pini silvestris.* Beim Terpentinöl, *Oleum Terebinthinae,* handelt es sich um das Öl, das durch Anzapfen der Stämme gewonnen wird, vor allem an der französischen Atlantikküste und in mediterranen Gebieten, bis vor kurzem aber auch in Mecklenburg-Vorpommern.

Die verwandten Kiefernarten, sowie andere Nadelbaumarten wie Fichte, Tanne, Lärche, auch Wacholder, können in völlig gleicher Weise verwendet werden. Die Wirksamkeit nimmt in der Reihenfolge Latsche - Kiefer - Lärche - Tanne - Fichte ab.

SCHWARZKIEFER

Pinus nigra (= Pinus austriaca)

Familie: Kieferngewächse - *Pinaceae*

Beschreibung: Bis 20 m hoher, immergrüner Nadelbaum, sehr ähnlich wie die Waldkiefer, der Stamm ist meist grauschwarz oder schwarzbraun und rissig.

Standort: Auf lockeren Böden nur im südlichen Raum verbreitet (Alpen und Österreich), sonst nur selten angepflanzt.

Alle weiteren Angaben wie oben.

LATSCHENKIEFER

Pinus mugo ssp. pumilio

Familie: Kieferngewächse - *Pinaceae*

Beschreibung: Strauchartiger, niederliegender Baum, oft nur 30-40 cm hoch. Sonst wie bei der Waldkiefer beschrieben.

Standort: Hochgebirgsregion der Alpen, des Bayerischen Waldes, des Riesengebirges, auch oberhalb der Baumgrenze. Dort häufig. In der Ebene oft angepflanzt in Gärten, Vorgärten, Parks.

Sonstiges: Ätherisches Öl aus den Nadeln, Trieben und Zweigen in der Apotheke als *Oleum Pini pumilionis.* Es ist wegen seiner hohen Wirksamkeit und seines feinen Duftes noch beliebter als die übrigen Öle der Kieferngewächse.

Alle weiteren Angaben wie oben.

KLATSCHMOHN

Papaver rhoeas **– Feuermohn, Klatschrose**

Familie: Mohngewächse – *Papaveraceae*

Beschreibung: 25–90 cm hohe Pflanze mit wechselständigen, gelappten und am Rand gezähnten Blättern. Stengel und Blätter sind steif abstehend behaart. Blüte groß, leuchtend rot, mit 4 sehr dünnen Blütenblättern. Knospen und Blüten erst nickend, später aufrecht. Die Frucht ist eine Kapsel, die oben auf dem Deckel die auffallende, sternförmige Narbe trägt. Die ganze Pflanze führt einen weißen, sehr bitteren Milchsaft.

Blütezeit: Mai bis Juli

Geruch & Geschmack: Geruch schwach, Geschmack nachhaltig bitter

Standort: Äcker, Wiesen, Feldraine, Schuttplätze, sehr häufig und verbreitet

Sammelgut & -zeit: Blüten Mai bis Juni

Sehr vorsichtig in dünner Lage im Schatten trocknen, die Blütenblätter werden leicht schwarz!

Inhaltsstoffe: Alkaloide (Rhoeadin und viele andere), Schleim

Wirkung: Entkrampfend und reizlindernd bei hartnäckigem Reiz- und Keuchhusten. Beruhigend (früher gegen Schlafstörungen von Kindern verwendet).

Heilanwendung:

- In schwacher Dosierung als Teeaufguß, 1 Tl/Tasse, 3 Minuten ziehen lassen, oder als Beimischung zu Hustentees. Bei kleinen Kindern (unter 3 Jahren) besser Malve, Taubnessel, Königskerze, Wegerich, Huflattich, Quendel u.a. nehmen! Gegen Reiz- und Keuchhusten, vor allem abends.

Sonstiges: In der Apotheke als *Flores Rhoeados*. Die Blüten werden teilweise als farbgebende 'Schönungsdroge' verwendet.

Vorsicht: Nicht zu viel oder zu lange verwenden. Die Pflanze enthält, wie alle Mohngewächse, Alkaloide. Zwar nicht so stark wirksame und hochkonzentrierte wie im Schlafmohn, aber auch hier sollte man sich vor der Verwendung von grünen Pflanzenteilen hüten!

Kommission E: Da die Wirksamkeit von Klatschmohnblüten bei den beanspruchten Anwendungsgebieten nicht belegt ist, kann eine therapeutische Anwendung nicht befürwortet werden. Gegen die Verwendung als Hilfsstoff in Teemischungen bestehen keine Einwände.

KLETTE

***Arctium lappa* - große Klette**

***Arctium minus* - kleine Klette**

Familie: Korbblütler - *Asteraceae* (*Compositae*)

Beschreibung: 30-120 cm (kleine) bzw. 50-150 cm hohe Pflanze mit kräftigem, furchigem, verzweigtem, markigem Stengel. Sehr große, derbe, langstielige, herzförmige oder rundliche Blätter, die glattrandig oder schwach grob gezähnt sind. Zahlreiche Blütenkörbchen in lockerer Doldentraube, rosaviolett mit hakigen Hüllblättern (Kletten). Durchmesser der Blütenkörbchen bei der kleinen Klette 1-2, bei der großen Klette 3-4 cm. Kräftige, fleischige Pfahlwurzel, bis zu 70 cm tief, zwei bis mehrjährig.

Blütezeit: Juli bis September

Geruch & Geschmack: Die Wurzel riecht muffig, penetrant, scharf, in getrocknetem Zustand fast geruchlos, schmeckt bitter-süß und schleimig.

Standort: Wegränder, Ruderalgebiete, verbreitet

Sammelgut & -zeit: *Wurzel* im Herbst des 1. oder Frühjahr des 2. Jahres, *Triebe* April bis Mai (Juni)

Inhaltsstoffe: vor allem Inulin (große Klette bis 45%, kleine Klette bis 27%), ätherisches und fettes Öl, Polyïne (wirken gegen Bakterien und Viren)

Wirkung: harn- und schweißtreibend, stoffwechselanregend (v.a. Leber- und Gallentätigkeit), blutreinigend

Heilanwendung:

- *Wurzel* zum Trocknen kurz mit heißem Wasser überbrühen, in Streifen schneiden und bei erhöhter Temperatur (65-70 Grad) trocknen. 1-2 Tl auf 1 Tasse Wasser, abkochen, 1-2 Tassen täglich v.a. bei Furunkulose, Flechten und Geschwüren, Leber- und Gallenstörungen.
- Der Absud eignet sich auch zur äußeren Anwendung (Umschläge).

Verwendung in der Küche:

- Die *Wurzel* kann wie die Löwenzahnwurzel als Kaffee-Ersatz zubereitet werden.
- Zu gemischten Wurzelgemüsen oder auch einzeln.
- Ganz junge *Triebe* wie Spargel.

Sonstiges: In der Apotheke als *Radix Bardanae* , Klettenwurzel. Klettenwurzelöl ist ein mit Öl hergestellter Extrakt, der bei trockener Kopfhaut, Haarausfall etc. angewandt wird.

Kommission E: Zubereitungen aus Klettenwurzeln werden bei Erkrankungen und Beschwerden im Bereich des Magen-Darm-Traktes, Gicht, Rheuma sowie als schweiß- und harntreibendes Mittel sowie zur „Blutreinigung“, äußerlich bei Ichthyosis, Psoriasis, unreiner Haus und Hauterkrankungen angewendet. Die Wirksamkeit bei den beanspruchten Anwendungsgebieten ist nicht belegt.

KNOBLAUCHSRAUKE

***Alliaria officinalis (=Alliaria petiolata)* - Lauchkraut, Lauchhederich**

Familie: Kreuzblütler - *Cruciferae (Brassicaceae)*

Beschreibung: 30-60 (-100) cm hohe Pflanze mit kantigem Stengel, der unten behaart ist. Die Grundblätter sind langgestielt, groß und nierenförmig, grob gekerbt. Die Stengelblätter sind kurzstieliger, etwas kleiner, dreieckig bis herzförmig, buchtig gekerbt. Weiße Kreuzblüten in einer Traube.

Blütezeit: Mai bis Juni

Geruch & Geschmack: Die Blätter duften stark nach Knoblauch, wenn man sie zerreibt bzw. klein schneidet.

Standort: Laubwälder, Hecken, Zäune, Schuttplätze, auf feuchten Böden, schattenliebend, gemein

Sammelgut & -zeit: Blätter und junge Triebe ab April bis Juni.

Inhaltsstoffe: Knoblauchöl, Senfölglykoside.

Wirkung & Heilanwendung: Wie Bärlauch, aber schwächer.

Verwendung in der Küche:

- Sehr gut als Würze in Füllungen.
- Als Beigabe zu Salaten, Gemüsen und Suppen.
- Sauce (für Lammfleisch): Zucker in einer heißen Pfanne bräunen, darin Weißdornknospen und fein gehackte Blätter der Knoblauchsrauke mit klein geschnittenen Zwiebeln andünsten. Mehl darüber stäuben und mit etwas herbem Wein ablöschen. Mit Salz, frischen Kräutern, Muskat und Beifuß würzen.
- Weitere Verwendung s. Bärlauch.

KÖNIGSKERZE

Verbascum phlomoides **- Windblumen-, Filz-Königskerze**

Verbascum densiflorum (V. thapsiforme) **- großblütige Königskerze**

Verbascum thapsus **- kleinblütige Königskerze**

Familie: Rachenblütler (Braunwurzgewächse) - *Scrophulariaceae*

Beschreibung: Gemeinsame Merkmale:

Zweijährige Pflanze, die erst im zweiten Jahr aus einer Blattrosette mit gestielten, verkehrt-eiförmigen, wollig behaarten Blättern einen 50-200 cm hohen, beblätterten, unverzweigten Blütenstiel hervortreibt. Die sitzenden Stengelblätter sind ebenfalls behaart, breitlanzettlich, mit gekerbtem Blattrand, laufen am Stengel herab. Rein gelbe, fast radiäre, 5-zählige Blüten in einer langen, endständigen Traube, jeweils in den Achseln von kleinen Tragblättern.

Windblumen-Königskerze: Blütendurchmesser bis ca. 3 cm, Pflanze sehr dicht filzig behaart. Fehlt nördlich der Mittelgebirgsregion, sonst zerstreut bis selten.

Großblütige Königskerze: Blütendurchmesser bis 4 cm, die Pflanze wird 1-2 m hoch. Duft der Blüten stärker als bei den übrigen Arten. Verbreitet, aber nicht häufig, im Norden seltener.

Kleinblütige Königskerze: Blütendurchmesser nur 1,5-2 cm, die Pflanze wird 50-150 cm hoch, ist im allgemeinen weniger stark behaart. Im gesamten Gebiet zerstreut.

Blütezeit: Juli bis September

Geruch & Geschmack: Blüten duften meist schwach, angenehm, der Geschmack ist schleimig, etwas kratzend, der der Blüten auch süßlich.

Standort: sonnige, steinige Plätze, Schutt, Bahndämme, Straßen- und Waldränder, Ödplätze, Trockenwiesen

Sammelgut & -zeit: Frisch aufgegangene *Blüten* Juli bis September, nur bei trockenem Wetter bald nach dem völligen Verdunsten des Morgentaus. Da die Blüten sich nicht gleichzeitig öffnen, muß man sie an mehreren, aufeinanderfolgenden Tagen sammeln. *Blätter* während oder kurz nach der Blüte August bis September.

Inhaltsstoffe: Saponine, viel Schleim und Flavone, etwas ätherisches Öl

Wirkung: hustenreizmildernd, auswurffördernd, harn- und schweißtreibend

Heilanwendung:

- Als Teeaufguß von *Blüten:* 2 gehäufte Tl/Tasse mindestens ½ Stunde kalt ansetzen, langsam auf Trinktemperatur erwärmen, abseihen (bei zu hohen Temperaturen werden die Schleimstoffe zerstört). 2-3 Tassen täglich bei Reizhusten, Raucherhusten, Verschleimung. Die Wirkung wird durch eine Schwitzkur noch wesentlich verstärkt (schweißtreibende Wirkung!) Die *Blüten* werden auch häufig in Hustentee-Mischungen verwendet.

➢ *Blätter* als Teeaufguß: 1-2 Tl/Tasse wie der Tee aus den Blüten.

Sonstiges: Blüten der Windblumen- und großblütigen Königskerze in der Apotheke als *Flores Verbasci.* Die kleinblütige Königskerze ist nicht offizinell im Deutschen Arzneibuch beschrieben, ist aber ebenso wirksam.

Trocknen: Da die Blüten sehr leicht schwarz werden und auch anfällig für Schimmelbefall sind, müssen folgende Vorschriften beachtet werden: Blüten sofort nach dem Pflücken vorsichtig aus den Kelchen zupfen, in dünner Lage an einem luftigen, schattigen Platz vortrocknen. Nach etwa einem Tag bei schwacher Ofenhitze sehr gründlich trocknen und sofort in ein dichtes Gefäß (Glas- oder Blechbüchse) füllen oder in Folie einschweißen. Fachmännisch werden sie über gebranntem Kalk oder Trockengel als Trocknungsmittel (Chemikalienhandlung) aufbewahrt.

Kommission E: In der Monographie von 1990 wird eine reizlindernde, expektorierende Wirkung bestätigt und als Anwendungsgebiet „Katarrhe der Luftwege" benannt. Gegenanzeigen, Neben- und Wechselwirkungen sind nicht bekannt.

KOHL - KRATZDISTEL

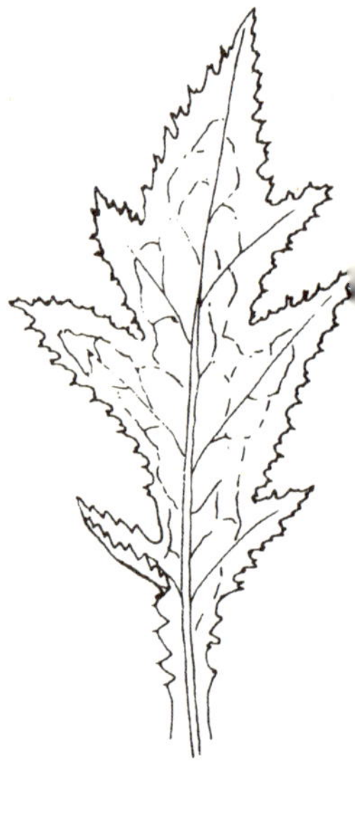

***Cirsium* oleraceum**

Familie: Korbblütler - *Asteraceae (Compositae)*

Beschreibung: 30-140 cm hohe Pflanze mit sehr großen, fiederspaltigen Grundblättern, an deren Spitzen weiche Stacheln sitzen. Obere Stengelblätter ungeteilt, stengelumfassend, weich-stachelig, ein bis mehrere endständige, gelblich-weiße Blütenkörbchen, die von gelbweißen, weichstacheligen Hochblättern umhüllt sind. Keine Verwechslungsmöglichkeit.

Blütezeit: Juni bis September

Geruch & Geschmack: Kohlartig, etwas bitter, erinnert an Artischocken.

Standort: nasse Wiesen, Wassergräben, Bach- und Seeufer, Hoch- und Flachmoore, lichte Auwälder, sehr häufig

Sammelgut & -zeit: Junge *Blätter* vor der Blüte, im März bis Juli, *Blütenkörbchen* Juni bis September

Inhaltsstoffe: Bitterstoffe

Wirkung: verdauungsanregend

Heilanwendung: als Magenbitter (s.u.), schnapsglasweise

Verwendung in der Küche:

- Etwas Speck zusammen mit Zwiebeln, später 2-3 Knoblauchzehen und/oder Bärlauchblättern schmoren, dann 5-6 Hände voll in schmale Streifen geschnittene *Blätter* der Kohl-Kratzdistel hinzufügen. Mit Salz, etwas Muskat und Zitrone würzen, 1-2 Tassen Wasser aufgießen, etwa 20 Minuten schmoren lassen, andicken und saure Sahne und/oder 1 verquirltes Ei unterziehen. Schmeckt ähnlich wie Grünkohl.
- 5-6 Händevoll *Blätter* grob schneiden, mit klein gehackter Zwiebel scharf anbraten, Vollkornmehl darüber stäuben, mit Wasser oder Weißwein ablöschen, 20-30 Minuten dünsten, salzen. Schmeckt herb-würzig und paßt sehr gut zu Braten, Steak, Bratlingen etc.
- Zu Mischgemüsen gut verwendbar, wegen des starken Eigengeschmacks jedoch nicht zuviel davon nehmen.
- Magenbitter: 3 Tassen halbierte *Blütenköpfchen* werden mit ½ l Wasser 5 Minuten lang ausgekocht. Man löst ca. 1 Tasse Zucker darin auf, kocht nochmals gut auf, seiht ab und läßt das Ganze erkalten. Dann gibt man ½ l 90 %igen Alkohol zu, füllt mit Wasser auf 1 l auf. Nach zwei Wochen filtrieren. Schmeckt mildbitter, sehr würzig.

KORNELKIRSCHE

***Cornus mas* - Dürlitze, gelber Hartriegel, Herlitze Welschkirsche**

Familie: Hartriegelgewächse - *Corneceae*

Beschreibung: 2,5-6 m hoher Strauch, bei dem die kleinen gelben Blüten in dichten Dolden vor den Blättern erscheinen. Die Blätter sind gegenständig oder am Ende von Kurztrieben, eiförmig, glattrandig mit bogig verlaufenden Blattnerven. Die Früchte sind leuchtend kirschrot, länglich-oval mit einem kräftigen Kern.

Blütezeit: März bis April (Anfang Mai)

Geruch & Geschmack: *Blüten* schwach duftend, die *Früchte* schmecken sauer-aromatisch, oft etwas zusammenziehend.

Standort: Trockene Laubwälder, felsige Gebiete, zerstreut bis selten, aber in Parks, Hecken und Gärten häufig angepflanzt.

Sammelgut & -zeit: *Früchte* August bis Oktober, manchmal noch im November, in milden Jahren massenhaft reifend

Inhaltsstoffe: Zucker, Fruchtsäuren, Gerbstoffe, Vitamin C u.a.

Verwendung in der Küche:

- Gelee: je 1 l der Früchte wird mit 1/4 l herbem Weißwein und 1/4 l Wasser zum Kochen gebracht und in 5-10 Minuten weich gekocht, danach zerstampft man die Masse und läßt durch ein Tuch den Saft ablaufen. Gut ausdrücken und auf jeweils 1 l Saft 1 kg Zucker und 1 Portion Geliermittel zugeben. Nochmals nach der Anweisung beim Geliermittel kurz aufkochen und heiß in Gläser füllen.
- Wein: Am besten in Verbindung mit Schlehen oder Hagebutte und unter Verwendung eines Sherry-Weinhefe-Zusatzes. Säurehilfsmittel erübrigen sich, wenn man auch unreife Beeren mitsammelt. Zubereitung s. bei Hagebutte oder Holunder.
- Weitere Verwendungsmöglichkeiten: Als Kompott, Likör, Saft usw. Wie bei der Wildkirsche oder Schlehe beschrieben.

KÜMMEL, echter

Carum carvi **- Wiesenkümmel**

Familie: Doldenblütler - *Apiaceae (Umbelliferae)*

Beschreibung: 30-90 cm hohe Pflanze mit rundem, hohlem, rinnigem Stengel. 2-3-fach gefiederte Blätter mit sehr schmalen Einzelfiedern. Blattstiel am Grund (Stengelansatz) blasig aufgetrieben, auf beiden Seiten davon gefiederte Nebenblätter (wichtiges Kennzeichen!). Kleine, weiße, 5-zählige Blüten in zusammengesetzten Dolden mit 8-15 Strahlen. Früchte grünlich, erst beim Trocknen braun werdend, länglich, 5-rippig. Wurzel möhrenartig verdickt, weiß (im Unterschied zu giftigen Doldenblütlern). Die Pflanze ist zweijährig und entwickelt erst im zweiten Jahr Blütenstengel und Früchte.

Blütezeit: Mai bis Juni

Geruch & Geschmack: Ganze Pflanze riecht beim Zerreiben kräftig nach Kümmel, schmeckt ebenso.

Standort: Wiesen, Wegränder, überall verbreitet und häufig. Oft in sehr großen Kulturen angebaut

Sammelgut & -zeit: *Früchte* Mitte Juni bis Ende Juli, *Wurzel* im April bis Mai, vor dem Aufblühen

Inhaltsstoffe: *Früchte* enthalten viel ätherisches Öl mit Carvon, Carveol, Limonen, *Wurzel* und das *Kraut* das gleiche in geringer Menge. In der *Wurzel* zusätzlich Zucker und Stärke.

Wirkung: Wichtigste blähungstreibende Droge; sie wirkt krampflösend im gesamten Verdauungsbereich, appetitanregend, bei stillenden Müttern außerdem milchbildend. In der Tierheilkunde gleiche Anwendungsbereiche.

Heilanwendung:

- Als Teeaufguß: 1 Tl Früchte/Tasse, zuvor im Mörser oder mit einem Nudelholz zerdrücken. Hiervon 2-3 Tassen täglich schluckweise. Besonders wirksam auch bei Säuglingen und Kleinkindern: Der Tee wird entweder schwach gesüßt unverdünnt ins Fläschchen gegeben oder der Milch zugesetzt (ca. 50 ml). Bei Säuglingen kann man ihn mit Fenchel zu gleichen Teilen mischen, der Tee wird dann eher angenommen. Gegen Blähungen und Verdauungsstörungen.

Verwendung in der Küche:

- *Früchte:* Vor allem als vielseitiges, beliebtes Gewürz, das gleichzeitig hilft, fette und schwere Speisen besser zu verdauen (Kohl, Schweinefleisch u.a.). Außerdem als Brot- und Brötchengewürz, zu vielerlei Magen- und Verdauungsschnäpsen (Aquavit, Köhm, Allasch).
- Die *Wurzel* kann im Frühjahr des 2. Jahres gesammelt werden und wie Petersilienwurzel oder Sellerie als Suppengewürz oder kleingeschnitten zu Saucen verwendet werden.
- Kümmelschnaps: 100g Früchte zerstoßen und mit einer Flasche Doppelkorn 14 Tage unter wiederholtem Umschütteln extrahieren. Danach abfiltrieren und nach Geschmack ein wenig Zucker zufügen (Zuckersirup). Eisgekühlt nach reichlichem, fetten Essen oder gegen Magendrücken.

Sonstiges: Früchte in der Apotheke als *Fructus Carvi.*

Kümmel ist zwar eine der ältesten einheimischen Heilpflanzen, seine Verwendung wurde allerdings vermutlich erst im Mittelalter wieder gebräuchlich. Zuvor verwendete man fast ausschließlich den im Mittelmeerraum und Asien (Subtropen) heimischen Kreuzkümmel (Cuminum cyminum), der auch heute noch z.B. in der indischen, indonesischen oder chinesischen Küche unseren Kümmel ersetzt.

Kommission E: Die Monographie von 1990 führt dyseptische Beschwerden wie leichte, krampfartige Beschwerden im Magen-Darm-Bereich, Blähungen und Völlegefühl als Anwendungsgebiete auf. Eine spasmolytische, antimikrobielle Wirkung wird bestätigt.

LABKRAUT

Galium verum - echtes Labkraut, Liebfrauenstroh

Familie: Rötegewächse - *Rubiaceae*

Beschreibung: 15-80 cm hohe Pflanze mit aufrechtem oder aufsteigendem, rundlichem, rauhhaarigem, verästeltem Stengel. Auf dem Stengel sind 4 erhabene Linien zu erkennen. Blätter zu 8-12 quirlständig, schmal-lanzettlich, seitlich eingerollt, unterseits weißlich. Zitronengelbe, kleine Blüten stehen in sehr dichten, endständigen Rispen.

Blütezeit: Juni bis September

Geruch & Geschmack: Duftet stark honigartig, aufdringlich, schmeckt zusammenziehend, säuerlich.

Standort: trockene Wiesen, Wegränder, Waldränder, häufig

Sammelgut & -zeit: blühendes Kraut im Juni bis September

Inhaltsstoffe: Labferment (in 100 g Blatt/ 1 mg Ferment) und Glykoside.

Wirkung: harntreibend, krampflösend

Heilanwendung:

- Teeaufguß: 1-2 Tl/Tasse, 2 Tassen täglich gegen Gelbsucht, Wassersucht, Magen- und anderen Unterleibsbeschwerden, Blasenkatarrh, Nierenleiden.
- Äußerliche Anwendung: zerquetschte Blätter oder Absud bei Hautkrankheiten aller Art, Anschwellungen, Nasenbluten, Wunden.

Sonstiges: Das Labferment bringt Milch zum Gerinnen, deswegen wurde das Labkraut früher gerne zur Käsebereitung verwendet.

Labkraut-Tee wird in der Volksheilkunde auch als 'erweichendes und zerteilendes' Mittel gegen Geschwulste verwendet. Maria Treben empfiehlt es in diesem Sinn als Anti-Krebs-Tee. Es schadet sicher nicht, wenn Sie diesen Tee zusätzlich zu einer anderen Therapie trinken - aber bitte nicht statt dessen!

Das weißblühende Klettenlabkraut (*Galium aparine*) hat ähnliche Heilwirkungen wie das beschriebene. Die Früchte dieses Krauts können als Kaffee-Ersatz dienen. (Die Kaffeepflanze stammt übrigens aus der gleichen Familie.)

Der Familienname Rötegewächse steht in Verbindung mit der Färberröte (*Rubia tinctorum*), die die Krappwurzel liefert. Das Krapprot war der im Mittelmeergebiet und Europa wohl bedeutsamste rote Farbstoff.

LÄRCHE

Larix decidua (= L. europaea) **- europäische Lärche**

Familie: Kieferngewächse - *Pinaceae*

Beschreibung: Bis 30 m hoher Nadelbaum von spitz-pyramidenförmiger Gestalt, der seine Nadeln im Winter verliert. Diese sind hellgrün, kurz, schmal, weich und stehen in pinseligen Büscheln. Weibliche Blüten in hellroten Kätzchen, kleine, fast kugelige Zapfen. Stamm meist schlank in graubrauner Rinde. Sehr schnellwüchsig.

Blütezeit: April bis Juni

Geruch & Geschmack: harzig, nicht ganz so ausgeprägt, wie bei den anderen Kiefemgewächsen

Standort: Ursprünglich nur Gebirgswälder, auch einzeln bis in die Almenregion der Alpen, häufig an Waldrändern und Schonungen angepflanzt.

Sammelgut & -zeit: *Harz* (Venezianisches Terpentin = *Terebinthina veneta*) - s. bei der Kiefer, junge *Triebe* im April

Inhaltsstoffe, Wirkung und Heilanwendung s. Kiefer

LINDE

Tilia platyphyllos **- Sommerlinde**

Tilia cordata **- Winterlinde**

Familie: Lindengewächse - *Tiliaceae*

Beschreibung: Hoher, stattlicher Baum, bis zu 30 m hoch, mit weit ausladender, kugelförmiger Krone, einem sehr mächtigen Stamm und tief furchiger, brauner Borke. Blätter charakteristisch schief-herzförmig, zugespitzt, am Rand gesägt. Bei der Sommerlinde sind sie unterseits behaart. Kleine gelbgrüne Blüten in kleinen Rispen (2-5 Blüten bei der Sommerlinde, 5-10 Blüten bei der Winterlinde) an einem gemeinsamen Stiel, der aus einem flügelartigen Hochblatt hervorgeht.

Blütezeit: Sommerlinde Juni bis Juli, ca. zwei Wochen vor der Winterlinde, Winterlinde Juni bis Juli.

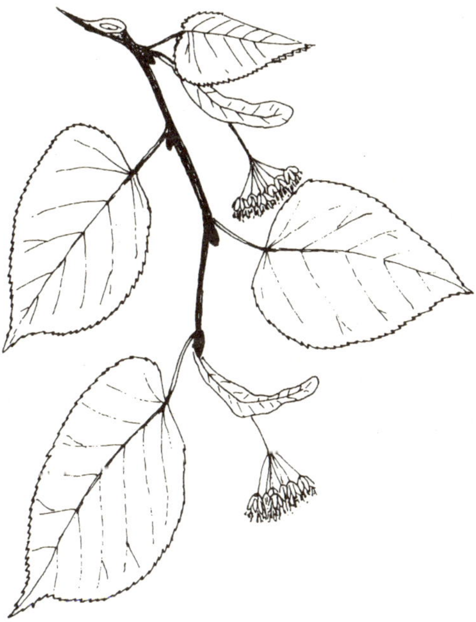

Geruch & Geschmack: Blüten intensiv süßlich duftend, im Geschmack etwas fade.

Standort: Laubwälder, Bergwälder, Schluchten, zerstreut bis selten, aber sehr häufig angepflanzt in Parks, als Schattenspender auf Viehweiden, Marktplätzen, Wirtshaus-Gärten und als Alleebaum.

Sammelgut & -zeit: Blütenstand mit den Hochblättern (s.o.), Juni bis Juli

Inhaltsstoffe: Schleimstoffe, ätherisches Öl, viel Flavone (Hesperidin), schweißtreibende Glykoside u.v.a.

Wirkung: schweißtreibend, etwas krampfstillend und schleimlösend, sehr ähnlich der Wirkung von Holunderblüten

Heilanwendung:

➢ Als Teeaufguß: 2 Tl/Tasse, 2-5 Tassen täglich, aber nicht über einen zu langen Zeitraum. Zu Schwitzkuren bei Erkältungskrankheiten, Fieber, Reizhusten, Verschleimung. Die Wirkung kann durch Halswickel, Körperwickel oder

Vollbäder (mit Heublumen oder auch Fichten- oder Kiefernnadeln) noch wesentlich gesteigert werden.

Sonstiges: Blüten in der Apotheke als *Flores Tiliae.*

Die Linde, vor allem die Winterlinde, kann über 1000 Jahre alt werden, dabei einen Stammdurchmesser von fast 5 m erreichen! Sie war den Germanen heilig und wurde von ihnen, meist in der Dreizahl, an Thingplätzen, d.h. Versammlungs- und Gerichtsstätten, angepflanzt. Dieser Brauch lebt in der 'Dorflinde' noch bis in heutige Tage fort.

Kommission E: Die 1990 erstellte Monographie beschreibt die Wirkung als diaphoretisch (schweißtreibend); als Anwendungsgebiet werden Erkältungskrankheiten und damit verbundenen Husten angegeben. Gegenanzeigen, Neben- und Wechselwirkungen sind nicht bekannt.

LÖFFELKRAUT

***Cochlearia officinalis* - echtes Löffelkraut, Skorbutkraut**

Familie: Kreuzblütler - *Cruciferae (Brassicaceae)*

Beschreibung: 10-30 cm hohe, saftige, ästige Pflanze mit rundlich-herzförmigen Grundblättern (löffelförmig). Stengelblätter sind länglich, grob gezähnt, stengelumfassend. Kleine weiße Blüten in Rispen.

Blütezeit: Mai bis Juni

Geruch & Geschmack: Die Blätter schmecken rettichartig.

Standort: Seeküste und an Salzquellen, Moorgräben, an feuchten und schattigen Orten, zerstreut

Sammelgut & -zeit: junge Blätter, vor der Blüte im April bis Mai

Inhaltsstoffe: ätherische Öle mit Senfölen, Vitamin C

Wirkung: schweiß- und harntreibend, desinfizierend

Heilanwendung:

- Teeaufguß: 2 Tl/Tasse oder frischer Preßsaft gegen Erkrankungen der Harnorgane, bei Wassersucht, Gicht und Rheuma. Zum Gurgeln und Spülen bei Entzündungen im Mund.

- ➢ Frischer Salat zur Frühjahrskur, am besten gemischt mit anderen frühen Kräutern.

Verwendung in der Küche:

- ➢ Als Salatbeigabe, zu Spinaten und Wildgemüsen.
- ➢ Als Würze zu Reis, Kartoffeln etc., auch als Brotaufstrich.

LÖWENZAHN

***Taraxacum* officinale – Butterblume, Kettenblume, Kuhblume, Pusteblume**

Familie: Korbblütler - *Asteraceae (Compositae)*

Beschreibung: Blätter schrotsägeförmig (Form je nach Standort sehr unterschiedlich) in grundständiger Rosette, aus der mehrere 10-30 cm hohe, hohlrunde, blattlose Blütenschäfte entspringen. Gelbe Zungenblüten in einem großen, einzelnen Körbchen, das sich in der Dunkelheit schließt. Aus dem Blütenstand geht zur Samenreife eine fedrige Kugel hervor (Pusteblume). Kräftige, oft mehrköpfige Pfahlwurzel. Pflanze enthält in allen Teilen einen weissen, bitteren Milchsaft.

Blütezeit: Vor allem April bis Juni, zur Hauptblütezeit sind ganze Wiesen gelb. Einzelne Blüten in Schüben bis zum Herbst.

Geruch & Geschmack: Geruch schwach, Geschmack bitter, würzig, Wurzel fast süßlich

Standort: überall sehr häufig und verbreitet

Sammelgut & -zeit: *Blüten* April bis Juni (je nach Standort und Region), junge *Blätter* im Frühjahr, von frisch nachgewachsenen, saftigen Wiesen fast ganzjährig!, *Wurzeln* September bis Oktober oder im frühen Frühjahr.

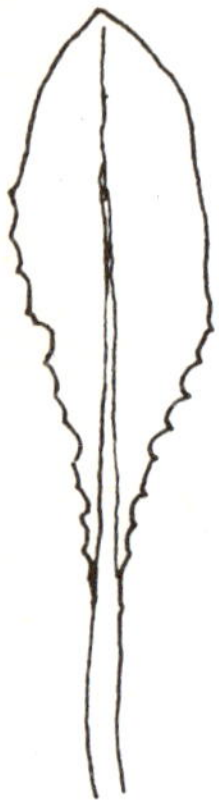

Inhaltsstoffe: Bitterstoffe (Taraxacin), Inulin (im Herbst bis 40 %!), Vitamine, Mineralstoffe

Wirkung: Steigert die Sekretion der Verdauungsdrüsen (Galle, Pankreas), dadurch verdauungs- und stoffwechselanregend, harntreibend.

Heilanwendung:

- Teeaufguß: Aus der ganzen, getrockneten Pflanze 2 Tl/Tasse, 2 Tassen täglich bei Appetitlosigkeit, Verdauungsstörungen, Leber-, Gallen-, und Blasenleiden. Als Blutreinigungskur bei Gicht, Rheuma, Arthrosen, Hautekzemen, Flechten, Zuckerkrankheit 3-5 Tassen täglich.
- Besonders wirksam sind der frische Salat, auch der Löwenzahnhonig oder der Löwenzahnbitter.

Verwendung in der Küche:

- Löwenzahnsalat: Einige Hände voll junge, zarte *Blätter* nach dem Waschen in feine Streifen schneiden. Mit Öl, Essig, feingehackten Zwiebeln und Salz anmachen. Sollten Ihnen die Blätter anfangs zu bitter schmecken, legen Sie sie zuvor 10-15 Minuten in lauwarmes Wasser. Variationsvorschläge: Ausgelassener Speck, gemahlene Haselnüsse, gehackte Kapern, Schafskäse, Sardellenpaste, Meerrettich, Brunnenkresse, Estragon, saure Sahne, Joghurt, Zitronensaft, Zucker.
- Löwenzahn-Kroketten (2 Personen): 3 Tassen feingehackte *Blätter* und *Wurzeln* (diese zuvor gründlich reinigen und abschaben) mit etwas Zwiebeln in Fett dünsten. Aus einer Tasse Mehl (Vollweizen-, Buchweizen-, Haferflockenmehl), Salz, wenig Wasser einen festen Teig bereiten und den Löwenzahn unterkneten. Kleine Kroketten formen und in reichlich Fett ausbacken.
- Blütenknospen-Gemüse: *Knospen* gründlich reinigen (½ Stunde in Salzwasser legen, beliebter Aufenthaltsort von 'Gewittertierchen' und kleinen Käfern), in Butter dünsten, mit Muskat und Salz würzen, vor dem Servieren mit feingehackten frischen Kräutern bestreuen.
- Löwenzahn-*Blätter* sind eine ausgezeichnete Grundlage für vielerlei Wildgemüse, Suppen und Saucen!
- Löwenzahn-Bitter: Etwa 20 *Blütenknospen* vom Grün befreien und in ½ l Korn oder einem anderen klaren Schnaps einige Wochen stehen lassen. Abseihen und in Flaschen füllen. Milder Magenbitter.

- Löwenzahn-Honig (bzw. Sirup): 2-3 Hände voll saubere *Blüten* werden in ¾ l Wasser 10 Minuten ausgekocht und abfiltriert (Kaffeefilter). In die heiße Flüssigkeit gibt man 1 kg Zucker und den Saft von 1 Zitrone. Man läßt unter ständigem Rühren sanft kochen, bis der Zucker aufgelöst ist, danach noch mindestens 15 Minuten auf kleiner Flamme ziehen und füllt in weithalsige Honig- und Marmeladengläser.
- Löwenzahnwurzel-Kaffee: Die *Wurzeln* von kräftigen Pflanzen gründlich reinigen, schaben und in kleine Stücke schneiden. Bei erhöhter Temperatur (Sonne, Heizung, Backofen bis 50 Grad) gründlich trocknen, danach in der trockenen Pfanne braun rösten und gleich anschließend fein mahlen. Auf 1 Tasse einen schwach gehäuften Kaffeelöffel, heiß aufbrühen.

Sonstiges: Kraut mit der Wurzel in der Apotheke als *Radix Taraxaci cum herba.*

In Frankreich ist der Löwenzahn (pis-en-lit = Bettnässer) vor allem als Salat sehr beliebt. Meist werden dort gebleichte Triebe verwendet, die man nach Art des Chicoree aus ausgegrabenen Wurzeln zieht (im Keller, in feuchten Sand eingegraben, unter Stein- bzw. Folienabdeckung).

Nach der makrobiotischen Ernährungslehre ist Löwenzahn eines der positivsten Nahrungsmittel für den westlichen Menschen.

Kommission E: In der Monographie von 1984, ergänzt 1990, werden dem Löwenzahn heilende (choleretische und diuretische) Wirkungen bei Störungen des Gallenflusses, Appetitlosigkeit und dyspeptischen Beschwerden zugeschrieben. Als Gegenanzeige bei Verwendung von Radix Taraxaci cum herba wird genannt: Verschluß der Gallenwege, Gallenblasenempyem, Ileus. Bei Verwendung des Löwenzahn-Krautes sind keine Gegenanzeigen, Neben- oder Wechselwirkungen bekannt.

LUNGENKRAUT

Pulmonaria officinalis **- Echtes, gebräuchliches Lungenkraut, blaue Schlüsselblume, Hirschmangold, Unser-Lieben-Frauen-Milchkraut**

Familie: Rauhblattgewächse - *Boraginaceae*

Beschreibung: 15-30 cm hohe Pflanze mit borstig behaartem Stengel. Sitzende Stengelblätter länglich bis eiförmig, Sommerblätter grundständig, herzförmig, gestielt, oft weiß gefleckt. Zahlreiche röhrige Blüten, zunächst rosa bis rot, später in blau übergehend, in Trugdolden.

Blütezeit: März bis Mai

Geruch & Geschmack: Schmeckt leicht modrig, krautig, zusammenziehend und schwach schleimig.

Standort: Laub- und Mischwälder, an schattigen Plätzen, Gebüschen, auch Bachufern, verbreitet, stellenweise häufig

Sammelgut & -zeit: blühendes Kraut März bis Mai

Inhaltsstoffe: viel lösliche und unlösliche Kieselsäure, Calcium, Schleim, Saponine, Gerbstoff

Wirkung: Als Lungen- und Erkältungsmittel, in der Wirkung ähnlich dem Zinnkraut. Es wirkt durch die lösliche Kieselsäure gewebsfestigend. Die übrigen Inhaltsstoffe haben schwache schleimlösende und reizmildernde Wirkung.

Heilanwendung:

- Tee: 2 Tl. getrocknetes Kraut in 1 Tasse Wasser abkochen, 2-3 Tassen täglich, bei Lungenentzündung und Tuberkulose, gegen Heiserkeit, Husten und Asthma.

Sonstiges: Kraut in der Apotheke als *Herba Pulmonariae*

Kommission E: Eine Monographie wurde 1987 erstellt. In ihr heißt es: Da die Wirksamkeit von Lungenkrautzubereitungen bei den beanspruchten Anwendungsgebieten nicht ausreichend belegt ist, kann eine therapeutische Anwendung nicht befürwortet werden. Risiken sind nicht bekannt.

MÄDESÜSS

Filipendula ulmaria **- Wiesengeißbart, Spierstaude, Wiesenkönigin**

Familie: Rosengewächse - *Rosaceae*

Beschreibung: 1-2 m hohe, strauchartige Pflanze mit kantigem, oben verästeltem Stengel. Blätter wechselständig, unterbrochen gefiedert, an der Unterseite weiß behaart. Teilblättchen groß, seitenständige gesägt. Gelblich-weiße kleine Blüten mit 5, z.T. 6 Blütenblättchen, stehen in einer rispenförmigen Trugdolde. Braune, schuppige Pfahlwurzel.

Blütezeit: Juni bis August

Geruch & Geschmack: Blüten duften stark bittermandelartig.

Standort: feuchte bis nasse Wiesen, an Bächen und auf Flach- und Zwischenmooren, verbreitet, häufig

Sammelgut & -zeit: junge *Blätter* April bis Juni, *Blüten* Juni bis Juli, *Wurzeln* im Frühjahr oder Herbst

Inhaltsstoffe: Gaultherin (=glykosidische Salizylsäureverbindung, Methylsalicylat), ätherisches Öl, in *Wurzeln* und *Blättern* auch Gerbstoffe

Wirkung: harn- und schweißtreibend, fieberdämpfend, antiseptisch, *Blätter* und *Wurzeln* auch zusammenziehend und blutstillend

Heilanwendung:

- Teeaufguß aus getrockneten *Blüten* und *Blättern:* 1 El/Tasse, 2-3 Tassen täglich ungesüßt.
- Teeaufguß aus *Wurzeln*: 2 Tl/Tasse, 2-3 Tasse täglich.

Beides gegen Gicht, Rheuma, Grippe, Wassersucht, Blasen- und Nierenleiden, Durchfall. In größeren Mengen gegen fiebrige Entzündungen.

- *Äußere Anwendung*: Absud oder frische, zerquetschte *Blätter* zur Wundbehandlung.

Verwendung in der Küche:

- Als Salat in Verbindung mit milderen Kräutern.
- Gemüse wie Spinat, mit etwas angeröstetem Schinken oder Schinkenspeck verfeinert.
- Mädesüß - Bowle (wie Waldmeisterbowle); zum Aromatisieren von anderen Getränken gut geeignet.
- *Wurzeln* (nur in geringen Mengen verwenden) nur als Beigabe zu anderen Wurzelgemüsen.
- *Wurzeln* in geringer Menge als Gewürz im Met (siehe bei Hopfen).

Sonstiges: Blüten in der Apotheke als *Flores Spiraeae.*

Der Name Mädesüß ist abzuleiten von dem althochdeutschen Wort „met", dem die Pflanze beigesetzt wurde.

Kommission E: In der 1989 erstellten Monographie wird nur eine Wirkung bei Erkältungskrankheiten erwähnt. Unter „Gegenanzeigen" gibt es folgenden Hinweis: Mädesüßblüten enthalten Salicylate. Sie sollten daher bei Salycilat-Überempfindlichkeit nicht angewendet werden.

MALVE

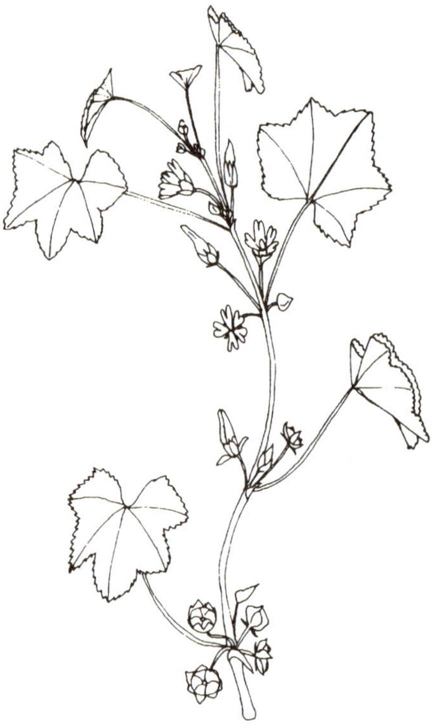

***Malva neglecta (Malva vulgaris)* - Wegmalve (Käsepappel)**

***Malva silvestris* - wilde Malve (Roßpappel)**

Familie: Malvengewächse - *Malvaceae*

Beschreibung: *Wegmalve:* 10-40 cm hohe Pflanze mit oft niederliegenden, am Grunde holzigen Stengeln. Blätter langstielig, handförmig geteilt mit gekerbten Lappen. Langstielige, kleine, blaßrosa Blüten in Büscheln in den Blattachseln. Früchte wie kleine runde, eingekerbte Käseballen.

Wilde Malve: Bis zu 100 cm hohe Pflanze mit langstieligen, rundlichen, meist fünflappigen Blättern, die schärfer gesägt sind. Hellrote, größere Blüten (bis 4,5 cm Durchmesser) vereinzelt in den Blattachseln.

Blütezeit: Juni bis September

Geruch & Geschmack: fade, etwas schleimig

Standort: Ruderalstellen (Wiesen, Schuttplätze, Mauern, Wegränder), Waldrand. Wegmalve sehr häufig und verbreitet, wilde Malve selten.

Sammelgut & -zeit: junge *Blätter* April bis Juni, *Blüten* Juni bis September, *Früchte* August bis Oktober

Inhaltsstoffe: vor allem Schleim, etwas Gerbstoffe

Wirkung: reizmildernd, zusammenziehend, erweichend

Heilanwendung:

- Tee-Kaltauszug aus *Blüten* (und Blättern): 1 El/Tasse 1-2 Std. ziehen lassen bei Hals- und Mandelentzündungen, Entzündungen der oberen Atemwege und der Mundhöhle zum Gurgeln oder schluckweise 2-3 Tassen/Tag.
- Tee aus *Blättern*: 1 El/Tasse kalt ansetzen, kurz aufkochen, nach 10 Minuten abseihen, bei Magenschleimhautentzündung, Durchfall 3-4 Tassen/Tag.
- Auch für Umschläge und Kompressen gut temperiert verwendbar bei Drüsenschwellungen und Geschwüren.

Verwendung in der Küche:

- Gemüse aus jungen *Blättern* wie Spinat.
- *Blätter* als Beigabe zu Mischgemüsen und Suppen.
- *Früchte* in mildem Essig eingelegt als Beigabe zu Fleisch oder wie Kapern in Saucen.
- *Früchte* in kleinen Pfannkuchen backen.
- Melokhia (Die Blätter einer sehr nah verwandten Art werden in arabischen Ländern zu dieser berühmten Suppe verwendet, sie ist eines der ägyptischen Nationalgerichte): Etwa ½ kg junge *Malvenblätter* kleinschneiden und in 2 l Hühnerbrühe 10 Minuten kochen. 5-10 zerkleinerte Knoblauchzehen in (Oliven-) Öl bräunen, etwas Cayennepfeffer und Salz hinzufügen und auf kleiner Flamme unter ständigem Rühren so lange erhitzen, bis das Ganze einen pastenähnlichen Charakter annimmt. Die Paste in die Brühe geben, 5 Minuten ziehen lassen, zwischendurch umrühren. Als Suppe reichen oder als Sauce mit Reis, Fleisch, Gemüse.

Sonstiges: Blätter in der Apotheke als *Folia Malvae,* die Blüten der wilden Malve als *Flores Malvae silvestris.*

Kommission E: In den 1989 erstellten Monographien für Malvenblüten und Malvenblätter wird beiden eine reizlindernde Wirkung zugeschrieben, als Anwendungsgebiet „Schleimhautreizungen im Mund- und Rachenraum und damit verbundenem trockenen Reizhusten" genannt.

MELDE

***Atriplex patula* - spreizende, gemeine Melde**

***Atriplex hastata* - spießblättrige Melde**

Familie: Gänsefußgewächse - *Chenopodiaceae*

Beschreibung: 25-100 cm hohe Pflanze mit furchigem Stengel, langstieligen, rautenförmigen bis dreieckigen oder spießförmigen, wechselständigen Blättern, z.T.

schwach gezähnt. Ganze Pflanze fettig oder mehlig bestäubt, später kahl. Blüten unscheinbar, grün, in dichten, verzweigten Scheinähren. Die Arten sind sehr formenreich.

Blütezeit: Juli bis Oktober

Geruch & Geschmack: leicht pelzig, angenehm würzig

Standort: Äcker, Wegränder, Schuttplätze, Gärten (Ruderalgebiete), häufiges, verbreitetes, seit Jahrtausenden bekanntes Kraut

Sammelgut & -zeit: ganz junge Pflänzchen, junge Blätter und Triebe von Ende Mai bis August

Verwendung in der Küche:

- Ganz junge Pflänzchen zu Salat, mit Estragonessig, Öl, Salz und wenig fein gehackten Zwiebeln anmachen.
- Sechs Tassen junge Blätter und Triebe fein schneiden und mit Zwiebeln in Butter andünsten (etwa 10 Minuten), salzen und Rahm und/oder Weißwein hinzufügen. Sehr würzig!
- Blätter und junge Triebe in heißem Fett schmoren. Wenn die Blätter zusammengefallen sind, wenig Wasser aufgießen, auf kleiner Flamme 10 Minuten garen. Salzen und eine Prise Zucker untermischen.
- Gut verwendbar zu Mischgemüsen (s. dort).

MINZE

Mentha arvensis **– Ackerminze**
Mentha piperita **– Pfefferminze**
Mentha longifolia (M. silvatica) **– Roß-, Waldminze**
Mentha aquatica **– Wasserminze**

Familie: Lippenblütler - *Lamiaceae* (*Labiatae*)

Beschreibung: Die Gattung der Minzen ist überaus formenreich, da sie alle miteinander Bastarde bilden können, deren Merkmale zwischen den unten beschriebenen variieren. Zunächst die gemeinsamen Kennzeichen:

Krautige Pflanzen mit vierkantigem, meist nur oben verzweigtem Stengel. Eiförmige bis lanzettliche Blätter mit gesägtem oder gekerbtem Rand. Stengel und Blätter meist mehr oder weniger behaart und rötlich angelaufen. Kleine Lippenblüten in dichten, blattachselständigen Scheinquirlen oder end- bzw. seitenständigen, walzlichen Scheinähren, rosa, hell-violett oder bläulich.

Ackerminze: Zarte, 15–40 cm hohe Pflanze mit liegendem oder aufsteigendem Stengel, Blüten in meist lockeren Scheinquirlen in den Blattachseln, nicht endständig.

Blütezeit: Juli bis September

Geruch & Geschmack: minzartig aromatisch, oft etwas dumpfig, verbreitet

Pfefferminze: 50–80 cm hoch, aufrecht, Blätter gestielt. Blüten in dichten Quirlen, isoliert in den Blattachseln sowie in endständigen, walzlichen Scheinähren. Als dreifacher Bastard unfruchtbar, vermehrt sich nur über Ausläufer und Stecklinge.

Blütezeit: Juni bis August

Geruch & Geschmack: minzartig, scharf-würzig, nur selten verwildert

Roßminze: 30–80 cm hoch, aufrecht, kräftig. Blätter sitzend, dicht grau behaart. Blüten in dicken, walzlichen, end- und seitenständigen Scheinähren.

Blütezeit: Juli bis August

Geruch & Geschmack: minzartig, manchmal etwas dumpfig, häufig

Wasserminze: 30-100 cm hoch, kräftig. Blüten in mehreren Scheinquirlen in den Blattachseln sowie in endständigen, kugeligen Scheinähren.

Blütezeit: Juli bis Oktober

Geruch & Geschmack: minzartig, angenehm, verbreitet

Standorte: Feuchte Stellen an Bächen, Gräben, Sumpfwiesen, Äckern, Waldwegen. Das Aroma ist außer von der jeweiligen Art stark vom Standort abhängig.

Sammelgut & -zeit: Blätter zu Beginn der Blüte im Juni bis August. Nur bei trockenem Wetter nach dem Verdunsten des Morgentaus sammeln. Zum Trocknen eignet sich am besten die Pfefferminze. Bei den anderen Arten kann ein leicht dumpfiger oder muffiger Beigeschmack auftreten. Auf jeden Fall müssen die Blätter sehr gründlich getrocknet und danach luftig, nicht in hermetisch verschlossenen Gefäßen, an einem trocknen Platz aufbewahrt werden.

Inhaltsstoffe: ätherisches Öl in wechselnder Zusammensetzung (Menthol, Menthon, Pulegon), Gerbstoffe, Bitterstoffe

Wirkung: Verdauungsfördernd, vor allem galletreibend, krampflösend, appetitanregend. Am stärksten wirkt die Pfefferminze, die auch als einzige der hier beschriebenen Arten offizinell, d.h. im Arzneibuch genannt ist. Das isolierte ätherische Öl der Pfefferminze wirkt wie oben angegeben, außerdem prickelnd-kühlend, schmerzstillend bei Nervenschmerzen und Migräne.

Heilanwendung:

➢ Teeaufguß: 1 Tl/Tasse, 3-4 Tassen täglich. Anzuwenden bei Verdauungsstörungen, Magen- und Leibkrämpfen.

Verwendung in der Küche:

Alle Minzgetränke möglichst von frischer Minze.

➢ Alkoholisch: Minzjulep: Etwas zerkleinertes Eis, Zuckersirup, Whisky und 1-2 Blättchen frische Minze (1 Tl. getrocknete Minze) mischen, Minze dabei gut zerdrücken, in Gläser füllen, etwa ¾ voll. Darüber zerkleinertes Eis bis an den Rand schichten, mit Whisky übergießen und mit Minze verzieren. Nach etwa 2 Minuten, wenn das Glas beschlägt, servieren.

➢ Pfefferminz-Limonade: Den Saft von je 1 Zitrone und 1 Orange mit etwas Apfelsaft und einigen Löffeln Minzsirup mischen.

➢ Minzsirup: 3 Tassen Zucker in einer Tasse Wasser auflösen. 6 Stengel frische Minze zerdrücken und dazugeben, 5 Minuten kochen, 15 Minuten stehen lassen, dann abseihen. Den Sirup nach Erkalten in eine Flasche füllen und fest verschließen. Geeignet zum Würzen von Süßspeisen, Fruchtbowlen und Getränken.

➢ Minzbowle: Für 1 l braucht man 6-8 Stengel frische Minze, zerdrückt diese und übergießt sie mit dem Saft von 2-3 Zitronen und drei Orangen. Etwas

Apfelsaft hinzufügen, mit 5 El Zucker verrühren. Eine Stunde bei Zimmertemperatur stehen lassen, dann kühlen. Vor dem Servieren mit Apfelwein oder Most auffüllen und in Gläser über zerkleinertes Eis schütten.

- Vor allem in der englischen Küche ist die Minze ein beliebtes Gewürz zu Saucen und Fleischspeisen, so z.B. zu Lamm- und Hammelgerichten, fein gehackt zu Steak und Roastbeaf, in kleiner Menge zur Kräuterbutter.
- Chutney mit Minze: 250 g Tomaten häuten und pürieren, 500 g Äpfel, 3 Paprikaschoten, 5 große Zwiebeln in kleine Würfel schneiden und zusammen mit 125 g Rosinen, 1/2 Tasse feingehackter grüner Minze, 125 g Zucker, knapp 1/4 l Weinessig, 2 Tl Senfpulver mit den Tomaten verrühren. Diese Masse muß vor dem Gebrauch mindestens 10 Tage kühl stehen.
- Frische Minzblätter schmecken auch gut auf vielen Brotaufstrichen und Käsesorten, in Kräuterquarks und Salaten.

Sonstiges: Blätter der Pfefferminze in der Apotheke als *Folia Menthae piperitae*, das ätherische Öl als *Oleum Menthae piperitae* sowie einige weitere Zubereitungen.

MISTEL

Viscum album **- Drudenfuß, Heil aller Schäden**

Familie: Mistelgewächse - *Loranthaceae*

Beschreibung: Die Pflanze schmarotzt auf Bäumen (Laub- und Nadelbäumen) und bildet dort kugelige Büsche von 20-60 cm Durchmesser. Blätter paarweise endständig, lang-eiförmig oder spatelig, gelbgrün, ledrig derb. Stengel holzig, gelblichgrün, paarig gegabelt. Blüten weißlich bis gelbgrün, unscheinbar. Im Herbst weiße, giftige Beeren.

Blütezeit: März bis April

Geruch & Geschmack: Die frische Pflanze riecht herb bis würzig, holzig, schwach faulig, schmeckt je nach Standort bitter und scharf.

Standort: auf Apfel- und Birnbäumen, Eichen, Pappeln und Weiden, Tannen und Kiefern, zerstreut

Sammelgut & -zeit: Blätter und ganze, junge Zweige im Oktober bis März

Inhaltsstoffe: Lectine, Cholin, Acetylcholin, Viscotoxin, Saponine, Alkaloide, Harze und mehrere andere, noch nicht näher erforschte Stoffe

Wirkung: Blutdruckregulierend (sowohl hohen als auch niedrigen), gegen Arteriosklerose, Krämpfe, Blutungen, Krampfadern. Wirkt stoffwechselanregend und steigert dadurch die allgemeinen Widerstandskräfte.

Heilanwendung:

- Intravenöse Injektionen gegen 'Altersherz' und andere Abnutzungskrankheiten nur durch den Arzt.

- Tee als Kaltwasserauszug: 1-2 Tl der zerschnittenen Pflanze auf 1 Tasse Wasser, 8-10 Stunden ziehen lassen., kalt trinken, 2-3 Tassen pro Tag, vor allem gegen zu hohen oder zu niedrigen Blutdruck, Kreislaufschwäche, Gebärmutterstörungen, zur Steigerung der allgemeinen Widerstandskräfte.
- In den letzten Jahren konnte nachgewiesen werden, daß die aus der Mistel isolierten Lectine immunmodulierend wirken. Dies bestätigt die Anwendung von injizierten Mistelpräparaten bei malignen Tumoren, d.h. verschiedenen Krebsarten.

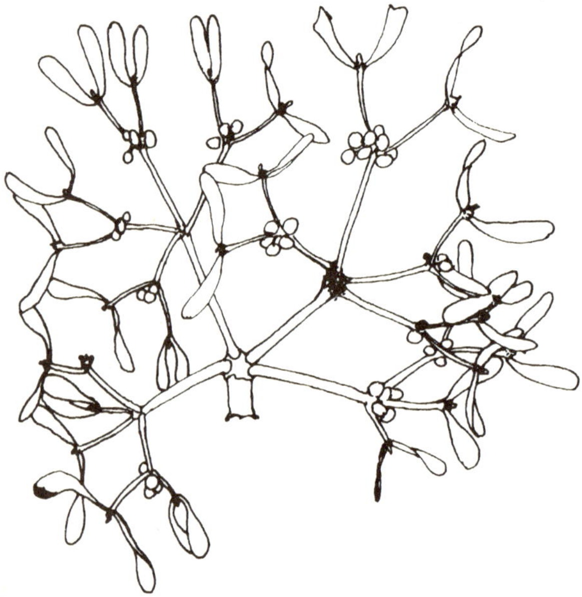

Sonstiges: In der Apotheke als *Viscum Album* oder *Herba Visci albi.*

Dieser Halbschmarotzer, der seiner Wirtspflanze nur Wasser und Salze entnimmt, hat in germanischen und keltischen Sagen eine besondere Stellung. Es war ein Mistelzweig, mit dem Baldur, der Gott des Lichtes, zu Beginn der Götterdämmerung erschossen wurde. Andererseits war die Mistel den keltischen Druiden heilig, die ihre Bedeutung in der Heilkunst begründeten. Auch in der griechischen Mythologie taucht die Mistel auf. Sie hatte die Kraft, für Äneas die Pforten der Unterwelt zu öffnen.

Kommission E: Die Monographie von 1984 bezieht sich auf vor allem Injektions-Präparate, die nur unter ärztlich Aufsicht angewendet werden sollen, uns hier also nur begrenzt angehen. - Misteltee wird rein empirisch angewendet bei Bluthochdruck, Schwindelgefühl, Blutandrang zum Kopf, eine rationale bzw. echte Begründung fehlt jedoch bisher.

MOOSBEERE

Vaccinium oxycoccus (= Oxycoccus palustris, O. quadripetalus)

Familie: Heidekrautgewächse - *Ericaceae*

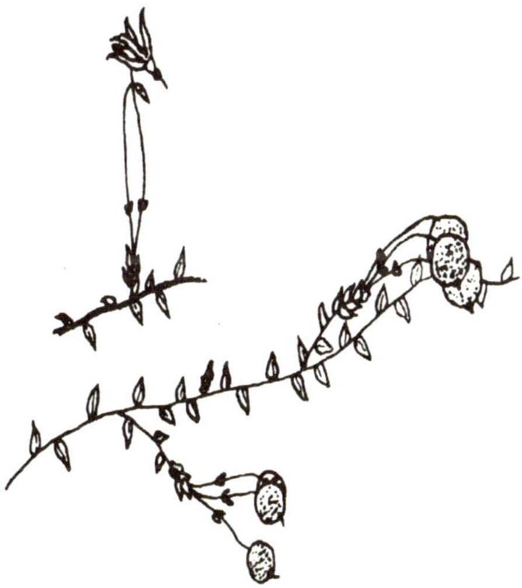

Beschreibung: Niederliegende Pflanze mit schwach verholztem, dünnem, bis ca. 60 cm langem Stengel. Kleine glattrandige, wechselständige Blätter, dunkelgrün, ledrig, mit eingerolltem Blattrand. Immergrün. Vereinzelte kleine, rosarote, nickende Blüten mit vier schmalen, zurückgeschlagenen Blütenblättern, an langen, dünnen Blütenstielen, die ein Paar kleine Hochblätter tragen (diese finden sich auch noch an den Stielen der Beeren). Die Beeren sind kugelig, zur Reife rot oder violett gesprenkelt, sie liegen oft wie ausgestreut dicht auf Moos- und Heidepolstern.

Blütezeit: Juni bis August

Geruch & Geschmack: Geruch schwach, Geschmack säuerlich, knackig

Standort: Hochmoore, verbreitet, stellenweise massenhaft in Moorgebieten Norddeutschlands und der Alpenregion (Voralpen), sonst selten

Sammelgut & -zeit: reife Beeren, Ende August bis Anfang Oktober

Inhaltsstoffe: Vitamine (Provitamin A, reichlich Vitamin C), Säuren, Gerbstoffe

Verwendung in der Küche:

Moosbeeren können genauso verarbeitet werden wie Preiselbeeren, sie sind jedoch etwas weniger sauer und zusammenziehend. Sie schmecken roh am besten, wenn sie schon den ersten Frost abbekommen haben (evtl. Tiefkühltruhe oder Gefrierfach).

NACHTKERZE

Oenothera biennis

Familie: Nachtkerzengewächse - *Oenotheraceae* (*Onagraceae*)

Beschreibung: 50-100 cm hohe, zweijährige Pflanze mit rübenförmiger, außen rötlicher Wurzel, die im ersten Jahr nur eine am Boden anliegende Blattrosette mit länglichen, verkehrt eiförmigen Blättern treibt, im zweiten Jahr den aufrechten Stengel mit ansitzenden, länglich-lanzettlichen Blättern, flaumig behaart wie der Stengel. Blüten gelb, tellerförmig, gestielt, in oberen Blattachseln sitzend. Blütenblätter kürzer als der Kelch. Blüten öffnen sich erst am Abend gegen 18 Uhr und schließen sich einen Tag später.

Blütezeit: Juni bis August

Geruch & Geschmack: *Blüten* duften besonders nachts süßlich-angenehm, *Wurzeln* schmecken gekocht ähnlich wie Schwarzwurzeln.

Standort: Wegränder, Böschungen und Bahndämme, Schutt- und Sandplätze, verbreitet, aus Nordamerika eingeschleppt

Sammelgut & -zeit: Wurzeln im Herbst des ersten oder Frühjahr des zweiten Jahres vor dem Austreiben des Blütenstengels

Inhaltsstoffe: *Blätter*: Gerbstoffe, Inhaltsstoffe der *Wurzel* unbekannt, jedoch im Volksmund bekannt als besonders kraftspendend.

Verwendung in der Küche:

- Salat: *Wurzeln* kochen, schälen und in dünne Scheiben schneiden, mit klein gehackten Zwiebeln und Walnüssen, evtl. Äpfeln, Essig, Öl und Salz anmachen. Reichlich Petersilie und/oder Kerbel, Schnittlauch untermischen.
- Gemüse: *Wurzeln* schaben (fühlen sich wie Schwarzwurzeln klebrig an, man legt sie deshalb in Essigwasser), in Salzwasser kochen, kleinschneiden und entweder in Butter dünsten oder in eine helle Mehlschwitze geben, die mit dem Kochwasser aufgefüllt wurde. Mit Wiesenknopf oder anderen frischen Kräutern und Salz würzen.

Sonstiges: Da diese Pflanze erst in ihrem zweiten Jahr Samen ausbilden kann, sollten Sie auf keinen Fall zu viel von ihr sammeln, und wenn, dann nur von großen Beständen. Sie würden der Pflanze sonst die Chance nehmen, sich zu regenerieren und zu verbreiten.

NELKENWURZ, echte

Geum urbanum **- Benediktenkraut, Benediktenwurz, Heil aller Welt**

Familie: Rosengewächse - *Rosaceae*

Beschreibung: 25-70 cm hohe Pflanze mit stark verzweigtem Stengel, langstieligen, fünflappigen Grundblättern mit gesägtem Rand. Stengelblätter 3-5-teilig, sitzend. Wenige endständige gelbe, 5-zählige Blüten. Die kleinen Früchte sind mit Widerhaken versehen und bilden eine klettenähnliche, kleine Stachelkugel. Kräftiger, fleischiger Wurzelstock.

Blütezeit: Juni bis September

Geruch & Geschmack: Pflanze riecht und schmeckt schwach, der Wurzelstock riecht stark nach Gewürznelken, etwas bitter.

Standort: feuchte Wälder (v.a. Au-, Laub- und Laubmischwälder mit lockerem, humosem Boden, oft zusammen mit Brennesseln), verbreitet

Sammelgut & -zeit: *Wurzelstock* März bis April und September bis Oktober, *Blätter* Mai bis Juni

Inhaltsstoffe: ätherisches Öl mit viel Eugenol (dem Hauptbestandteil des Gewürznelkenöls), Gerbstoffe, Glykoside (Geïn)

Wirkung: zusammenziehend, blutstillend, entzündungswidrig, schwach stopfend, aber verdauungsanregend

Heilanwendung:

➢ Tee: Von der feingeschnittenen oder zerstoßenen *Wurzel* 1 Tl/Tasse kalt ansetzen, aufkochen, ohne Flamme 5 Minuten ziehen lassen, abseihen. Hiervon 2-3 Tassen täglich gegen Durchfall, Leibkrämpfe, Verdauungsstörungen. Zum Spülen und Gurgeln bei Hals- und Zahnfleischentzündungen und -bluten, Parodontose.

- Tinktur: Eine kleine Flasche zur Hälfte mit dem möglichst frischen, fein zerschnittenen *Wurzelstock* füllen, mit 70 %igem Alkohol aufgießen und zwei Wochen unter häufigem Schütteln stehen lassen, danach abfiltrieren. 25-30 Tropfen auf etwas Wasser wie den Tee verwenden. Bei Zahnfleischbluten, Parodontose, Mundfäule o.ä. kann man die betroffenen Stellen auch direkt mit der Tinktur betupfen.

Verwendung in der Küche:

- Die frische oder getrocknete *Wurzel* kann man als milden Nelkenersatz verwenden (z.B. zu Fleischbeizen, Rotkohl, Glühwein u.v.a.), die frischen *Blätter* auch als würzende Beigabe zu Suppen und Spinat.

Sonstiges: Wurzel in der Apotheke als *Radix Caryophyllatae* (= Nelkenwurzel)

BACHNELKENWURZ

Geum rivale

Familie: Rosengewächse - *Rosaceae*

Beschreibung: 25-50 cm hohe, kaum verzweigte Pflanze mit zahlreichen langstieligen, gefiederten Grundblättern. Diese haben einige Paare kleiner, unscheinbarer Fieder- oder Nebenblätter. Nur die drei letzten Fiederblättchen sind groß ausgebildet, doppelt gesägt oder häufig zu einem 3-lappigen Blatt verwachsen. Stengelblätter einzeln, 3-teilig. Stengel, Blätter und Blüten sind behaart. Mehrere nickende Blüten mit auffallend grossem, rotbraunem Blütenkelch und 5-6 rötlichgelben Blütenblättern, die nur kaum über die Kelchzipfel hinausragen. Wurzelstock dunkelbraun, kräftig, nach Nelken duftend.

Blütezeit: April bis August

Standort: feuchte Auwälder und vor allem feuchte Wiesen, Wassergräben, Bachränder, verbreitet

Alle übrigen Angaben wie bei der echten Nelkenwurz, sie hat die gleiche, etwas schwächer ausgeprägte Wirkung.

PASTINAK

Pastinaca sativa

Familie: Doldenblütler - *Apiaceae (Umbelliferae)*

Beschreibung: 30-100 cm hohe Pflanze mit aufrechtem, gefurchtem bis gerilltem, oben verästeltem Stengel, behaart. Blätter ein- bis zweifach fiederteilig mit sitzenden, gekerbten Teilblättchen. Kleine, gelbe Blüten in zusammengesetzten Dolden, 5-20-strahlig, Hülle und Hüllchen fehlen oder bestehen nur aus 1-2 Blättchen.

Blütezeit: Juli bis September

Geruch & Geschmack: Die ganze Pflanze riecht und schmeckt stark würzig, süßlich, möhrenähnlich.

Standort: auf Wiesen, Trockenhängen, an Wegen, verbreitet

Sammelgut & -zeit: junge *Blätter* und *Triebe* April bis Juni, *Blütendolden* Juli bis September, *Wurzeln* im Herbst

Inhaltsstoffe: vor allem ätherisches Öl, in der Wurzel Eiweiß, Stärke, Pektin, Zucker

Wirkung: *Wurzel* harntreibend wie Sellerie- und Petersilienwurzel, blähungstreibend und verdauungsfördernd

Heilanwendung:

- Tee: 1 Tl der fein geschnittenen, getrockneten *Wurzel* auf 1 Tasse Wasser abkochen, gut ziehen lassen. Bei Verdauungsschwäche vor den Mahlzeiten, zum Entwässern von dicken Beinen, bei Wassersucht u.a. 3-4 Tassen täglich.

Verwendung in der Küche:

- *Blätter* als Beigabe bzw. Würze in Suppen und Gemüsen vertragen sich hervorragend mit Linsen und grünen Erbsen sowie mit Möhren und anderen Wurzeln.
- *Blätter* und *Triebe* als Wildgemüse wie Spinat.
- *Blütendolden* wie Holler in Teig ausbacken.
- Aus den *Blütendolden* Sekt wie Hollersekt.
- In England wird aus der stark zuckerhaltigen *Wurzel* ein Wein gebraut. (zermahlen und Ansatz als Maischegärung).

Sonstiges: Pastinaken wurden früher wegen der sehr würzigen Pfahlwurzeln wie Mohrrüben kultiviert. Man findet sie heute wieder in Naturkostläden. Diese Kulturform ist zwar nicht so zäh und faserig, hat aber nicht das starke Aroma der Wildform. Die Wurzel des wilden Pastinak ist nur sehr jung und fein geschabt verwendbar.

PESTWURZ

***Petasites hybridus (= P. officinalis)* - gemeine, rote Pestwurz, großblättriger Huflattich, Wasserklette**

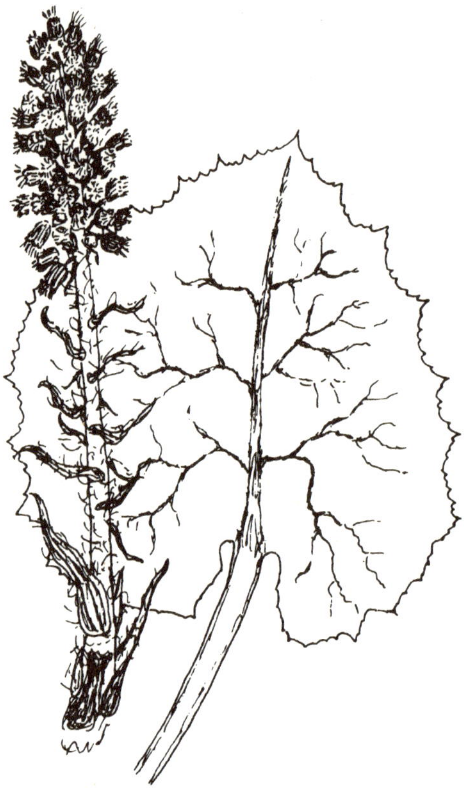

Familie: Korbblütler - *Asteraceae* (*Compositae*)

Beschreibung: Bei dieser Pflanze erscheint (wie beim Huflattich) im Frühjahr zuerst der Blütenstand. An einem fleischigen, 20–40 cm hohen Stengel sitzen an kurzen Stielen zahlreiche fleischfarbene, rosa bis hellviolette Blütenkörbchen in einer walzenförmigen Traube. Dieser Blütenstengel trägt nur kleine, schuppige, fleischfarbene Hochblätter und ist spinnwebartig behaart. Er wächst nach der Blüte, zur Samenreife, bis zu 80 cm Höhe aus. Die darauf folgenden Blätter sind sehr groß, herzförmig mit gezähntem Rand und unterseits dicht filzig behaart. Sie ähneln sehr den Blättern von Rhabarber und Klette. Kräftiger, meist verholzter Wurzelstock.

Blütezeit: März bis April

Geruch & Geschmack: fadschleimig, etwas bitter

Standort: Feuchte Stellen an Waldrändern, Bächen, Gräben, Tümpeln. Bis ins Hochgebirge verbreitet, aber meist nicht sehr häufig.

Sammelgut & -zeit: *Blätter* April bis Mai, *Wurzelstock* September bis Oktober

Inhaltsstoffe: *Blätter:* Schleim, Gerbstoffe, wenig ätherisches Öl, *Wurzelstock:* Petasin, u . a. krampflösende Stoffe, Bitterstoffe, Gerbstoffe, ätherisches Öl, Inulin.

Wirkung: *Blätter:* reizmildernd, schleimlösend, schwach harntreibend, wundheilend , insgesamt wie Huflattichblätter, *Wurzelstock:* krampflösend, beruhigend, v.a. bei Magen-, Galle- und Nierenkrämpfen oder -koliken.

Heilanwendung:

- Tee: Abkochung aus den *Blättern*, 2 Tl/Tasse, bei Reizhusten und Verschleimung 3-4 Tassen täglich.
- Zur Behandlung kleiner Verletzungen frisch zerquetschte Blätter auflegen.
- Tee: Abkochung aus dem *Wurzelstock*, 1-2 Tl/Tasse Wasser kalt ansetzen, nach 1-stündigem Ziehen langsam erhitzen, 2-3 Tassen am Tag lauwarm schluckweise trinken, bei Leibkrämpfen, Leber- und Nierenkoliken.

Noch besser wirksam ist die

- Tinktur: Frische *Wurzel* fein schneiden oder hacken, in einer Flasche sofort auf das doppelte Volumen mit 70 %igem Alkohol auffüllen. Unter wiederholtem Umschütteln 2-3 Wochen stehen lassen, dann abfiltrieren. Hiervon bei Anfälligkeit für Leibkrämpfe zur Vorbeugung 2-3 x täglich 15 Tropfen vor dem Essen, zur Behandlung akuter Anfälle 30-50 Tropfen auf etwas Wasser nehmen.

Sonstiges: *Blätter* als *Folia Petasitis*, *Wurzel* als *Radix Petasitis* in der Apotheke.

Der Name läßt erkennen, daß die Wurzel der Pflanze früher als eines der Hauptmittel gegen die Pest angewandt wurde . Ob diese Wirkung allerdings tatsächlich vorhanden ist, muß angezweifelt werden.

Kommission E: Die Wirksamkeit von Pestwurz-Zubereitungen ist nicht belegt. Angesichts der Risiken kann eine therapeutische Anwendung nicht vertreten werden. Die Pestwurz enthält in allen Pflanzenteilen stark wechselnde Mengen toxischer Pyrrolizidinalkaloide, von denen aus Tierversuchen organotoxische, insbesondere hepatotoxische Wirkungen bekannt sind.

weiße PESTWURZ -

Petasites albus

Beschreibung: Sehr ähnlich der roten Pestwurz, die Blüten sind aber gelblich-weiß, der Blütenstand etwas kugeliger, die Blätter rundlicher und unterseits noch dichter filzig behaart.

Alle übrigen Angaben wie bei der roten Pestwurz.

PFEILKRESSE

***Cardaria draba* (*Lepidium draba*) - Türkische Kresse, Herzkresse**

Familie: Kreuzblütler - *Brassicaceae* (*Cruciferae*)

Beschreibung: 20-60 cm hohe Pflanze mit kantigem, aufrechtem Stengel. Blätter am Grunde herz- oder pfeilförmig, stengelumfassend, buchtig gezähnt. Blüten weißlich, in dichter Scheindolde. Frucht herzförmig, breiter als lang.

Blütezeit: Mai bis Juli

Geruch & Geschmack: wohlriechend, würzig-scharf im Geschmack

Standort: Wegränder, Bahndämme, Schutthalden, verbreitet

Sammelgut & -zeit: junge *Blätter* Mai bis Juni, *Samen* Juli bis August

Inhaltsstoffe: Senföle

Verwendung in der Küche:

➢ Junge *Blätter* als Würzbeigabe zu Spinatgemüsen oder Brotaufstrichen.

➢ *Samen* wie Pfeffer, allerdings verliert sich die Schärfe beim Kochen.

PORTULAK, gelber

***Portulaca oleracea* - Gemüse-Portulak, Bürzelkraut**

Familie: Portulakgewächse - *Portulacaceae*

Beschreibung: 10-30 cm lange Pflanze mit niederliegendem bis aufsteigendem, meist rötlich überlaufenem Stengel. Blätter wechsel- oder gegenständig, sitzend, fleischig, länglich-kegelförmig, 1-2 cm lang. Kleine gelbe Blüten zu 1-3 in den Achseln der Verzweigungen sitzend. Keine Verwechslungsmöglichkeit.

Blütezeit: Juni bis September

Geruch & Geschmack: würziger Geruch (beim Zerreiben) und Geschmack, salzig und erfrischend

Standort: Gärten, Äcker, Weinberge, an Wegen, zerstreut

Sammelgut & -zeit: junge Blätter April bis Juni

Inhaltsstoffe: viel Vitamin C

Verwendung in der Küche:

➢ Als Salat mit wenig klein geschnittenen Zwiebeln und/oder Schnittlauch, Zitrone und Öl, Salz.

➢ Als Spinat bzw. Gemüse nur leicht anschmoren, salzen, evtl. etwas andicken.

➢ Gut als Rohkost und zu Mischgemüsen.

Sonstiges: Der Portulak wurde früher viel angebaut. Aussaat nach den Maifrösten, am besten in Folgesaaten alle 4 Wochen.

PREISELBEERE

Vaccinium vitis-idaea **– Kronsbeere, Speckbeere, Preisselbeere**

Familie: Heidekrautgewächse – *Ericaceae*

Beschreibung: 10–40 cm hoher, immergrüner Halbstrauch mit rundlichen (höchstens schwach kantigen), braunen Zweigen. Verkehrt eiförmige, ledrige Blätter mit glattem, wenig eingerolltem Rand. Weiße, glockige Blüten in kleinen nickenden Trauben. Beeren erst weiß, dann leuchtend scharlachrot.

Blütezeit: Mai bis August

Geruch & Geschmack: *Blätter* zusammenziehend, *Beeren* aromatisch, herb-säuerlich

Standort: Moore, Hochmoore, Kiefernwälder, Heiden bis in die Hochgebirgsregion. Zerstreut, an ihren Standorten häufig

Sammelgut & -zeit: *Blatter* Mai bis Juli, vor der Fruchtreife. *Beeren* Juli bis September.

Inhaltsstoffe: *Blätter:* Arbutin und andere Phenolglykoside (6–7 %), Gerbstoffe (2–5 %), *Beeren:* Fruchtsäuren, Vitamine (Provitamin A, reichlich Vitamin C), wenig Gerbstoffe

Wirkung: *Blätter* wirken harnwegsdesinfizierend bei Infektionen der Blase und der Harnwege (häufiges Wasserlassen mit Brennen). Arbutin und verwandte Stoffe werden im alkalischen Harn in der Niere gespalten und setzen dadurch stark desinfizierend wirkende Hydrochinone frei. Um sicher zu gehen, daß der Harn tatsächlich alkalisch reagiert, sollte zusätzlich etwas Natron eingenommen werden.

Heilanwendung:

- Tee: 1 Tl der geschnittenen oder grob gepulverten *Blätter* auf 1 Tasse Wasser geben, 1-2 Stunden kalt ziehen lassen, langsam erwärmen und 2-5 Minuten kochen, 1-2 Tassen täglich vor allem bei Blasen- und Harnwegsinfektionen. Obstsäfte sind während der Kur zu meiden, da sie den Harn säuern und die Heilwirkung mindern.

Verwendung in der Küche:

- Ungekochte Preiselbeermarmelade: 250 g mürbe *Beeren* pürieren, 250 g Zucker einrühren, 10 Minuten ruhen lassen. Wieder rühren, bis der Zucker gelöst ist. 5 g Gelatinepulver mit dem Saft einer halben Orange verrühren, mit dem Fruchtbrei vermischen und noch einmal 5 Minuten rühren, in Gläser füllen und verschliessen. Kühl aufbewahren und rasch verbrauchen!
- Preiselbeermus: 500 g *Beeren* mit etwa 250 g Zucker aufkochen, den Saft einer halben Zitrone hinzugeben, 10 Minuten wallen lassen, heiß in Gläser abfüllen. Schmeckt gut zu Joghurt und Quark und als Beigabe zu Wild.
- Preiselbeer-Orangenmus: 500 g *Beeren,* 2 ungespritzte Orangen (geviertelt und entkernt) im Mixer zerkleinern, 500 g Zucker (vorher auflösen) unterrühren. Im Kühlschrank mehrere Wochen haltbar.
- Saft: Die *Beeren* werden gekocht und entsaftet, auf 2 l Saft etwa 300-500 g Zucker untergerührt. Man läßt den Saft noch einmal kurz aufkochen und füllt ihn dann heiß in Flaschen ab.

Sonstiges: Blätter in der Apotheke als *Folia vitis idaeae.* Die Droge ist dem Bärentraubenblättertee in gewisser Weise überlegen, da sie bei einem recht hohen Arbutingehalt wesentlich weniger schwer verträgliche Gerbstoffe enthält und besser schmeckt. Ähnlich in der Wirkung, nur schwächer, sind die Birnbaumblätter.

QUECKE

Agropyron repens **- Schnur-, Hunds-, Wurmgras, Graswurzel**

Familie: Süßgräser - *Poaceae* (*Gramineae*)

Beschreibung: Die Quecke ist eine zähe Graspflanze, die 30-80 cm hoch wird. Charakteristisch an ihr sind die meterlangen, bleichen, durch Knoten gegliederten Ausläufer des Wurzelstockes, die bis zu 1 m tief stecken können. Die Pflanze ist mit dem Weizen verwandt, hat schmale, flache, grüne bis bläulich-grüne, behaarte Blätter. Stengel und Blattscheiden sind glatt und kahl. Die ziemlich lange, zweizeilige Ähre hat wechselständige, unscheinbare Blüten, die Ährchen wenden der Achse ihre Breitseite zu.

Blütezeit: Juni bis August

Geruch & Geschmack: Die Wurzeln schmecken süßlich-bitter und schleimig, haben keinen besonderen Eigengeruch.

Standort: auf Äckern und in Gärten, auf Wiesen, an Wegrändern, sehr verbreitet

Sammelgut & -zeit: Wurzeln im März bis April und im September bis Oktober

Inhaltsstoffe: Schleimstoffe, Saponine, Kieselsäure, Vitamin A und B1

Wirkung: blutreinigend, reizmildernd, harn- und schweißtreibend

Heilanwendung:

- Tee: 1 Tl der Wurzel auf 1 Tasse Wasser, abkochen und ziehen lassen. 1 Tasse pro Tag in Abständen, oder frischen *Preßsaft* gegen Gicht und Rheuma, Gallen-, Milz- und Leberleiden, als Nieren- und Gallentee, bei Katarrhen der Luftwege, zur Frühjahrskur.
- Queckenhonig: 1/4 Pfund Wurzeln eine 3/4 Stunde in etwas Wasser kochen, dann abseihen. Der entstandenen Flüssigkeit setzt man 1/2 l Honig hinzu. Beides wird solange gekocht, bis es eingedickt ist. Lauwarm in Gläser füllen. 1-2 El pro Tag bei Brustkatarrhen, Verschleimungen, Husten.
- Queckensirup: Wie Honig zubereiten, doch statt Honig 1 Pfund Zucker zugeben. Anwendung wie Honig.
- Brei: Aus der gekochten Wurzel als Auflage bei Gelenkentzündungen, Hämorrhoiden, Geschwülsten u.a.

Verwendung in der Küche:

- Als Beimischung zum Haustee, rundet den Geschmack ab.

Sonstiges: In der Apotheke als *Rhizoma Graminis.*

Kommission E: In der Monographie von 1990 wird eine antimikrobielle Wirkung bestätigt. Angewendet wird die Droge zur Durchspülung bei entzündlichen Erkrankungen der ableitenden Harnwege und als Vorbeugung bei Nierengrieß. Keine Durchspülungstherapie bei Ödemen infolge eingeschränkter Herz- oder Nierenfunktion.

QUELLER

***Salicornia europaea* - Glasschmalz**

Familie: Gänsefußgewächse - *Chenopodiaceae*

Beschreibung: 5-50 cm hohe, fleischige Pflanze, deren kleine, schuppige Blättchen den Zweigen ein kolbenartiges Aussehen geben. Stengel einfach, manchmal armleuchterartig verzweigt, in Knoten gegliedert, grau-grün, meist rot überlaufen bzw. verfärbt. Kleine, sehr unscheinbare Blüten in kleinen Ährchen in den Achseln von Tragblättern.

Blütezeit: August bis Oktober

Geruch & Geschmack: Riecht „nach Meer", schmeckt frisch und salzig.

Standort: Auf stark salzhaltigen, regelmäßig überfluteten Böden an der Nord- und Ostsee, Erstbesiedler, oft zum Befestigen angepflanzt. Sonst fehlend.

Sammelgut & -zeit: Die ganze, oberirdische Pflanze von Juni bis September. Junge Pflanzen abknipsen, ältere mit der Wurzel herausziehen.

Verwendung in der Küche:

- Ganz junge Pflanzen frisch als knackiger Salat, nur mit ein wenig Öl und Essig angemacht.
- Als spargelartiges Gemüse: Wurzeln abschneiden, Pflanzen gründlich waschen, mit sehr wenig Salzwasser, etwas Butter in 10 Minuten weich dünsten. Zu Fischgerichten und Pellkartoffeln hervorragend.
- Ganz junge Pflanzen frisch mit einer heißen Essigmarinade (milder Essig mit wenig Zucker, Senfkörnern, Zwiebel aufkochen) übergießen, kurz aufkochen, sofort heiß in Gläser füllen und verschließen.

Achtung: Die meisten Vorkommen des Quellers sind heute in den Naturschutzgebieten an der ost- und nordfriesischen Wattenmeerküste zu finden. Lassen Sie ihn dort bitte stehen! Hier gilt, wie bei allen von uns beschriebenen Pflanzen: Sie sollten nur dort gesammelt werden, wo sie in großer Zahl vorkommen. Niemals ganze Bestände plündern! In allen Naturschutzgebieten ist das Sammeln von Pflanzen auch für private Zwecke verboten!

QUENDEL

***Thymus serpyllum (Th. pulegioides)* - Deutscher Thymian, Feldthymian, Sandthymian**

Familie: Lippenblütler-*Lamiaceae* (*Labiatae*)

Beschreibung: Sehr formenreiche Art, es werden einige Hundert Varianten beschrieben, die sich in Aussehen, Geruch und Geschmack mehr oder weniger voneinander unterscheiden. Pflanze mit holzigen Stengeln (Halbstrauch) und kleinen eiförmigen, glattrandigen, gegenständigen Blättern. Kleine rosa bis hellviolette Lippenblüten. Niedrige, 5-25 cm hohe, kriechende bis aufsteigende blattachselständig in lockeren bis dichten, endständigen Köpfchen. Die Pflanze bildet meist dichte Polster bzw. Rasen. An warmen Sommertagen duften oft ganze Wiesen nach ihr.

Blütezeit: Juni bis Oktober

Geruch & Geschmack: Sehr stark würzig und aromatisch, dem Thymian nicht unähnlich, oft auch an Zitronen erinnernd. Geschmack ebenso, etwas bitter.

Standort: auf sandigen, steinigen Böden, Trockenrasen, Weg- und Straßenrändern. Pionierpflanze an Dämmen und Steinbrüchen, sehr häufig und verbreitet

Sammelgut & -zeit: Blätter bzw. ganze blühende Pflanze kurz vor bzw. während der Blüte von Juni bis Oktober

Inhaltsstoffe: ätherisches Öl mit Thymol, Cymol u.a., Bitter- und Gerbstoffe

Wirkung: Schleimlösend, auswurffördernd, krampflösend, beruhigend, desinfizierend.

Heilanwendung:

- Teeaufguß: 1-2 Tl/Tasse Wasser, 4-5 Tassen am Tag, bei allen Hustenformen, aber auch bei leichtem Durchfall und Leibkrämpfen.
- Zum Bad 1 Handvoll in 2 l Wasser langsam zum Kochen bringen, zugedeckt 5 Minuten ziehen lassen, abseihen und dem Bad zugeben, als beruhigendes Vollbad bei Nervenschwäche und deren Folgen (nervöse Herzstörungen, Magenreizung usw.) und Einschlafstörungen.

Verwendung in der Küche:

- Als vielseitiges Würzkraut zu südländischen Gerichten (Pizza, Spaghetti usw.), Tomaten, Fleisch, Frikadellen, Saucen und Eintopfgerichten.

Sonstiges: In der Apotheke als *Herba Serpylli.* Diese Teedroge enthält meist viele holzige Stengelstücke, ist als Würzkraut also nicht geeignet.

Sammeln sie am besten ganze Pflanzen und streifen die Blättchen nach dem Trocknen ab.

Das gleiche Verwendungsspektrum hat der am Mittelmeer heimische *Thymian*, bei ihm sind Aroma und Heilwirkung noch stärker ausgeprägt. Käuflich als Küchengewürz, in der Apotheke als *Herba Thymi.*

Kommission E: In der 1987 erstellten, 1990 bearbeiteten Monographie werden dem Quendel antimikrobielle und spasmolytische Wirkungen bestätigt, wirksam bei Katarrhen der oberen Luftwege.

ROSSKASTANIE

Aesculus hippocastanum

Familie: Roßkastaniengewächse - *Hippocastanaceae*

Beschreibung: Bis zu 35 m hoher Baum mit mächtigem Stamm und weit ausladender Krone (Schattenspender in Biergärten, Gartenkaffees u.a.). Untere Äste fast hängend, die Zweigspitzen bogig nach oben gekrümmt. Rinde dunkelbraun, borkig. Aus den klebrigen, dicken Blattknospen gehen langstielige, 5-7-fach gefingerte Blätter hervor, deren Einzelfieder länglich, verkehrt eiförmig sind, der Blattrand ist gesägt. Asymmetrische, gelbliche bis rötliche Blüten in großen, aufrechten, kegelförmigen Rispen. Große glänzende, dunkelbraune Früchte mit einem nierenförmigen matt hellbraunen Fleck (dem Samenansatz) in einer stacheligen, grünen Hülle, die bei der Reife aufplatzt.

Blütezeit: Mai bis Juni

Geruch & Geschmack: Blüten duftend, alle Teile schmecken zusammenziehend und recht bitter.

Standort: verbreiteter Zierbaum in Alleen, Parks, Plätzen und Anlagen, nur selten verwildert

Sammelgut & -zeit: *Rinde* junger Äste und Zweige im Frühjahr und Spätherbst, *Blüten* (meist kommt man nur an abgefallene heran) Mai bis Juni, *Blätter* April bis Mai, *Früchte* Oktober

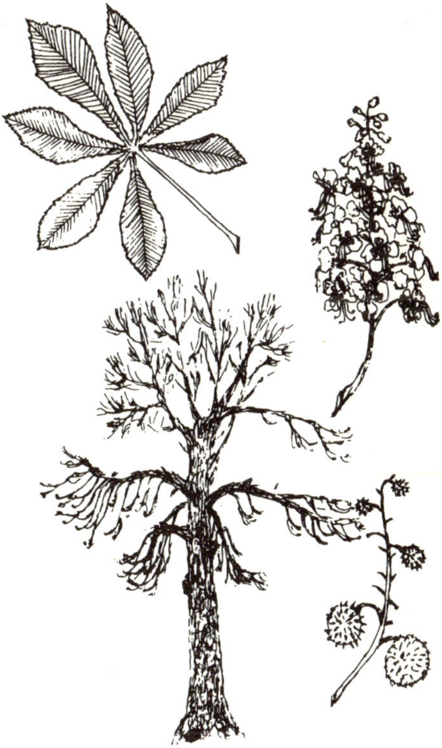

Inhaltsstoffe: *Rinde:* Aesculin (Cumarinverbindung, UV-Filter gegen Sonnenbrand, Aescin (Saponin) Flavone, viel Gerbstoffe, *Blüten:* Flavone, Aescin, nur wenig Gerbstoffe, *Blätter:* Flavone, Aescin, Aesculin, etwas Gerbstoffe, *Samen:* ca. 50% Stärke, 3–7% fettes Öl, bis zu 5% Saponine (Aescin, Aescigenin u.a.)

Wirkung: Gewebeentwässernd, ödemausschwemmend (Aescin und Flavone); festigt die Aderwände, verbessert die periphere Durchblutung (Flavone und Aesculin), also insgesamt eine ideale Verbindung zur Behandlung von geschwollenen, überanstrengten Beinen, Krampfadern und anderen Durchblutungsstörungen der Gliedmaßen und von rheumatischen und gichtigen Beschwerden. Rinde stopfend.

Heilanwendung:

- Tee. Abkochung der feingeschnittenen oder gepulverten *Rinde,* ½–1 Tl/Tasse, bis zu 3 Tassen bei hartnäckigen Durchfällen. Der Tee wirkt stopfend, gleichzeitig werden verstärkt Giftstoffe aus dem Körper geschwemmt. *Äußerlich:* Tee zum Einreiben gegen Sonnenbrand, für Hand- und Fußbäder bei Erfrierungen und Frostbeulen (1 Handvoll auf 3 l Wasser).
- Tee: Aufguß aus den *Blättern,* 1–2 Tl/Tasse wie oben, außerdem bei den o.a. Beinbeschwerden und Gliederschmerzen.
- Tee: Aufguß aus den *Blüten,* 1 Tl/Tasse, 2–3 Tassen am Tag, wirkt aufgrund des Saponingehalts schleimlösend und auswurffördernd bei Husten und Verschleimung, außerdem stark entwässernd und gewebefestigend bei Ödemen und Krampfadern.

➢ Tinktur aus der *Rinde*: Flasche zur Hälfte mit der feingeschnittenen Rinde füllen, mit 70%igem Isopropylalkohol aufgießen, an warmer Stelle 2-3 Wochen stehenlassen, dabei öfters umschütteln, abfiltrieren. Als Einreibung bei schmerzenden Gliedern oder als Sonnenschutzmittel mehrmals täglich anwenden.

➢ Tinktur aus *Blättern* und/oder *Blüten*: Weithalsige Flasche zu $^2/_3$ mit Blättern bzw. Blüten füllen, mit 70%igem Alkohol aufgießen und weiterverarbeiten wie oben. Von dieser Tinktur nimmt man 3 x täglich 15-20 Tropfen bei Krampfadern und Durchblutungsstörungen (Kribbeln in Fingern und Zehen, häufiges Einschlafen der Glieder) und Rheuma oder Gicht. Man kann zu dem gleichen Zweck mit der Tinktur auch einreiben. Hierzu würde dann auch der billigere Isopropylalkohol genügen.

➢ Umschlagpaste: Die *Samen, Kastanien* werden von der äußeren, braunen Schale befreit, im Mixer oder mit dem Messer, einem Hackgerät grob zerkleinert und mit wenig Wasser auf kleiner Flamme weich gekocht (15-20 Minuten mindestens), danach gründlich zerstampft. Den heißen Brei streicht man auf ein Tuch und legt ihn als Kompresse auf schmerzende Glieder und Gelenke. Man kann die Samen auch nach dem Schälen grob zerkleinern, im Backofen bei mittlerer Hitze (50-70 Grad) gründlich trocknen und in dichten Gefäßen aufbewahren. Bei Bedarf werden die Stücke dann mit der Kaffeemühle gemahlen und das Pulver mit etwa dem halben Volumen Wasser 5-10 Minuten gekocht (evtl. Wasser nachgießen). Um den bitteren Geschmack aus der Kaffeemühle zu entfernen, kann man nach gründlichem Ausblasen und -pinseln eine Handvoll Reis darin mahlen, das entfernt den Geruch und Geschmack.

Sonstiges: In der Apotheke fast nur noch in Form von Fertigpräparaten.

Kommission E: Es liegen für Rinde und Blätter Monographien von 1993 vor. In ihnen wird eine Wirksamkeit beider Drogen nicht bestätigt. Anders sieht es bei den Roßkastaniensamen aus. In der Monographie von 1994 werden folgende Anwendungsgebiete angegeben: Behandlung von Beschwerden bei Erkrankungen der Beinvenen (chronische Veneninsuffizienz), zum Beispiel Schmerzen und Schweregefühl in den Beinen, nächtliche Wadenkrämpfe, Juckreiz und Beinschwellungen. Weitere vom Arzt verordnete nichtinvasive Maßnahmen wie zum Beispiel Wickeln der Beine, Tragen von Stützstrümpfen oder kalte Wassergüsse sollten unbedingt eingehalten werden. Nach Einnahme können in Einzelfällen Juckreiz, Übelkeit, Magenbeschwerden auftreten.

SANDDORN

Hippophae rhamnoides

Familie: Ölweidengewächse - *Eleagnaceae*

Beschreibung: 1-4 m hoher Strauch mit dornigen Ästen, schmal-linealen, graugrünen, gegenständigen Blättern, die unten fein silber- bis kupferfarbig behaart sind. Die Blüten sind klein, weiß bis grünlichweiß und sitzen an kurzen Stielen an den Zweigen, ebenso die kleinen orangefarbigen, kugeligen bis ovalen Beeren.

Blütezeit: April bis Mai

Geruch & Geschmack: Die reifen Beeren riechen herb-holzig und schmecken sauer.

Standort: Küstendünen an der Nord- und Ostsee, an Flußufern von Gebirgsflüssen, häufig an Wegen und in Parks, verbreitet zur Befestigung von Autobahnrändern verwendet. In Süddeutschland an Schutt- und Geröllhalden, Bahndämmen.

Sammelgut & -zeit: Reife Beeren im August bis Oktober, noch vor dem ersten Frost. Die Beeren mit der Schere abschneiden und in einem Tuch auffangen, die Früchte zerplatzen sonst leicht.

Inhaltsstoffe: sehr viel Vitamin C (ca. 900 mg/100 g), Flavone (die die Vitamin-C-Aufnahme begünstigt) und Fruchtsäuren

Wirkung: wichtiger Vitamin-C-Spender

Heilanwendung:

- Am besten als tiefgefrorener, kaltgepreßter Frischsaft 2-3 El täglich.
- Die Beeren können auch zu Marmelade, Sirup und Saft verarbeitet werden, sind dann aber nicht mehr ganz so gehaltvoll.
- Saft: Früchte auspressen, mit gleichen Gewichtsteilen Zucker versetzen, kurz durchkochen und heiß in Flaschen füllen. Frischsaft und andere Verwendungsformen gegen Erschöpfungszustände, bei Rekonvaleszenz, zum Vorbeugen gegen Erkältungen, Frühjahrsmüdigkeit u.a., Zahnfleischbluten und bei anderen Vitamin-C-Mangelerscheinungen.

Verwendung in der Küche:

- Als Saft, in Mixgetränken, zu Quark und Joghurt-Speisen.

SANIKEL

Sanicula europaea **– Wald-Sanikel, Heilkraut**

Familie: Doldenblütler - *Apiaceae* (*Umbelliferae*)

Beschreibung: Bis 50 cm hohe Pflanze mit blattlosen oder nur mit ein bis zwei kleinen, stiellosen Blättern behafteten, gerippten Stengeln. Grundblätter wintergrün, langgestielt, handförmig, 3-5-teilig. Weiße Blüten, oft rötlich überlaufen, in zusammengesetzten, köpfchenartigen Dolden mit auffallenden Hüllblättchen.

Blütezeit: Mai bis Juni

Geruch & Geschmack: Die Blätter sind geruchlos und schmekken bitter, zusammenziehend.

Standort: Misch- und Buchenwälder, verstreut

Sammelgut & -zeit: *Blätter* vor der Blüte April bis Mai, *Wurzeln* September bis Oktober

Inhaltsstoffe: Gerbstoff, Bitterstoff, ätherisches Öl und Saponine

Wirkung: zusammenziehend, reinigend, allgemein stärkend, harntreibend

Heilanwendung:

➢ Tee: Aufguß aus 1-2 Tl/Tasse, täglich 2-3 Tassen schluckweise gegen Katarrhe der Luftwege, übermäßige Periode, Entzündungen oder Blutungen in den Verdauungswegen. Zum Gurgeln und Spülen bei Entzündungen im Mund- und Rachenraum. *Äußerlich* bei Geschwüren, Wunden, auch als stärkender Badezusatz.

Sonstiges: In der Apotheke als *Herbe Saniculae* (lat. *sanare* = heilen). Die Pflanze ist mindestens seit dem 12. Jahrhundert als gutes Wundheilmittel bekannt, wird jedoch heute als Heilpflanze kaum mehr verwendet. Die in Bayern wachsende weiße oder quirlblättrige Zahnwurz (Cardamine enneaphyllos) wird dort auch Sanikel oder Schanikel genannt. Ihr gerbstoffhaltiger Wurzelstock hat gleichfalls heilkundliche Bedeutung.

SAUERAMPFER

Rumex acetosa

Familie: Knöterichgewächse - *Polygonaceae*

Beschreibung: 20-80 cm hohe Pflanze mit saftigen, pfeilförmigen Blättern, die unteren langgestielt, die oberen sitzend. Die Blüten sind unscheinbar, in großer, lockerer Rispe, wie der Stengel meist rot überlaufen oder ganz rot.

Blütezeit: Mai bis Juni

Geruch & Geschmack: Blätter und Stiele schmecken stark säuerlich.

Standort: Auf meist feuchten und lehmigen Wiesen massenhaft auftretend, auch vereinzelt an Wegrändern, Bachufern , überall verbreitet.

Sammelgut & -zeit: junge Blätter im April bis Mai, bis Oktober möglich

Inhaltsstoffe: Oxalsäure, Kaliumbioxalat (Kleesalz), Vitamin C

Wirkung: blutreinigend

Verwendung in der Küche:

- Französische Sauerampfersuppe: Einige Händevoll Sauerampferblätter hacken, in Butter andünsten, ca. 300 g rohe, gewürfelte Kartoffeln dazugeben, salzen, mit Wasser auffüllen, 20 Minuten leicht kochen lassen. Ei mit Milch verquirlen, in die Suppe einrühren und reichlich kleingehackten Kerbel untermischen. Vor dem Servieren geröstete Brotwürfel darüberstreuen. Variationsmöglichkeiten: Süße Sahne statt Milch verwenden, mit gerösteten Weißbrotscheiben und Käse bedecken und im Backofen 10 Minuten überbacken.
- Deutsche Sauerampfersuppe: 2 Zwiebeln in Butter oder Fett andünsten, klein gehackten Sauerampfer dazugeben, 5 Minuten dünsten, mit Mehl bestäuben, mit Wasser ablöschen und auffüllen, salzen und 10 Minuten kochen lassen. Dann mit Sahne und 1-2 Eiern abziehen, hartgekochte Eier einlegen und mit Kräutern (Kerbel, Petersilie, Schnittlauch) bestreuen.
- Borscht aus Sauerampfer: 1 Pfund Sauerampfer wird gehackt und mit Salz, dem Saft von 2 Zitronen, 2-4 El Zucker und etwas Wasser 20 Minuten leicht gekocht. Dann erkalten lassen. Möglichst eiskalt servieren, auf dem Tisch saure

Sahne unterziehen. Dazu: Scheiben hartgekochter Eier, heiße Pellkartoffeln, Schnittlauch oder Zwiebelgrün.

Sonstiges: Nicht häufig und in größeren Mengen essen, da die Oxalsäure und das Kleesalz dann gesundheitsschädlich wirken können.

SCHAFGARBE

Achillea millefolium

Familie: Korbblütler - *Asteraceae* (*Compositae*)

Beschreibung: 20-80 cm hohe Pflanze mit aufrechtem, meist behaartem, markigem Stengel. Blätter 2-3fach fiederspaltig, dunkelgrün. Blüten sitzen in trugdoldig angeordneten, wenigblütigen Körbchen. Außen weiße bis rosa Zungenblüten, innen gelbweiße Röhren- oder Scheibenblüten.

Blütezeit: Juni bis Oktober

Geruch & Geschmack: herb-würzig, schmeckt durchdringend

Standort: Trockenwiesen, Wegränder, auf unterschiedlichen, meist stickstoffhaltigen Böden, sehr verbreitet, formenreich

Sammelgut & -zeit: junge *Blätter* April bis Juni, *Blüten* oder blühende Pflanze Juli bis August

Inhaltsstoffe: ätherische Öle mit viel Azulen, Bitter- und Gerbstoffe, in Menge und Zusammensetzung wechselhaft

Wirkung: Stoffwechselanregend, entzündungswidrig, krampflösend, nach längerem Gebrauch wirksam bei Weißfluß und Verspannungen von weiblichen Unterleibsorganen.

Heilanwendung:

- Tee: Aufguß (Blüten oder blühendes Kraut) aus 1 El/Tasse Wasser, mehrmals am Tag lauwarm trinken gegen Magen- und Darmstörungen, auch zur Frühjahrskur geeignet. S.a. Frauentee.
- Teeauszug äußerlich wie Kamille verwenden, bei Geschwüren, Wunden, etc.
- Wie bei vielen anderen Kräutern ist auch hier der frische Preßsaft wirksamer.

Verwendung in der Küche:

- Blätter als würzende Beigabe in Verbindung mit anderen Kräutern in Salaten, zu Quark, Kräuterbutter, Suppen und Saucen. In größeren Mengen verwendet schmecken die Blätter herb und etwas bitter.

Sonstiges: Die Schafgarbe ist ein altes Volksheilmittel Der griechische Name wird von Achilles abgeleitet, der der Sage nach die Heilwirkung der Pflanze entdeckt haben soll. In der Apotheke als *Herba Millefolii.*

Kommission E: Die Wirkung wird in der Monographie von 1990 mit choleretisch, antibakteriell, adstringierend, spasmolytisch beschrieben. Als Anwendungsgebiete bei Einnahme werden genannt: Appetitlosigkeit, dyspeptische Beschwerden wie leichte, krampfartige Beschwerden im Magen-Darm-Bereich, äußerlich in Sitzbädern bei Pelvipathia vegetativa (schmerzhafte Krampfzustände psychovegetativen Ursprungs im kleinen Becken der Frau). Gegenanzeigen: Überempfindlichkeit gegen Schafgarbe und andere Korbblütler.

SCHARBOCKSKRAUT

Ficaria verna **- Feigwurz, Frühlings-Scharbockskraut**

Familie: Hahnenfußgewächse - *Ranunculaceae*

Beschreibung: 5-15 cm hohe Pflanze mit niederliegendem oder aufsteigendem, verzweigtem, hohlem Stengel. Die Blätter sind gestielt, herz-nierenförmig, leicht gekerbt, fett glänzend, kahl. In den Blattachseln finden sich oft Brutknöllchen. Blüten einzeln, langstielig, mit drei Kelch- und 8-12 goldgelben Kronblättern. Die Pflanze treibt unterirdisch kleine keulenförmige Wurzelknollen aus.

Blütezeit: März bis Mai

Geruch & Geschmack: Kein nennenswerter Eigengeruch, die Blätter schmecken angenehm und mild würzig.

Standort: feuchte Wiesen, Gräben, Gebüsche, lichte Laub- und Mischwälder, Auenwälder, gemein

Sammelgut & -zeit: *Knospen* und junge *Blätter* vor der Blüte. Während und nach der Blüte sammelt sich Protoanemonin an, das scharf schmeckt und für den Menschen giftig ist, *Wurzelknöllchen* und *Brutknospen* im August bis Oktober.

Inhaltsstoffe: Viel Vitamin C , deshalb wurde die Pflanze früher gegen Skorbut (Name!) und gegen Vitamin-C-Mangel verwendet.

Verwendung in der Küche:

Das Scharbockskraut ist eine der ersten Frühlingspflanzen, man kann sie oft schon Anfang März sammeln und die erste Frühjahrskur damit beginnen.

- Salat: Nur ganz junge Blätter verwenden. Diese in Streifen schneiden und mit Salz, Zitrone und Öl, evtl. etwas Knoblauch oder Zwiebeln, anmachen. Auch gut in Mischung mit anderen frühen Kräutern.
- Gemüse aus den Blättern: Grob geschnittene Blätter in wenig Fett andünsten, würzen, etwas Wasser hinzugeben und etwa 15 Minuten leicht kochen lassen. Vor dem Servieren Getreideflocken und saure Sahne unterziehen.
- Wurzelknöllchen und Brutknospen schmekken lecker, wenn man sie in Salzwasser weichkocht, einige Zeit in Essig einlegt und sie dann in eine helle Sauce gibt.
- Blütenknospen sind wie Kapern zu verwenden, d.h. man legt sie in Essig, kocht sie kurz auf und läßt sie vor Gebrauch mindestens eine Woche stehen.

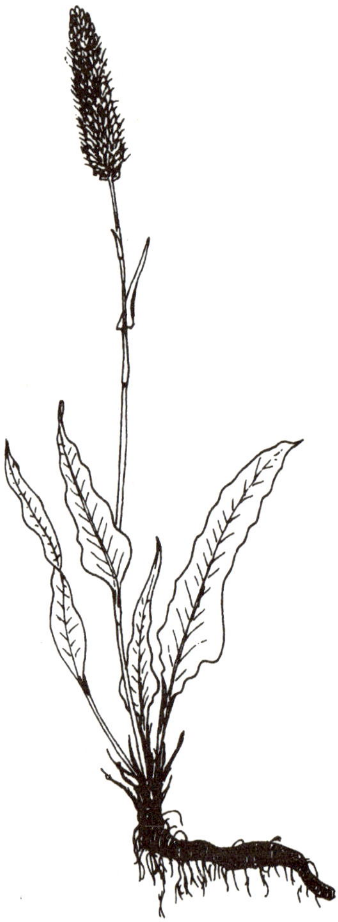

SCHLANGENKNÖTERICH

Polygonum bistorta **– Wiesenknöterich, Natternwurz**

Familie: Knöterichgewächse – *Polygonaceae*

Beschreibung: Bis 1 m hohe Pflanze mit aufrechtem Stengel. Die grundständigen, langgestielten Blätter sind länglich-eiförmig, unterseits graugrün. Rosarote Blüte in endständiger, walzenförmiger Ähre. Die schlangenförmige, gewundene Wurzel ist fingerdick, außen schwarzbraun, innen rot und fleischig.

Blütezeit: Mai bis August

Geruch & Geschmack: Blätter schmecken süßlich, etwas zusammenziehend.

Standort: feuchte Wiesen, Bachufer (saurer Boden), häufig

Sammelgut & -zeit: *Wurzeln* Mai bis September, junge *Blätter* vor der Blüte

Inhaltsstoffe: in den *Blättern* Gerbstoffe, in den *Wurzeln* Stärke und Gerbstoffe u.a.

Wirkung: blutstillend, stopfend, zusammenziehend

Heilanwendung:

- Tee: Abkochung aus 1 Tl getrockneter *Wurzel* pro Tasse, täglich 2 Tassen gegen Durchfälle, Ruhr, Koliken, innere Blutungen, Spülungen bei Mund- und Zahnfleischentzündungen. *Äußerlich* bei Geschwüren und Wunden.

Verwendung in der Küche:

- Blätter als Gemüse wie Spinat.
- Als Pudding (bzw. Sülze): Knöterichblätter, Brennessel, Frauenmantel und Löwenzahn zu etwa gleichen Teilen zehn Minuten in kochende Kalbsknochenbrühe legen, dann die Blätter zerkleinern. Ein gequirltes Ei, ein zerhacktes, hartgekochtes Ei, Butter, Salz und Pfeffer werden mit den Blättern gemischt, auf kleine Gefäße verteilt und mit der Brühe übergossen. Gut als Beigabe zu kaltem oder warmem Braten.

SCHLEHE

Prunus spinosa **– Schlehdorn, Schwarzdorn**

Familie: Rosengewächse - *Rosaceae*

Beschreibung: 1,50 bis 3 m hoher Strauch mit elliptischen oder verkehrt eiförmigen, gesägten Blättern, die meist in Büscheln an Kurztrieben stehen. Die Äste und Zweige sind mit fast 2 cm langen Dornen bewehrt. Die weißen, 5-zähligen Blüten erscheinen vor den Blättern. Aus ihnen entstehen dunkelblaue, weiß bereifte Steinfrüchte mit gelbem Fruchtfleisch, rund bis länglich, wie kleine Pflaumen.

Blütezeit: März bis April

Geruch & Geschmack: *Blüten* riechen unangenehm süßlich faulig, bittermandelartig, die *Früchte* schmecken leicht säuerlich, herb, stark zusammenziehend, trocken.

Standort: lichte Laubwälder, Waldränder, Hecken, verbreitet

Sammelgut & -zeit: *Blüten* im März bis April, *Beeren* im Oktober, sie verlieren nach dem ersten Frost etwas ihren herben Geschmack.

Inhaltsstoffe: *Blüten:* Blausäureglykoside, Flavone, aromatische Amine, *Früchte:* Gerbstoffe, Zucker, org. Säuren, Pektin, Farbstoffe

Wirkung: *Blüten:* Harntreibend ohne Nierenreizung, angeblich steinlösend (wahrscheinlich durch vermehrte Harnausscheidung), krampflösend, schweißtreibend, etwas stuhlfördernd, *Früchte:* Allgemein kräftigend, leicht stopfend, heilend bei Zahnfleischblutungen und -entzündungen.

Heilanwendung:

- Tee: Aufguß aus den Blüten, 1-2 Tl/Tasse, 2-3 Tassen täglich als stark harntreibendes Mittel bei Nierenkoliken mit Steinen und Grieß, zur Blutreinigung bei Hautunreinheiten und rheumatischen Beschwerden.

Verwendung in der Küche:

- Schlehenlikör: Man sticht die Früchte mit einer Gabel an, füllt mit ihnen Flaschen zu $^2/_3$, gibt eine Tasse Zucker zu und füllt mit Doppelkorn auf. Nach 3-wöchigem Stehen (warmer Ort, oft umschütteln) gießt man die Flüssigkeit ab, ergänzt erneut mit Schnaps, läßt die Früchte diesmal mindestens 4-5 Wochen stehen. Abgießen, beide Ansätze vereinen, evtl. nachsüßen. Man kann den Likör durch Zugabe von Zwetschgenwasser oder durch einen guten Rum verfeinern.
- Schlehen süßsauer: Für 1 kg Schlehen setzt man 500 g Zucker, je ¼ l Rotwein und guten Weinessig (oder ½ l Rotwein und 1 El Essigessenz) 1 Zimtstange und 10 Nelken auf, kocht gut durch und gießt die Flüssigkeit sofort über die Schlehen. Am folgenden Tag wird der Saft abgegossen, erneut aufgekocht und heiß über die Früchte gegossen. Am dritten Tag werden die Schlehen in der Flüssigkeit langsam erhitzt, 5-10 Minuten leise gekocht und in kleine, gut verschließbare Gläser gefüllt.
- Sirup, Gelee: s. Wildkirsche
- Schlehenwein: Möglichst hochreife bzw. „überreife“ Früchte verwenden, denn bei der Nachreife vollziehen sich für die Schlehenweinbereitung sehr erwünschte chemische Vorgänge. Es nimmt nämlich der Säure- und Tanningehalt ab und der Zuckergehalt, vor allem der Fruchtzuckergehalt zu. 1 kg Schlehen zerstampfen, 2 l Zuckerwasser (ca. 300 g Zucker) aufgießen. Nach Zugabe von Kultur-Hefe, gut ist „Sherry“ oder „Portwein“, 8-10 Tage gären lassen, dann abpressen, 2 l Wasser mit 1 kg aufgelösten Zucker hinzufügen, evtl. noch Hefenährsalz und Säuremittel, in einem Gärballon ansetzen. Der Wein wird nach etwa sechs Wochen, wenn die Flüssigkeit völlig klar erscheint, von seinem „Geläger“ abgezogen und in saubere Flaschen gefüllt. Wegen seines Gerbstoffgehaltes und seiner rubinroten Farbe kann er wie Traubenrotwein als

Gesundheits- und Punschwein Verwendung finden, gilt in der Volksmedizin als herzstärkend und allgemein als vitalisierend.

- **Sonstiges:** Blüten in der Apotheke als *Flores Acaciae* (*Flores Pruni spinosae*).

Kommission E: Es gibt eine Monographie von 1990. In ihr wird ein breites Anwendungsgebiet beschrieben, aber da die Wirksamkeit nicht ausreichend belegt ist, kann eine therapeutische Anwendung nicht empfohlen werden. Risiken sind nicht bekannt.

SCHLÜSSELBLUME

Primula elatior **- hohe Schlüsselblume**

Primula veris (= P. officinalis) **- echte, duftende Schlüsselblume**

Himmelsschlüssel, Primel

Familie: Primelgewächse - *Primulaceae*

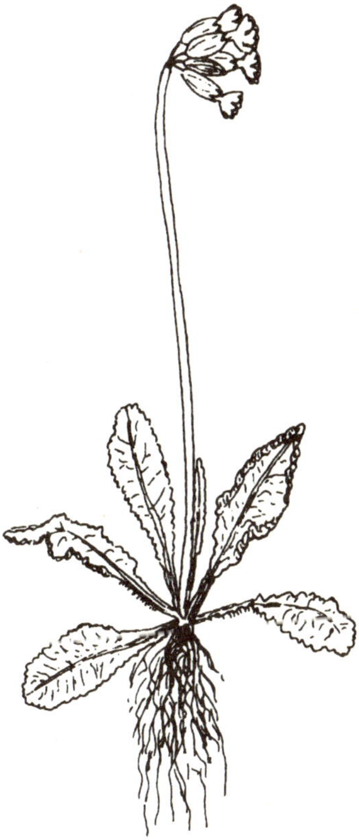

Beschreibung: Beide Arten können je nach Standort im Aussehen stark variieren und sehen sich sehr ähnlich:

10-30 cm hohe Pflanze mit langstieligen, spateligen Blättern in einer Rosette. Sie sind stark runzelig, am Rand gekerbt, oft eingerollt und am Blattstiel herablaufend, ebenso wie der Blütenstengel behaart. 5-15 trichterförrnige, gelbe Blüten in einer einseitswendigen, nickenden Dolde am Ende des blattlosen Blütenschafts. Am Rand des Blütenschlunds dunkelorange Tupfen. Der grüne Blütenkelch ist bei der echten Schlüsselblume bauchig aufgetrieben, ihre Blüten duften stark. Dichtes Büschel von schnurförmigen Wurzeln aus einem kurzen, fast senkrecht verlaufenden Wurzelstock.

Blütezeit: Hohe Schlüsselblume März bis Mai, echte Schlüsselblume etwas später, April bis Mai

Geruch & Geschmack: Blüten der echten Schlüsselblume stark süßlich, die der hohen Schlüsselblume nur schwach duftend. Geschmack unangenehm kratzig.

Standort: Gebüsche, Wiesen, lichte Laubwälder, auf feuchtem Boden, oft an Quellhängen und Bachrändern. Verbreitet, oft geradezu massenhaft, im äußersten Nordwesten seltener.

Sammelgut & -zeit: *Blüten* mit den Kelchen März bis Mai, *Wurzel* nur von angebauten Pflanzen aus eigener Zucht, im Herbst

Inhaltsstoffe: Saponine, vor allem in der Wurzel und im Blütenkelch (die Blütenkronblätter enthalten keine!), ätherisches Öl, Bitterstoffe, etwas Vitamin C

Wirkung: Schleimlösend und -verflüssigend, auswurffördernd, schweiß- und harntreibend, blutreinigend. Blüten leicht beruhigend und schmerzstillend.

Heilanwendung:

- Tee: Aufguß aus *Blüten* mit den Kelchen, 1-2 Tl/Tasse, 2-3 Tassen täglich gegen Husten, Verschleimung und anderen Lungen- und Erkältungskrankheiten. Zur Blutreinigungskur bei Rheuma und Gicht, dabei auch schlaffördernd (Volksheilkunde).
- Tee: Abkochung aus der Wurzel, 1 Tl/Tasse, bis zu 3 Tassen täglich in kleinen Schlucken.

Sonstiges: In der Apotheke Wurzeln als *Radix Primulae*, Blüten als *Flores Primulae cum calycibus*.

Die Pflanze steht unter Naturschutz, unterirdische Teile, d.h. die Wurzeln, dürfen nicht beschädigt oder gesammelt werden. Die im Drogenhandel viel gebrauchten Primelwurzeln kommen daher ausschließlich aus dem Anbau.

Kommission E: Sowohl den Blüten als auch der Wurzel werden in den beiden Monographien von 1988 und 1990 sekretolytische, expektorierende Wirkung bescheinigt. Als Anwendungsgebiet werden „Katarrhe der Luftwege“ genannt, Magenbeschwerden und Übelkeit können vereinzelt als Nebenwirkung auftreten. Gegenanzeige bei Blüten: Bekannte Allergie gegen Primeln.

SCHÖLLKRAUT

***Chelidonium majus* - Schellkraut, Warzenkraut, Goldwurz**

Familie: Mohngewächse - *Papaveraceae*

Beschreibung: 30-70 cm hohe Pflanze mit hohlen, verästelten Stengeln, die wie die Blätter locker behaart sind. Untere Blätter gefiedert, obere fiederspaltig, buchtig gekerbt oder gezähnt, unterseits bläulichgrün. Blüten vierzählig, schwefel- oder goldgelb in wenigblütigen Dolden, meist sind davon nur 1-2 aufgeblüht. Die ganze Pflanze enthält einen dottergelben Milchsaft.

Blütezeit: April bis September

Geruch & Geschmack: Frisch zerdrücktes Kraut riecht unangenehm scharf, getrocknetes ist fast geruchlos, schmeckt bitter und recht scharf.

Standort: auf Schuttplätzen, an Wegen, Zäunen, Waldrändern, Hecken, überall verbreitet, 'gemeines Unkraut'

Sammelgut & -zeit: das junge, blühende Kraut von trockenen Standorten, Mai bis Juli

Inhaltsstoffe: zahlreiche Alkaloide, Chelidonsäure u.a.

Wirkung: Krampflösend, galletreibend, schmerzstillend und schwach zentral beruhigend (narkotisierend, grundsätzlich ähnlich der Wirkung des Opiums, aber wesentlich schwächer und ohne dessen suchterregende Nebenwirkung). Außerdem hautreizend und dadurch heilend bei verschiedenen Hauterkrankungen.

!!! **Vorsicht** !!! Die Pflanze wirkt in größeren Mengen giftig, vor allem die Wurzel, die einen wesentlich höheren Alkaloidgehalt aufweist. Der frische Milchsaft kann bei empfindlichen Personen Entzündungen und Allergien der Haut hervorrufen.

Heilanwendung:

- Tee: Aufguß vom getrockneten Kraut, ½-1 Tl/Tasse, 1-2 Tassen am Tag bei Leber- und Gallenleiden, Koliken und Krämpfen aller Unterleibsorgane. Magen, Darm, Leber, Niere und Blase. Bei Verdauungsstörungen aufgrund zu geringer Gallensekretion.
- Tee: Aufguß vom frischen Kraut, 1 Tasse des kleingehackten Krauts (Gummihandschuhe!) auf 2 l heißes Wasser, 3 Minuten ziehen lassen, dann abseihen. Zu Umschlägen bei der sehr hartnäckigen Schuppenflechte (Psoriasis), Kopfgrind, Ekzemen und anderen Hautkrankheiten. Zu großflächigeren Erkrankungen diesen Teeaufguß auf ein Sitzbad verdünnen.
- Milchsaft direkt von der Pflanze auf Warzen und Hühneraugen auftragen. Täglich wiederholen. Nach einigen Tagen lassen sich die Störenfriede meist abschälen oder gehen von selbst zurück.
- Tinktur von der frischen Pflanze: Man füllt eine dunkle Glasflasche zur Hälfte mit dem frischen Kraut, gießt sofort mit 70 %igem Alkohol auf, läßt den

Ansatz 2 Wochen stehen und filtriert danach. Von dieser Tinktur nimmt man 2–3 mal täglich 15 Tropfen vor dem Essen zur innerlichen Anwendung bzw. einige Tropfen zum Einreiben bei den o.a. Anwendungsgebieten.

Sonstiges: Getrocknetes Kraut in der Apotheke als *Herba Chelidonii.* Diese Pflanze ist, abweichend vom sonst üblichen Verfahren, bei etwa 80 Grad im Backofen schnell zu trocknen. Dadurch werden Enzyme zerstört, die den Tee durch den Abbau seiner Wirkstoffe sonst sehr schnell unwirksam machen würden.

Kommission E: In der Monographie von 1985 werden als Anwendungsgebiete genannt: Krampfartige Beschwerden im Bereich der Gallenwege und des Magen-Darm-Trakts. Als ausreichend gesichert gilt die papaverinartige, leicht spasmolytische Wirkung am oberen Verdauungstrakt. Gegenanzeigen, Neben- und Wechselwirkungen sind keine bekannt.

SEIFENKRAUT

Saponaria officinalis

Familie: Nelkengewächse - *Caryophyllaceae*

Beschreibung: 30–60 cm hohe Pflanze mit aufrechtem, kantigem, feinflaumigem, oft rot bis violett angelaufenem Stengel. Blätter gekreuzt gegenständig, eiförmig bis länglich-spitz, fünfnervig. Weiße bis rötliche Blüten in dichten, endständigen Büscheln am Stengel und seinen Ästen. Starke, bis fingerdicke, tief in den Boden gehende Wurzel mit zahlreichen Ausläufern, außen braun, innen zitronengelb.

Blütezeit: Juli bis September

Geruch & Geschmack: Blüten duften schwach.

Standort: Ruderalgebiete, Flußauen, Straßenränder, Bahngleise, verbreitet bis zerstreut, fehlt in den Alpen

Sammelgut & -zeit: *Wurzel* im Frühjahr und Herbst, *Blätter* im Mai bis Juni

Inhaltsstoffe: reichlich Saponine

Wirkung: auswurffördernd, harn- und schweißtreibend, blutreinigend

Heilanwendung:

- Teeabsud aus der getrockneten Wurzel, 1 Tl/Tasse, täglich 1-2 Tassen warm trinken, gegen stark schleimende Krankheiten der Luftwege, Gelbsucht, Rheuma, Flechten.
- Äußerlich als Waschmittel (seifenfrei) bei Allergien und anderen Hautkrankheiten, als Haarwaschmittel.

Sonstiges: Wurzel in der Apotheke als *Radix Saponariae*

Die reichlich in der Pflanze enthaltenen Saponine erzeugen Schaum, wenn man das Kraut im Wasser zerreibt. Daher der Name.

Kommission E: In der Monographie von 1989 wird als Anwendungsgebiet „Katarrhe der oberen Luftwege" angegeben, die Wirkung als expektorierend durch eine Reizung der Magenschleimhaut beschrieben, in hoher Dosierung zelltoxisch.

SENF, wilder

***Sinapis arvensis* - Ackersenf**

Familie: Kreuzblütler - *Brassicaceae* (*Cruciferae*)

Beschreibung: 30-60 cm hohe Pflanze. Untere Blätter fast leierförmig, unregelmäßig eingebuchtet und gezähnt, obere ungeteilt; alle mit kurzen Haaren besetzt. Schwefelgelbe Blüten in doldenähnlicher Traube, die Kelchblätter stehen waagerecht ab.

Blütezeit: Mai bis August

Geruch & Geschmack: Blätter schmecken scharf.

Standort: Äcker und Wegraine, häufig

Sammelgut & -zeit: junge Blätter April bis Juni

Inhaltsstoffe: ätherische Öle (scharf schmeckende Senföle)

Verwendung in der Küche:

- Als Salat oder spinatartiges Gemüse.
- Als Zugabe zu Salaten, Gemüsen und Suppen.

Sonstiges: Ackersenf wurde im 18. Jahrhundert als Spinatersatz verkauft, ist volkstümlich als Gemüsepflanze aus Not- und Hungerszeiten bekannt.

Gilt als alte Arzneipflanze. Heilwirkung ähnlich dem Hirtentäschel, schwach ausgebildet. Die Samen liefern einen minderwertigen Senf.

STEINKLEE, echter

***Melilotus officinalis* - Echter Steinklee, Honigklee**

Familie: Schmetterlingsblütler - *Papilionaceae*

Beschreibung: 30 bis etwa 120cm hohe Pflanze mit aufrechtem, verästeltem, hohlem, mit Längsrillen versehenem Stengel. Wechselständige, langgestielte, dreizählig gefingerte Blätter. Teilblättchen verkehrt eiförmig, gesägt. Gelbe Schmetterlingsblüten hängen an kurzen Stielen in achselständigen, einseitswendigen Trauben.

Blütezeit: Juni bis September

Geruch & Geschmack: Die Pflanze duftet stark, honigähnlich, in getrocknetem Zustand waldmeisterähnlich. Die Blätter schmecken scharf und bitter.

Standort: Ruderalgebiete, Weg- und Ackerraine, Bahndämme, verbreitet

Sammelgut & -zeit: blühendes Kraut von Juni bis September

Inhaltsstoffe: Cumarin, Cumarin- und Melilotin-Verbindungen, Allantoin, Allantoinsäure und Harnsäure, Schleimstoffe und Cholin

Wirkung: erweichend und zerteilend, schleimlösend, harntreibend, schmerzstillend, durchblutungsfördernd

Heilanwendung:

- Tee: Aufguß aus 1 Tl/Tasse, täglich 1-2 Tassen schluckweise gegen Bronchialkatarrh, Koliken, Hämorrhoiden. Abends 1 Tasse als schlafförderndes Mittel. *Äußerlich* zu Umschlägen bei Geschwüren und eiternden Wunden.

Verwendung in der Küche:

- Trockene Blüten und Blätter zum Würzen von Süßspeisen, aber auch als Würze zu Wild und Fisch.

Sonstiges: Blühendes Kraut in der Apotheke als *Herba Meliloti*. Nicht in größeren Mengen als angegeben verwenden, kann bei Verwendung von großen Mengen zu anhaltender Übelkeit führen.

Ähnlich in der Wirkung und Verwendungsmöglichkeit ist der weiße Steinklee (*Melilotus albus*), der sich vom echten Steinklee nur durch weiße Blüten unterscheidet.

Kommission E: In der Monographie von 1986 bzw.1990 wird der Droge eine antiödematöse Wirkung bei entzündlichem und Stauungsödem durch Zunahme des venösen Rückflusses und Verbesserung der Lymphokinetik bestätigt. Tierexperimentelle Untersuchungen zeigen eine Beschleunigung der Wundheilung. Folgende innere Anwendungsgebiete werden genannt: Beschwerden bei chronisch venöser Insuffizienz wie Schmerzen und Schweregefühl in den Beinen, nächtliche Wadenkrämpfe, Juckreiz und Schwellungen. Zur unterstützenden Behandlung der Thrombophlebitis, des postthrombotischen Syndroms, von Hämorrhoiden und Lymphstauungen. Nebenwirkung: In seltenen Fällen kann es zu Kopfschmezen kommen. Äußere Anwendungsgebiete: Prellungen, Verstauchungen und oberflächliche Blutergüsse. Gegenanzeigen und Wechselwirkungen sind nicht bekannt.

STIEFMÜTTERCHEN, wildes

***Viola tricolor* - Ackerveilchen**

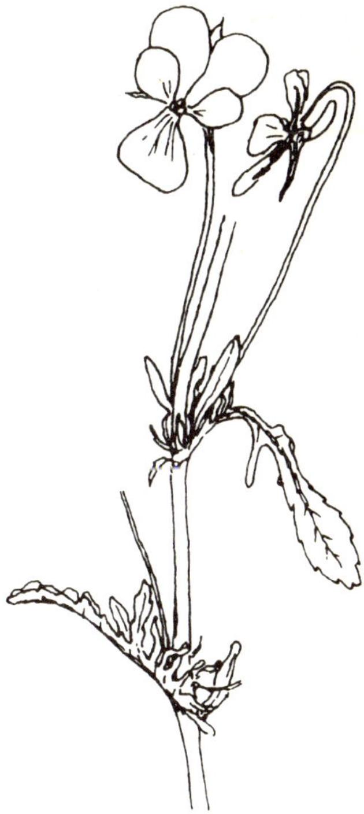

Familie: Veilchengewächse - *Violaceae*

Beschreibung: 15-40 cm hohe Pflanze mit verästeltem, aufrechtem oder aufsteigendem Stengel. Untere Blätter herz- bis eiförmig, obere lanzettlich, gekerbt, mit fiederspaltigen Nebenblättern, wechselständig. Kleine, gelblichweiße bis violette Blüten mit Sporn, lang gestielt, achselständig.

Blütezeit: Mai bis September

Geruch & Geschmack: Die Pflanze hat keinen nennenswerten Eigengeruch, die Blüten schmecken schleimig und etwas scharf.

Standort: Äcker, Wiesen, Dünen, verbreitet

Sammelgut & -zeit: blühendes Kraut vom Mai bis August

Inhaltsstoffe: Saponine und das Glykosid Gaultherin, welches durch fermentative Spaltung Methylsalizylat bildet, Gerbstoffe und Schleim.

Wirkung: schweiß- und harntreibend, blutreinigend und auswurffördernd

Heilanwendung:

- Tee: Aufguß aus 1 El pro Tasse, täglich 1-2 Tassen bei festsitzendem Husten, Gelenkrheuma, vor allem aber als Hauptmittel bei allen Arten von Hautleiden wie Ausschlägen, Ekzemen, Geschwüren, Schorf.

Sonstiges: Blühendes Kraut in der Apotheke als *Herba Violae tricoloris.*

Keine größeren Mengen verwenden, da sie Brechreiz hervorrufen können.

Kommission E: Die Monographie von 1986 beschreibt als Anwendungsgebiete: Leichte, seborrhoische Hauterkrankungen und Milchschorf bei Kindern. Gegenanzeigen, Neben- und Wechselwirkungen sind nicht bekannt.

SUMPFDOTTERBLUME

Caltha palustris

Familie: Hahnenfußgewächse - *Ranunculaceae*

Beschreibung: 15-50 cm hohe, fleischige Pflanze mit liegendem bis aufsteigendem, hohlem Stengel. Blätter nierenförmig mit gekerbtem Rand, Grundblätter gestielt, am Blütenstengel sitzend. Große, goldgelbe 5-zählige Blüten, gehen aus kräftigen Knospen hervor.

Blütezeit: März bis August

Geruch & Geschmack: Blütenknospen schmecken scharf-würzig.

Standort: Langsam fließende Bäche, Gräben, Sumpfwiesen, feuchte Gebüsche, bis in die Alpenregion verbreitet, durch Entwässerung mancherorts gefährdet.

Sammelgut & -zeit: Nur die Blütenknospen vor dem Erblühen März bis Juli. **Vorsicht!** Alle übrigen Pflanzenteile enthalten, wie fast alle Hahnenfußgewächse, ein schwaches Gift. Vom Genuß der Blätter ist daher unbedingt abzuraten!

Verwendung in der Küche:

- Die Knospen werden mit einem milden, leicht gesalzenen Essig kurz aufgekocht und mit der Flüssigkeit bedeckt sofort in kleine Gläser gefüllt. Kühl aufbewahren. Wie Kapern zu Saucen, Suppen, Fleischgerichten u.a. verwenden.

Diesen Hinweis fanden wir in einem Kochbuch aus der Notzeit des letzten Kriegs.

TANNE

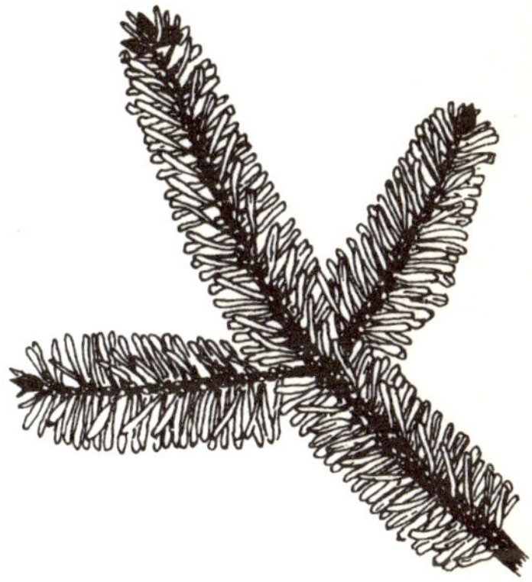

Abies alba (= A. pectinata) **- Weißtanne**

Familie: Kieferngewächse - *Pinaceae*

Beschreibung: Bis 50 m hoher, immergrüner Nadelbaum von pyramidenartiger Gestalt. Nadeln kurz, breit, unterseits mit weißen Streifen. Sie sitzen mit runden Scheibchen an den bogig hängenden Zweigen. Rinde weißlich, schuppig. Zapfen sehr lang, walzenförmig, aufrecht. Sie fallen nach der Reife nicht ab, sondern es lösen sich die einzelnen Schuppen und lassen nur die dünne Mittelspindel stehen. Wie bei der Fichte sind bei Bäumen in dichten Beständen die unteren Äste meist abgestorben.

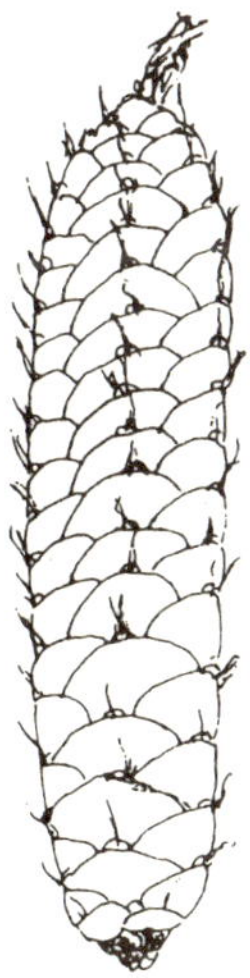

Blütezeit: Mai bis Juni

Geruch & Geschmack: harzig, terpentinartig, 'nach Wald'

Standort: Wälder vor allem der Mittelgebirge und Alpen, in Tälern. Verbreitet, im Norden zerstreut. Aufgrund der höheren Bodenansprüche und Empfindlichkeit seltener als die Fichte. Wegen des wertvolleren Holzes aber auch häufig angebaut.

Sammelgut & -zeit: Die jungen *Triebe* März bis Mai, *Harz* (Terpentin) s. bei Kiefer, *Nadeln* ganzjährig

Inhaltsstoffe, Wirkung und Heilanwendung: s. Kiefer

Sonstiges: Ätherisches Öl in der Apotheke als *Oleum Abietis.*

TAUBNESSEL, weiße

Lamium album **- Bienensaug, falsche Brennessel**

Familie: Lippenblütler - *Lamiaceae* (*Labiatae*)

Beschreibung: 30-60 cm hohe, brennesselähnliche Pflanze mit hohlem, vierkantigem Stengel. Blätter gegenständig, dreieckig bis spitz-eiförmig, scharf gesägt. Stengel und Blätter fein behaart. Weiße Lippenblüten in Scheinquirlen in den Blattachseln, sehr nektarreich.

Blütezeit: April bis in den September

Geruch & Geschmack: mild würzig, aromatisch

Standort: Wege, Mauern, Schutt, Waldränder, Gebüsche, Wiesen, sehr häufig

Sammelgut & -zeit: junge *Blätter* und *Triebe* vor der Blüte von März bis Mai, *Blüten* oder blühendes Kraut von April bis August

Inhaltsstoffe: Schleim, Flavone, Saponine, Gerbstoffe und besonders in den Blüten ätherisches Öl

Wirkung: reizlindernd, auswurf- und verdauungsanregend, krampflösend, allgemein stärkend

Heilanwendung:

- Tee: Aufguß aus Blüten, 1-2 Tl/Tasse, 1-2 Tassen täglich bei Katarrhen der Atemwege, Reizhusten, Verschleimung.
- Tee: Aufguß aus dem blühenden Kraut, Menge wie oben, bei Durchfall, Frauenleiden wie Weißfluß, unregelmäßigen oder zu schwachen Menstruationsblutungen, zur blutreinigenden Frühjahrskur.
- Umschläge gegen Krampfadern, Ausschlag, Geschwüre und Brandwunden.

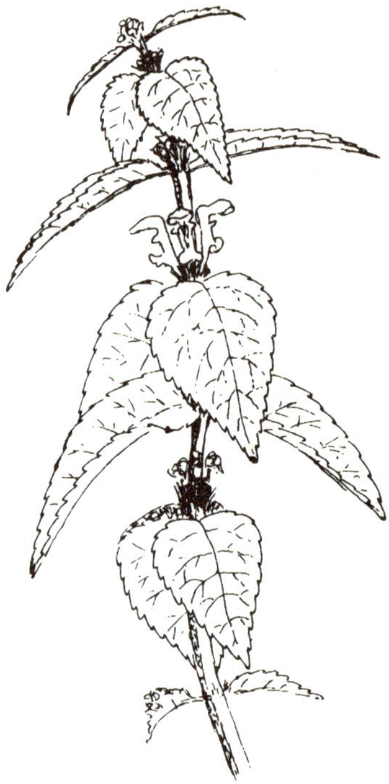

Verwendung in der Küche:

- Taubnesselspinat (für 2 Personen): 6-10 Hände voll junge Pflänzchen oder Blätter grob zerschneiden und in Fett andünsten. Nach etwa 5 Minuten salzen, mit wenig Wasser aufgießen und einen Stich Butter hinzufügen. Nach weiteren 5 Minuten die Blüten von 1-2 Holunderdolden zugeben und noch etwa 5 Minuten garen. Vor dem Servieren mit wenig Stärkemehl andicken, saure Sahne unterziehen und einige Holunderblüten darüberstreuen. Variationsmöglichkeiten: mit Quendelblättern und Wegerich oder mit feingehackten Zwiebeln andünsten, mit Milch ablöschen und mit Muskat würzen, mit Weißwein ablöschen, mit Petersilie und wenig Estragon oder Mädesüß würzen.
- Als Beigabe zu sehr vielen Wildgemüsen und Aufläufen gut geeignet.

Sonstiges: Blüten in der Apotheke als *Flores Lamii albi*.

Kommission E: Mit der 8. Änderungsverordnung über Standardzulassungen (seit 01.02.1996 in Kraft) wurde die zugehörige Monographie gestrichen.

TAUSENDGÜLDENKRAUT

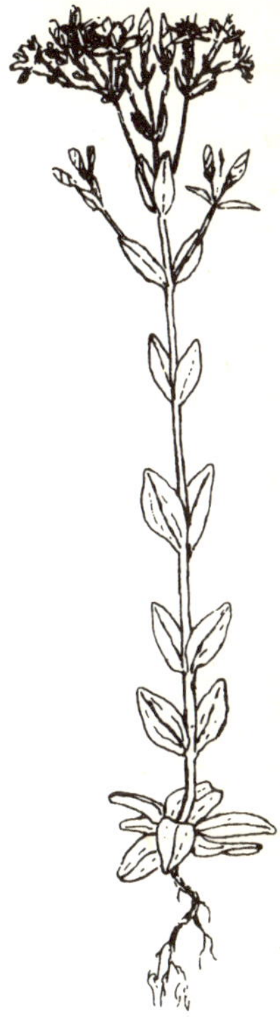

Centaurium minus (= C. erythrea, Erythrea centaurium)
- Gallkraut, Gottesgnadenkraut, Fieberkraut

Familie: Enziangewächse - *Gentianaceae*

Beschreibung: 10-50 cm hohe Pflanze mit aufrechtem, vierkantigem, erst im Blütenstand verzweigtem Stengel. Ovale bis eiförmige Blätter in grundständiger Rosette, Stengelblätter gegenständig, breitlanzettlich bis spitzeiförmig, sitzend, mit 5 parallellaufenden Blattnerven. 5-zählige trichterförmige, rosa- bis fleischrote Blüten in einer flachen Trugdolde.

Blütezeit: Juni bis September

Geruch & Geschmack: Riecht schwach aromatisch, schmeckt stark und anhaltend bitter.

Standort: Wiesen, Waldlichtungen, Trockenhänge, zerstreut

Sammelgut & -zeit: blühendes Kraut Juni bis September

Inhaltsstoffe: Glykosidische Bitterstoffe (Gentiopikrin), Flavone, sehr wenig ätherisches Öl, insgesamt die gleichen Wirkstoffe wie bei der Enzianwurzel

Wirkung: Drüsenanregend, besonders auf die Speichel-, Magensaft- und Gallensekretion. Dadurch appetitanregend, indirekt kräftigend, aufbauend.

Heilanwendung:

- Als Tee: 1 Tl/Tasse Wasser kalt ansetzen, längere Zeit ziehen lassen, schwach erwärmen und gleich abseihen, 1-2 Tassen täglich schluckweise vor den Mahlzeiten bei Magenschwäche, Reizmagen mit Sodbrennen, Appetitlosigkeit, Erschöpfung, Blutarmut.
- Als Beimischung zum Magenbitter.

Sonstiges: In der Apotheke als *Herba Centaurii.*

Tausendgüldenkraut ist eine uralte Heilpflanze, die bereits bei Plinius, Dioskorides und anderen antiken Ärzten genannt wird. Ihr Name geht auf den heilkundlichen Centaur Chiron (ein Fabelwesen der griechischen Mythologie, halb Pferd, halb Mensch) zurück. Als dieser Ursprung vergessen wurde, leitete man den deutschen Namen vom lateinischen centum = hundert / aureus = golden, 'gülden' ab.

Kommission E: Die Droge bewirkt, laut Monographie von 1988 bzw. 1990, die Steigerung der Magensaftsekretion, wird bei Appetitlosigkeit und dyseptischen Beschwerden angewendet. Gegenanzeigen, Neben- und Wechselwirkungen sind nicht bekannt.

TEUFELSKRALLE

***Phyteuma spicatum* - ährige Teufelskralle, Rapunzel**

Familie: Glockenblumengewächse - *Campanulaceae*

Beschreibung: 20-80 cm hohe Pflanze, deren langstielige Grundblätter herzförmig und oft schwarz- bzw. dunkelfleckig sind, Stengelblätter sitzend, zunehmend schmaler lanzettlich, ebenso wie die Grundblätter am Rand gesägt. Blüten klein, mit sehr schmalen Blütenblättern in dichten endständigen Ähren, vor dem Aufblühen hakenförmig gekrümmt. Die Blütenfarbe variiert zwischen gelblichweiß und hellblau. Kräftige, fleischige Pfahlwurzel.

Blütezeit: Mai bis Juli (zuweilen bis Anfang August)

Geruch & Geschmack: mild, süßlich, würzig

Standort: Wiesen und Laubwälder bis in die Alpenregion. Fehlt im äußersten Nordwestdeutschland, sonst verbreitet und häufig

Sammelgut & -zeit: Junge *Blütenähren* Mai bis Juli, junge *Blätter* Mai bis Juli, *Wurzeln* im Herbst oder bis April, im Frühjahr sind sie aber wegen der noch fehlenden Blütenstiele kaum zu entdecken.

Verwendung in der Küche:

- Frisch aufgeblühte *Blütenähren* in wenig Salzwasser kochen, vor dem Servieren mit etwas heller oder brauner Butter oder mit Kräuterbutter übergießen.
- *Blütenähren* und die jungen *Blätter* grob geschnitten als Zugabe zu milden Kräutersuppen, Spinat und leicht angekocht zu verschiedenen Salaten.
- Die *Wurzeln* abbürsten, in Salzwasser weichkochen, schälen (bzw. abschaben und danach in wenig Salzwasser kochen). Daraus kann man mit Äpfeln, Pellkartoffeln, hartgekochten Eiern und anderen Zutaten einen vorzüglichen Salat zubereiten, am besten mit Sauerrahm, Joghurt oder einer selbst gerührten Mayonnaise, ein wenig weißem Pfeffer oder Meerrettich abschmecken.

Sonstiges: Diese einheimische Teufelskralle ist nicht verwandt mit der aus Afrika stammenden Teufelskrallenwurzel, die mit gutem Erfolg bei Arthrose, Arthritis und anderen Beschwerden des rheumatischen Formenkreises verwendet wird.

VOGELBEERE

***Sorbus aucuparia* - Eberesche**

Familie: Rosengewächse - *Rosaceae*

Beschreibung: Bis 15 m hoher Busch oder häufiger als schlanker Baum mit unpaarig gefiederten Blättern. Einzelne Fieder langoval, scharf gesägt. Blüten 5-zählig, weiß, in auffallenden großen Trugdolden. Leuchtend korallenrote oder gelbrote, kugelige Beeren in großen, hängenden Büscheln.

Blütezeit: Mai bis Juni

Geruch & Geschmack: *Blüten* riechen etwas unangenehm, *Beeren* schmecken sauer, zusammenziehend.

Standort: Lichte Wälder, Bergwälder, Schluchten, oft in Parks, Gärten, Hecken (Ackerbegrenzung) und an Straßen angepflanzt, Pionierpflanze, häufig.

Sammelgut & -zeit: Ganze, sehr reife Beerenrispen (die einzelnen Beeren erst nach dem Waschen mit der Gabel abstreifen), Ende August bis Anfang November, sie werden nach dem ersten Frost milder (evtl. Tiefkühltruhe).

Inhaltsstoffe: Organische Säuren, Sorbit (ein Zucker-Austauschstoff), Vitamin C, Zucker, Gerbstoffe, Pektin, Karotin-Farbstoffe. Außerdem in geringen Mengen die schwach giftige Para-Sorbinsäure und in den Kernen das Blausaureglykosid Amygdalin.

Verwendung in der Küche:

Zum Entbittern der Beeren kann man diese nach dem Abrebeln über Nacht in reichlich verdünntem Essig liegen lassen.

➢ Gelee: Die wie oben angegeben vorbereiteten Beeren werden mit der gleichen Menge ungeschälter, zerschnittener Äpfel und wenig Wasser angesetzt und auf kleiner Flamme weichgekocht, dann zerstampft. Diese Masse läßt man über Nacht durch ein Tuch ablaufen, drückt den Rückstand dann noch gut aus. Zu 1 l des so gewonnenen Saftes gibt man 1 kg Zucker, bringt alles unter ständigem Rühren langsam zum Kochen, kocht dann 5 Minuten oder länger gut durch, wobei man den aufsteigenden Schaum immer wieder mit einem

Schaumlöffel oder Kaffeesieb abschöpft, und füllt nach erfolgreicher Gelierprobe noch heiß in Gläser.

- Likör (Jarcebinka): Dieser Likör wird in der Tschechoslowakei aus der etwas milderen böhmischen Vogelbeere hergestellt, die entbitterten Beeren sind aber genauso zu verwenden: 400 g vollreife Beeren werden nach der angegebenen Vorbereitung zerstampft, ohne die Kerne zu zerstören (also keinen Mixer oder Hackgerät verwenden, der Likör schmeckt sonst zu stark nach Bittermandel), man füllt sie in ein nichtmetallenes Gefäß und läßt die Masse nur leicht zugedeckt etwa eine Woche an einem warmen Platz gären. Danach preßt man sie gut aus, hebt die gegorene Flüssigkeit in einer Flasche auf und ergänzt mit 70 %igem Alkohol auf das doppelte Volumen. Den Preßrückstand setzt man mit ½ l Doppelkorn an und läßt ihn unter häufigem Umschütteln 2 Wochen stehen. Danach preßt man ihn erneut aus, gibt diesen zweiten Auszug zu dem ersten, süßt mit ¼ l Zuckersirup und füllt gegebenenfalls mit Doppelkorn auf 1 l auf. Dieser Likör sollte vor dem Genuß mindestens ½–1 Jahr ablagern!

Sonstiges: Der lateinische Name „aucuparia" bedeutet: zum Vögel fangen.

Verwandt mit der Eberesche sind die Sorbusarten Elsbeere, Speierling und Mehlbeere, deren Früchte ebenfalls verwendet werden können.

VOGELKNÖTERICH

Polygonum aviculare **– Blutkraut, Flohkraut**

Familie: Knöterichgewächse *Polygonaceae*

Beschreibung: Die einjährige Pflanze wird bis zu 50 cm hoch, hat niederliegende, stark verästelte Stengel, die mit rötlich-braunen Knoten versehen sind. Die Äste sind bis zur Spitze mit kleinen, ungestielten, eiförmigen bis lanzettlichen Blättern besetzt. Die blattachselständigen Blüten sind klein, grün-weiß bis rötlich.

Blütezeit: Juni bis Oktober

Geruch & Geschmack: Die Blätter schmecken herb-würzig und zusammenziehend.

Standort: auf Äckern, Schuttplätzen, Bahndämmen, Straßenpflaster, Wegen und an Wegrändern, verbreitet und häufig, formenreich

Sammelgut & -zeit: junge *Blätter* Mai bis Juli oder das blühende *Kraut* August bis September

Inhaltsstoffe: Bis zu 1 % des Trockengewichts Kieselsäure, außerdem Gerbstoff, ätherisches Öl und Schleim.

Wirkung: harnreinigend und -treibend, schmerz- und blutstillend, zusammenziehend

Heilanwendung:

- Tee: 2 Tl pro Tasse, mit kaltem Wasser ansetzen, zum Sieden erhitzen, nach 5-10 Minuten abseihen, täglich bis zu 3 Tassen gegen Magen- und Darmgeschwüre, innere Blutungen, Lungenleiden, vor allem Tuberkulose, Husten, Durchfall, Nierenbeschwerden, Hämorrhoiden, gegen Brechdurchfall von Säuglingen.

Die Pflanze soll beim Trocknen nicht oder nur wenig berührt werden, da sie sonst dunkelbraun oder schwarz wird.

Verwendung in der Küche:

- Junge Blätter sehr fein hacken und in etwas Fett andünsten, wenig Knoblauch hinzugeben, salzen.
- Zu Mischgemüsen
- Zu Hausteemischungen

Sonstiges: Kraut in der Apotheke als *Herba Polygoni avicularis*

Kommission E: Eine Monographie wurde 1987 erstellt und 1990 ergänzt. Eine adstringierende Wirkung wird bestätigt, als Anwendungsgebiete werden „Leichte Katarrhe der Luftwege", entzündliche Veränderungen der Mund- und Schleimhaut angegeben. Es gibt keine Risiken.

VOGELMIERE

***Stellaria media* – Vogelsternmiere, Hühnerdarm, Mäusedarm**

Familie: Nelkengewachse - *Caryophyllaceae*

Beschreibung: Stark verzweigtes, bis 60 cm hoch werdendes Kraut mit liegenden oder aufsteigenden, dünnen, runden Stengeln. An den Stengeln ist eine deutlich erkennbare Längsreihe von Haaren zu sehen. Blätter gegenständig, untere gestielt, obere sitzend-eiförmig, spitz. End- oder gabelständige, kleine, weiße, sternförmige Blüten.

Blütezeit: vom Frühjahr bis zum Herbst

Geruch & Geschmack: Die Blätter (bzw. das Kraut) schmecken mild und leicht zusammenziehend.

Standort: Wiesen, Äcker, Schutt, sehr verbreitet, formenreich

Sammelgut & -zeit: das ganze Kraut vom April bis September

Inhaltsstoffe: Saponine, weitere nicht bekannt.

Heilanwendung:

➢ Teeaufguß aus 1-2 Tl/Tasse, täglich 2 Tassen gegen leichte Erkältungskrankheiten, Husten, Halsreizungen, Rheuma und Gicht.

➢ Als Auflage bei Wunden und Geschwüren, auch bei Ausschlägen.

Verwendung in der Küche:

➢ Gemüse: Speck und Zwiebeln anbraten, klein gehacktes Kraut dazugeben, mit Salz und Muskat würzen, 15 Minuten dünsten, etwas Wasser oder Wein auffüllen. Vor dem Servieren andicken und geröstete Nuß- oder Mandelsplitter darüberstreuen.

➢ Gut in Mischgemüsen, wegen des milden Geschmacks zum Auffüllen geeignet.

➢ Salat: Das Kraut von harten Stengeln und gelben Blättern befreien, klein schneiden. Marinade aus Essig, Öl, viel Schnittlauch und Wiesenknopf (oder anderen würzig schmeckenden Kräuter), Salz, evtl. etwas Pfeffer. Schmeckt als Salat auch gut mit anderen Kräutern wie Löwenzahn, Sauerampfer, Wegerich, Giersch (von diesem in der Mischung nicht viel und nur ganz junge Blätter verwenden).

Sonstiges: Bekannt als Stubenvogelfutter.

WACHOLDER

Juniperus communis **- Machandel, Feuerbaum, Weihrauchbaum**

Familie: Zypressengewächse - *Cupressaceae*

Beschreibung: Der Wacholder gehört zu den Nadelhölzern, kommt als Baum oder Strauch vor und wird bis zu 10 m hoch. Die Blätter sind nadelförmig, spitz und hart, stehen in 3-zähligen Quirlen waagerecht am Stengel. Die Blüten sind 2-häusig. Die männlichen sind aus zahlreichen Staubgefäßen zusammengesetzt, gelb, blattachselständig. Die grünlichen weiblichen Blüten bestehen aus drei nebeneinander stehenden, aufrechten Samenknospen auf kurzen Trieben. Die aus dem oberen Teil dieses Zapfens entstehende kugelige Frucht ist im ersten Jahr grün, erst im zweiten oder dritten Jahr schwarzbraun, bläulich bereift.

Blütezeit: April bis Mai

Geruch & Geschmack: Der Wacholder riecht harzig-würzig, die Beeren schmecken süßlich und würzig.

Standort: Heiden, lichte Nadelwälder, Magerweiden, Sandboden, zerstreut

Sammelgut & -zeit: Der Wacholder steht in Deutschland unter Naturschutz, die Beeren dürfen jedoch gesammelt werden, und zwar im Herbst des zweiten oder dritten Jahres.

Inhaltsstoffe: ätherisches Öl, Bitterstoff, Juniperin, Invertzucker, Gerbstoff, Harz, Flavonglykoside

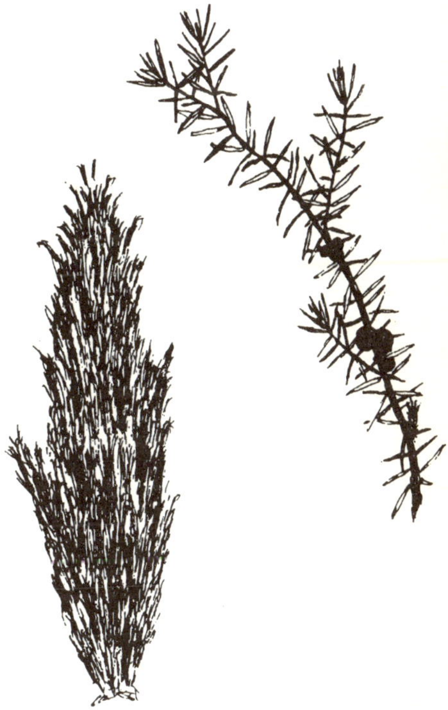

Wirkung: stark harntreibend, keimtötend, blutreinigend, appetitanregend, nieren- und uterusreizend, hustenreizmildernd und schleimlösend

Heilanwendung:

- Teeaufguß aus zerquetschten Beeren, 1-2 Tl/Tasse, täglich 1-2 Tassen oder
- getrocknete Beeren (5-10), Mus oder Sirup (s. unten) vor dem Essen gegen Magen- und Darmerkrankungen, inekiöse Stoffwechelstöunen, Appetitlosigkeit, Wasserucht, Rheuma, Arthrosen, Blasenleiden.
- Wacholderöl wird meist aus den reifen Beeren (auch aus Nadeln und Holz) hergestellt. Verwendet wird es zum Inhalieren bei Bronchitis, Keuchhusten und Katarrhen oder in der Sauna wie bei Ölen der Kiefernarten (s. dort) oder tropfenweise auf Zucker bzw. in Wein, besonders heilsam bei Magen- und Darmerkrankungen.
- Wacholdertinktur: 1 Pfund Beeren in 2 l Weingeist ansetzten, 14 Tage warm stehen lassen, abseihen. Verwendbar als Einreibemittel bei Rheuma, Ischias, Gicht und ähnlichen Leiden.

- Wacholderbranntwein wird durch Destillation von Weingeist oder Schnaps über Wacholderbeeren gewonnen, feinere Arten durch Vergären der zuckerhaltigen Beeren und anschließende Destillation (Steinhäger, Genever, Gin).
- Wacholder-Spiritus: 1 Teil Wacholderöl, 3 Teile reinen Alkohol, zum Einreiben.
- Wacholdersirup: 150 g Beeren mit 1 l Wasser über Nacht stehen lassen. Vorsichtig erhitzen und 3-5 Minuten sanft kochen. Kochwasser durch ein Sieb abgießen und aufheben. Beeren sorgfältig zerdrücken und durch das Sieb passieren. Rückstand mit einem Teil des Kochwassers noch einmal erhitzen und erneut durchpassieren. Vorgang ein zweitesmal wiederholen. Danach Kochwasser und die durchpassierte Masse mischen und genügend Honig zugeben, daß die Flüssigkeit sirupartig wird (durchpassierte Masse und genügend Honig im Verhältnis 1:1 zu einer sirupartigen Flüssigkeit mischen). Anzuwenden besonders bei Lungentuberkulose im Kindesalter, bei Erkrankungen der Luftwege. Kinder 3 mal täglich 1 Stunde vor dem Essen 1 Tl Erwachsene 2 Tl.

Verwendung in der Küche:

- Beeren als Gewürz zu Sauerkraut, Fleischgerichten, zum Einmachen und Marinieren.

Sonstiges: Beeren in der Apotheke als *Fructus Juniperi*, zahlreiche Zubereitungen.

Nicht in großen Mengen und nicht bei Nierenleiden und während der Schwangerschaft verwenden. Reichlicher Genuß kann zu Nierenreizungen und -entzündungen führen, während der Schwangerschaft zu krampfartigen Schmerzen, Uterusblutungen etc. Aus diesem Grund wird von der früher beliebten, blutreinigenden, entwässernden Kneippschen Wacholderkur (an aufeinanderfolgenden Tagen je 1, 2, 3, aufsteigend bis 15, dann zurück bis zu einer Beere, gründlich zerkauen) abgeraten!

Kommission E: Sie schreibt in der 1984 erstellten Monographie den Beeren eine Anwendung bei dyspeptischen Beschwerden zu. Tierexperimentell ist eine vermehrte Harnausscheidung nachgewiesen sowie eine direkte Wirkung auf die Kontraktion der glatten Muskulatur. Gegenanzeigen: Schwangerschaft und entzündliche Nierenerkrankungen. Bei langdauernder Anwendung oder bei Überdosierung können Nierenschäden auftreten.

WALDERDBEERE

Fragaria vesca

Familie: Rosengewächse - *Rosaceae*

Beschreibung: Die Pflanze wird 5-20 cm hoch. Aus dem kräftigen Wurzelstock treiben grundständige, gestielte, dreizählig gefiederte (das mittlere Fiederblatt ist kurz gestielt), gesägte, rundlich bis eiförmige Blätter. Stengel wie Blätter stark behaart. 3-10 zarte, weiße, 5-zählige Blüten an den aufrechten, wenig beblätterten Stengeln. Oft Ausläufer mit Tochterpflanzen. Rote Beeren (eigentlich Scheinfrüchte), außen mit gelblichen Nüßchen besetzt.

Blütezeit: Mai bis Juni, Reifezeit Juni bis Juli

Geruch & Geschmack: Blätter schmecken herb und zusammenziehend, alte bitter.

Standort: Wälder, Gebüsch, Waldwiesen und -wege, Hänge, verbreitet und häufig

Sammelgut & -zeit: *Blätter* oder das ganze Kraut im Mai bis Juni, *Früchte* ab Juni bis Anfang August

Inhaltsstoffe: In den *Blättern:* Gerbstoffe, Aromastoffe. In den *Früchten:* Zucker (vor allem Fruchtzucker), Aromastoffe, Vitamine, reichlich Vitamin C.

Wirkung: *Blätter:* Zusammenziehend, blutstillend, schwach stopfend, schwach harntreibend (vgl. Brombeere, Himbeere), *Früchte:* Wertvolles Kräftigungsmittel, entschlackend, abführend.

Heilanwendung:

- Tee: Aufguß aus den Blättern, 1 El/Tasse, mehrmals täglich (2-3 Tassen) bei Durchfall, zu starker Monatsblutung, zur Mundspülung bei Mundfäule und *äußerlich* zu Umschlägen bei Verletzungen.
- Die Früchte wirken, vor allem frisch und in größeren Mengen genossen, kräftig blutreinigend. Eventuell auftretende nesselartige Ausschläge sind nicht immer auf Unverträglichkeit bzw. Allergie zurückzuführen, sie können auch durch die plötzliche Ausschwemmung abgelagerter Giftstoffe hervorgerufen werden. Eine Heilanwendung kann besonders bei rheumatischen Gichtleidenden beobachtet werden, da die in Gelenken und Geweben abgelagerten Giftstoffe und Schlacken sehr gut ausgeschwemmt werden. Die Frucht ist durch ihren hohen Fruchtzuckergehalt (Fructose wird vom Körper nicht verdaut) auch für Diabetiker in geringeren Mengen geeignet.
- Ebenso verwendbar: Erdbeersaft, möglichst Frischsaft, der in der Tiefkühltruhe eingefroren wurde. Diesen aber aus Garten- oder Monatserdbeeren bereiten und die Walderdbeeren frisch essen!

Verwendung in der Küche:

- Dessert: Frische, saubere Früchte nur wenig zuckern und mit Sahne oder frischer Milch servieren.
- Erdbeerbowle: 2 Tassen Erdbeeren mit 1 El Zucker und 1 Flasche vollem, kräftigem Rotwein 1 Stunde ziehen lassen (oder evtl. roten Sekt verwenden).
- Milchshake: 1 Tasse Erdbeeren im Mixer zerkleinern, ½ l kalte Milch zugeben und noch 1 Minute schlagen.
- Sonstige Verwendung von Erdbeeren kann man in fast allen Kochbüchern nachlesen, aber verwenden Sie die Walderdbeeren frisch, zum Einkochen oder Saftbereiten sind sie viel zu schade.
- Haustee: Die grünen, getrockneten Blätter kann man als wohlschmeckenden Tee , 1 Tl/Tasse, verwenden. Er erinnert im Aroma an chinesischen Tee, wirkt aber nicht kreislaufanregend wie dieser.
- Zum Fermentieren s. Brombeerblätter.

Sonstiges: Blätter in der Apotheke als *Folia Fragariae.*

Kommission E: Die Anwendung findet ausschließlich volksmedizinisch statt. Eine Wirksamkeit bei den den Erdbeerblättern zugeschriebenen Anwendungsgebieten wird in der 1990 erstellten Monographie nicht bestätigt. Erdbeerblätter können bei Personen mit Allergie gegen Erdbeerfrüchte Überempfindlichkeits-Reaktionen auslösen.

WALDMEISTER

Galium odoratum (Asperula odorata)

Familie: Rötegewächse - *Rubiaceae*

Beschreibung: 10-30 cm hohe Pflanze mit vierkantigem, aufrechtem Stengel. Stiellose Blätter, lanzettlich, zu 6-8 quirlständig, am Rande mit feinen Borsten behaftet. Kleine weiße Blüten in endständigen Trugdolden, sternförmig, trichterig.

Blütezeit: Mai bis Juni

Geruch & Geschmack: Leicht zerriebene oder trockene Blätter duften stark, „Waldmeistergeschmack".

Standort: schattige Laubwälder, Buchenbegleiter, sehr häufig

Sammelgut & -zeit: Für die Verwendung in der Küche Pflanze vor dem Blühen, für die Heilanwendung das blühende Kraut im Mai bis Juni.

Inhaltsstoffe: Cumarin (wird erst beim Welken freigesetzt), Flavone (Asperulosid), Gerb- und Bitterstoffe.

Wirkung: gefäßerweiternd, krampflösend, entzündungswidrig (Asperulosid), leicht harn- und schweißtreibend, beruhigend

Heilanwendung:

- Teeaufguß (oder Kaltwasserauszug) aus 1-2 Tl/Tasse, täglich 1-2 Tassen, nicht mehr, da das Cumarin bei größeren Mengen Kopfschmerzen verursachen kann. Gegen Gelbsucht, Neigung zu Grieß- und Harnsteinbildung, Migräne, Neuralgie, Wassersucht, Hämorrhoiden, Durchblutungsstörungen.
- *Äußerlich:* Zerquetschtes Kraut auflegen bei Kopfschmerzen, auch bei Ausschlägen.

Verwendung in der Küche:

- Waldmeister-Bowle: Waldmeister vor Gebrauch in einem gut verschlossenen Steingut- oder Porzellangefäß 2 Tage lang trocknen lassen. Für 1 l Bowle verwendet man 6-10 Stengel Waldmeister. Man setzt die ganzen getrockneten Blätter bzw. Stengel in einer kleinen Menge Wein an, läßt sie eine halbe Stunde (oder länger) ziehen. Dann nimmt man die Blätter heraus, füllt mit Wein auf, etwas Zitronenschale und Zitronensaft, evtl. Zucker und/oder Erdbeeren, Pfirsiche dazugeben, zum Schluß Sekt hinzufügen. Oder: 20-25 Stengel zusammenbinden, einige Stunden welken lassen, am Faden in das Bowlengefäß hängen, mit 1 Flasche Wein und 1 Flasche Sekt übergießen, eine in sehr dünne Scheiben geschnittene (ungespritzte) Orange dazugeben, Waldmeister nach ca. 15 Minuten herausnehmen.
- Besonders gut schmeckt auch: Waldmeister in Apfelsaft ziehen lassen, wirkt sehr belebend.
- Wackelpeter (Waldmeister - Götterspeise): 1 kleinen Bund angewelkten Waldmeister, bzw. 3 Tl des getrockneten, läßt man in ½ l herbem Weißwein und 100 g Zucker (½ Tasse) etwa 1 Std. ziehen, danach seiht man ab. Währenddessen läßt man 1 Päckchen Gelatine (die Menge für ½ l Flüssigkeit) in wenig Wasser quellen, erhitzt dann, bis sie völlig aufgelöst ist und gibt sie zu dem gewürzten Wein. Man füllt ihn in eine Glasschüssel oder Portionsgläser und läßt ihn im Kühlschrank erstarren. Dazu Schlagsahne.
- Waldmeistercreme: 2 Tl getrockneten oder einige Stengel frischen Waldmeister läßt man in ¼ l herbem Weißwein ¼ Std. lang ziehen, seiht ab und rührt 1 geh. El Stärkemehl hinein. In einem Topf erhitzt man ⅛ l Milch mit 2 gehäuften El Zucker, gibt den Wein mit der Stärke hinzu und läßt unter ständigem Rühren kurz aufkochen. Man trennt 2 Eier, rührt die Eigelb unter die heiße Masse und zieht dann das steif geschlagene Eiweiß vorsichtig unter. Sofort in Portionsschalen füllen.

Sonstiges: In der Apotheke als *Herba Asperulae odoratae.*-Es gibt eine Reihe von Labkräutern, die dem Waldmeister ähnlich sehen. Diese sind zwar nicht giftig, entwickeln aber nicht dessen typisches Aroma. Im Zweifelsfall zerreiben Sie einen Stengel und warten ein paar Minuten, bis sich der Duft entwickelt.

WASSERFENCHEL

Oenanthe aquatica **- Roßkümmel, Pferdesaat, Fenchelgarbe, Roßfenchel**

Familie: Doldenblütler - *Apiaceae* (*Umbelliferae*)

Beschreibung: 50-150 cm hohe Sumpfpflanze mit möhrenartiger Wurzel und sparrig-ästigem, röhrigem, kahlem und geripptem Stengel. Die Blätter sind gestielt, 2-5-fach fiederteilig. Unterwasserblätter haarfein zerschlitzt. Kleine weiße Blüten in zusammengesetzter Dolde, Dolde mit 8-12 Strahlen, nicht hohl. Frucht bis 5 mm lang, grünlichbraun, länglich-eiförmig, etwas gerippt.

Blütezeit: Juli bis August

Geruch & Geschmack: Der Geruch der Pflanze und der Frucht ist eigentümlich stark, unangenehm, die Früchte schmecken scharf, gewürzhaft, an Fenchel erinnernd.

Standort: seichte, stehende und fließende Gewässer, selten

Sammelgut & -zeit: Früchte August bis September

Inhaltsstoffe: ätherische Öle mit Phellandren und Kieselsäure

Wirkung: harn- und schweißtreibend, auswurffördernd, beruhigend, wirkt stärker als der Fenchel.

Heilanwendung:

- Tee: Abkochung oder Aufguß aus 1 Tl/Tasse, täglich 2 Tassen mit Honig gegen Bronchialkatarrh, Husten und Asthma.
- Äußerlich als Wundmittel: Teeabsud oder frisch zerquetschtes Kraut verwenden.

Sonstiges: In der Apotheke als *Fructus* bzw. *Semen Phellandrii.*

Verwechslungsgefahr: Mit dem äußerst giftigen gefleckten Schierling. Dieser unterscheidet sich jedoch deutlich durch kleine Hüllblättchen am Ansatzpunkt der Doldenstrahlen, stachelspitzige Fiederblättchen und einen unten bläulich oder rot gefleckten Stengel. Seien Sie bitte bei dem Doldenblütlern besonders vorsichtig und verwenden Sie keine Pflanzen, die Sie nicht eindeutig kennen oder bestimmen können! 'Ähnlich' reicht nicht!

WASSERPFEFFER

Polygonum hydropiper

Familie: Knöterichgewächse - *Polygonaceae*

Beschreibung: 30-50 cm hohe Pflanze mit meist aufrechtem, ästigem und reich beblättertem Stengel. Die wechselständigen, lanzettlichen Blätter kommen aus einer häutigen Scheide hervor, die die knotigen Verdickungen des Stengels umhüllt. Kleine grüne Blüten mit am Rand roten Hüllblättchen in lockerer, endständiger Rispe.

Blütezeit: Juli bis September

Geruch & Geschmack: Geruch scharf würzig, Geschmack brennend scharf und würzig

Standort: feuchte Wiesen, Gräben, Bachufer, verbreitet

Sammelgut & -zeit: junge Blätter, möglichst vor der Blüte, Mai bis Juli (August)

Verwendung in der Küche:

- Nur in kleinen Mengen und frisch als Gewürz wie Pfeffer verwenden. Dem fast oder ganz fertigem Essen zufügen, nicht mitkochen, da sich Schärfe und Aroma sonst verlieren.

Sonstiges: Die Unterscheidung auch der nicht blühenden Pflanze von anderen ähnlichen Knöterichen ist durch ihren scharfen Geschmack, der bei den übrigen Arten nicht so stark ausgeprägt ist, leicht möglich.

WEGERICH

Plantago lanceolata **- Spitzwegerich**
Plantago major **- Breitwegerich**
Plantago media **- Mittlerer Wegerich**

Familie: Wegerichgewächse - *Plantaginaceae*

Beschreibung der verschiedenen Species:

Spitzwegerich: Bis zu 50 cm hohe Pflanze mit schmalen, lanzettförmigen, parallelnervigen Blättern in einer grundständigen Rosette. Unscheinbare Blüten mit auffallenden weißen Staubblättern in einer kurzen, kolbenartigen Ähre, die auf einem langen, furchigen, blattlosen Stengel steht.

Breitwegerich: Bis 40 cm hohe Pflanze mit breit-eiförmigen, länglich-elliptischen Blättern an langen Stielen in grundständiger Rosette. Unscheinbare Blüten in einer langen, walzenförmigen Ähre.

Mittlerer Wegerich: Bis 50 cm hohe Pflanze mit kurzgestielten, breit elliptischen Blättern in einer grundständigen Rosette. Unscheinbare Blüten in einer kurzen walzenförmigen Ähre.

Blütezeit: alle Arten Mai bis Oktober

Geruch & Geschmack: Kein ausgeprägter Geruch, Geschmack leicht grasig, salzig, zusammenziehend, mild.

Standort: Wege und Wegränder, Wiesen und Weiden, Feldraine, Schuttplätze, überall sehr häufig

Sammelgut & -zeit: junge Blätter März bis August

Inhaltsstoffe: Glykoside, Schleim, Kieselsäure

Wirkung: reizmildernd, auswurffördernd, blutstillend und wundheilend

Heilanwendung (alle Arten):

- Teeaufguß 1 El/Tasse, täglich 1-3 Tassen bei Erkrankungen der Atemwege wie Katarrhe, Verschleimung, Husten, Asthma.
- Frisch ausgepreßter Saft zu Blutreinigungskuren, 2-3 El/Tag.
- *Äußerlich:* Frisch gepflückte, zerquetschte Blätter (oder sauberen Lappen mit dem Preßsaft) auf Wunden und Verbrennungen (nicht auf offene, großflächige

Brandwunden), Geschwüre und Hautflechten legen, wirkt heilend und blutstillend.

Verwendung in der Küche:

- Feingewiegte Blätter zu Salaten, Mischgemüsen, als Rohkost.
- Breitwegerichblätter (auch andere) evtl. von den Fasern befreien und in Pfannkuchenteig ausbacken.
- Wegerichgemüse: Junge Blätter in feine Streifen schneiden und zusammen mit wenig Ackerhellerkraut, Hirtentäschel, Sauerampfer oder anderen Kräutern in Fett andünsten, Salz und etwas Wasser hinzufügen und gute 10 Minuten garen lassen. Mit Rotwein oder Wasser angießen, mit Mehl oder Stärke binden. Vor dem Servieren saure Sahne unterziehen und geröstete Zwiebeln darüberstreuen.
- Wegerich-Knödel (5 Personen): 6-8 altbackene Brötchen entrinden, Rinde zerstoßen oder mahlen. Die Brötchen in dünne Scheiben schneiden und beides mit wenig Milch einweichen. Einige Handvoll Wegerichblätter kleinhacken und mit Zwiebeln zusammen ca. 10 Minuten in Butter dünsten, danach zu den eingeweichten Brötchen geben. Etwas Mehl, 3-4 Eier, einige Löffel saure Sahne, Salz und Muskatnuß zufügen, gut durchmischen und etwa ½ Std. stehen lassen. Sollte die Masse zu weich sein, noch etwas Paniermehl untermischen. Masse gut durchkneten, Knödel formen und ca. 10-15 Minuten in schwach siedendem Salzwasser ziehen lassen.
- Wegerichstrudel: Man bereitet einen Strudelteig aus ¼ l lauwarmem Wasser, 1 Ei, 3 Eiweiß, etwas Butter, Salz und genügend Mehl, um einen schwer reißenden Teig zu bekommen, und zieht ihn dünn aus. Während der Teig ruht, röstet man in viel Butter Semmelbrösel, fügt ihnen fein gewiegte Wegerichblätter, Zwiebeln, weitere frische Wildkräuter und Bärlauch hinzu, würzt mit Salz und etwas Pfeffer, läßt das Ganze 5-10 Minuten dünsten und verteilt es nach dem Abkühlen gleichmäßig auf dem Strudelteig. Nun wird der Teig zusammengerollt, in einen gebutterten Bräter (Kasserolle) gelegt, mit wenig Fleischbrühe angegossen und bei Mittelhitze im Backofen goldgelb gebacken.
- Blätter gründlich trocknen (evtl. im Backofen nachtrocknen) und im Mörser zerstoßen, in gut verschlossenen Gläsern aufbewahren. Als Suppenpulver oder Würze zu Saucen zu verwenden.

Sonstiges: Blätter in der Apotheke als *Herba Plantaginis.*

Samen vom Breitwegerich als Vogelfutter für Körnerfresser.

Kommission E: 1985 wurde eine Monographie erstellt, in der dem Wegerich reizmildernde, adstringierende und antibakterielle Wirkung bestätigt wird. Anwendungsgebiete: Katarrhe der oberen Luftwege, entzündliche Veränderungen der Mund- und Rachenschleimhaut, entzündliche Veränderungen der Haut.

WEGWARTE

***Cichorium intybus* - Wilde Zichorie, wilde Endivie**

Familie: Korbblütler - *Asteraceae* (*Compositae*)

Beschreibung: 30–120 cm hohe Pflanze mit starker Pfahlwurzel und hohlem, rauhhaarigem, sperrigem, stark ästigem Stengel. Untere Blätter schrotsägeförmig, obere ungeteilt länglich, stengelumfassend. Blaue Zungenblüten in Körbchen in den Blattachseln.

Blütezeit: Juli bis September

Geruch & Geschmack: Blätter und auch die Wurzel schmecken bitter.

Standort: an Weg- und Straßenrändern, auf Weiden und Schuttplätzen, sehr häufig

Sammelgut & -zeit: junge *Blätter* im April bis Mai, das ganze *Kraut* im Sommer, die *Wurzeln* im September bis November

Inhaltsstoffe: In der Wurzel Inulin, Cholin und der Bitterstoff Intybin, in der Pflanze gleiche Substanzen in geringeren Mengen.

Wirkung: galle- und harntreibend, verdauungsfördernd

Heilanwendung:

➢ Tee: Aus Kraut und Wurzeln, 1 Tl/Tasse, kalt ansetzen und aufwallen lassen, täglich 2 Tassen gegen Leberleiden, Gallensteine, Gelbsucht und Verdauungsschwäche.

➢ Als Diät bei Zuckerkranken (Inulin!) eignet sich besonders die *Wurzel*.

➢ Der Frischsaft soll eine Senkung des Blutzuckerspiegels herbeiführen.

Verwendung in der Küche:

➢ *Wurzel* geröstet als Kaffee-Ersatz.

➢ *Wurzel* als Gemüse, erst gründlich wässern, um den etwas bitteren Geschmack zu entfernen.

- *Blätter* als Salat: Junge Blätter klein schneiden (in Streifen wie Endivien) und in eine mit Knoblauch ausgeriebene Schüssel geben. Mit Öl und Zitrone, Salz und kleinen, in Knoblauchfett gerösteten Brotstückchen anmachen.
- *Blätter* als Salat: In Streifen schneiden, mit klein gehackten Zwiebeln, Joghurt, wenig klein geschnittenen Kapern und Pfeffer mischen.
- *Blätter* als Gemüse.

Sonstiges: Wurzel in der Apotheke als *Radix Cichorii.*

WEIDE

***Salix alba* - Silberweide**
***Salix fragilis* - Bruch-, Kopfweide**
***Salix purpurea* - Purpurweide**
***Salix nigricans* - schwarze Weide**

Familie: Weidengewächse - *Salicaceae*

Beschreibung: Bäume oder Sträucher mit dünnen, aber sehr zähen und biegsamen, wenig verästelten Zweigen. Diese haben eine glatte, grüne bis rötlichbraune Rinde. Die Blätter der verwandten Arten sind schmal, lanzettlich, am Blattrand mehr oder weniger gesägt, nur sehr kurz gestielt. Die Pflanzen sind zweihäusig, d.h. männliche und weibliche Blüten sind auf getrennten Pflanzen, die Blüten selbst klein und unscheinbar in dichten, kätzchenartigen Blütenständen, den bekannten Weidenkätzehen. Sehr formenreich, viele, nur vom Fachmann unterscheidbare Unterarten, die in der Wirkung aber gleich sind.

Blütezeit: März bis April, vor Erscheinen der Blätter

Geruch & Geschmack: Blätter und Rinde schmecken bitter, zusammenziehend, nur anfangs fast süßlich, danach kratzend.

Standort: feuchte Plätze wie Bäche, Gräben, feuchte Auwälder, Flußufer, Hochmoore, verbreitet, aber nicht sehr häufig

Sammelgut & -zeit: Rinde mehrjähriger Zweige und Äste im April oder Oktober

Inhaltsstoffe: Salicylsäure-Verbindungen, Gerbstoffe

Wirkung: fiebersenkend, schmerzstillend, schweiß- und harntreibend, keimtötend, zusammenziehend (gerbend), entzündungswidrig

Heilanwendung:

- Tee: ½–1 Tl/Tasse kalt ansetzen, 2 Stunden ziehen lassen, danach kurz erhitzen und sofort abseihen, höchstens 2 Tassen am Tag bei schmerzhaften rheumatischen oder gichtigen Beschwerden (gleichzeitig schmerzstillend und ausschwemmend), bei Durchfall (stopfend, desinfizierend und giftausschwemmend).
- *Äußerlich* verwendet man den Teeaufguß zu Umschlägen bei Hautunreinheiten, Ekzemen.

Sonstiges: In der Apotheke als *Cortex salicis.*

Die noch im vergangenen Jahrhundert große Bedeutung der Weidenrinde ist durch die, zunächst aus ihr gewonnenen, jetzt aber synthetisch produzierten Salicylverbindungen fast völlig zurückgegangen. Das den Weiden-Inhaltsstoffen nachempfundene Aspirin war das erste Chemotherapeutikum (1898 von Hoffman bei Bayer synthetisiert) und stellt damit einen Meilenstein dar auf dem Weg zu einer 'chemischen' Medizin. Auch die frühere Bedeutung als Material zum Körbeflechten ist durch Plastik fast ganz verdrängt. Die Weiden stehen unter Naturschutz. Sie dürfen gewerbsmäßig, d.h. in größeren Mengen, nicht gesammelt werden.

Kommission E: Der Weidenrinde werden in der Monographie von 1984 antiseptische, antiphlogistische und analgetische Wirkungen bestätigt. Als Anwendungsgebiete werden genannt: Fieberhafte Erkrankungen, rheumatische Beschwerden, Kopfschmerzen. Wechselwirkungen können auf Grund der wirksamkeitsbestimmenden Bestandteile wie bei Salicylaten auftreten. Bei der Aufbereitung des bisherigen wissenschaftlichen Erkenntnismaterials liegen jedoch keine gesicherten Hinweise dafür vor.

WEIDENRÖSCHEN

Epilobium angustifolium (Chamaenerion angustifolium) **– Waldweidenröschen, schmalblättriges Weidenröschen, Stauden-Feuerkraut**

Familie: Nachtkerzengewächse - *Onagraceae* (*Oenotheraceae*)

Beschreibung: 50–150 cm hohe Pflanze mit rötlichem, meist kahlem, schwach behaartem Stengel und schmal-lanzettlichen, 1–2 cm breiten, wechselständigen Blättern. Rote bis rotviolette, genagelte, bis zu 1,5 cm lange Blüten (4 Blütenblätter) in einer langen, lockeren Traube. Aus ihnen gehen lange, knotige Kapseln mit stark wollig behaarten Samen hervor. Kriechender Wurzelstock mit vielen Stengeln wie beim Spargel.

Blütezeit: Juli bis August

Geruch & Geschmack: Blätter und junge Triebe schmecken säuerlich.

Standort: auf Kahlschlägen, Lichtungen, in Schonungen und an Waldrändern, bis auf die Hochgebirgsregionen, überall sehr häufig

Sammelgut & -zeit: junge Triebe, Sprossen und Blätter von Mai bis September

Inhaltsstoffe: Gerb- und Schleimstoffe (vor allem in der Wurzel), weitere nicht bekannt

Heilanwendung:

- In den letzten Jahren werden vor allem die kleinblütigen Weidenröschen-Arten mit teilweise sehr gutem Erfolg als Tee bei Prostata-Beschwerden getrunken. Hier sollte man einen schwachen Aufguß, davon aber reichlich trinken, 1 Tl/Tasse, davon mindestens 1-2 l am Tag.

Verwendung in der Küche:

- Blätter als Salat: Etwas saure Sahne, Zitrone und Öl, Salz und verschiedene Kräuter mischen und über die grob geschnittenen Blätter geben.
- Blätter und Triebe als Gemüse: Etwas rohen Schinken oder durchwachsenen Speck mit Zwiebeln anrösten, kleingeschnittene Triebe und Blätter dazugeben, weichdünsten, süße Sahne unterziehen und mit frischen Kräutern würzen.
- Triebe wie Spargel in Salzwasser kochen, in kalter Kräuter- oder Knoblauchsauce servieren.
- Mischgemüse mit Luzerne, Wegerich, Vogelmiere, Knoblauchsrauke und Melde.
- Haustee: Aus jungen, vor der Blüte gesammelten und getrockneten Blättern, sehr schmackhaft, auch gut zu Teemischungen.

WEISSDORN, zweigriffeliger

Crataegus oxyacantha **– Hagedorn, Mehldorn**

Familie: Rosengewächse - *Rosaceae*

Beschreibung: Mittelgroßer Strauch, je nach Standort auch bis 6 m hoher Baum, sehr astreich, verzweigt und knorrig. Die Äste und Zweige sind mit ½ bis 2 cm langen Dornen besetzt. Die Blätter sind 3-5-lappig, gesägt, alt ledrig und zäh. 5-zählige, weiße, unangenehm riechende Blüten in Rispen. Früchte kugelig und rot in Büscheln, mehlig.

Blütezeit: Mai bis Juni

Geruch & Geschmack: *Blätter* schmecken nußartig, *Früchte* säuerlich-zusammenziehend, die *Blüten* riechen unangenehm, modrig.

Standort: Gebüsche, Laubwälder, verbreitet und formenreich

Sammelgut & -zeit: Junge *Blätter* kurz nach der Entfaltung im April bis Mai, für Heilzwecke im Mai bis Juni, *Blüten* im Mai bis Juni, *Früchte* im September.

Inhaltsstoffe: *Blüten:* Flavone, pflanzliche Amine, ätherische Öle und verschiedene, noch nicht erforschte Substanzen. *Blätter:* Ähnliche Zusammensetzung, zusätzlich Gerbstoffe. *Früchte:* Wie oben, außerdem Pektin und Vitamin.

Wirkung: Blüten, Blätter und Früchte sind gleichermaßen herzstärkend, beruhigend, blutdruckregulierend (-senkend) ohne Nebenwirkungen!

Heilanwendung:

- Tee: Aufguß aus Blüten und Blättern, 1 Tl/Tasse, 2-3 Tassen täglich bei Altersherz, Herzmuskelschäden, Rhythmusstörungen und anderen Funktionsstörungen sowie nervösen Herzstörungen (zusammen mit Baldrian).

Verwendung in der Küche:

- Junge Blätter und Blütenknospen als Gemüse und Salat.
- Blütenknospen in Gebäck.
- Früchte als Beigabe zu Gelees.

➢ Blätterteig sehr dünn auswalzen, die Oberfläche mit kleingeschnittenen, jungen *Weißdornblättern* dicht bestreuen, darauf dünne Speckstreifen verteilen. Dann rollt man den Teig fest zu einer dicken Wurst zusammen und bäckt sie in Fett oder im Backofen im Bräter aus. Zum Servieren schneidet man die Rolle in Scheiben und begießt sie mit Sauce und Weißdornhlütenknospen. Sehr gut schmeckt dazu eine Wildkräutersauce aus Hirtentäschel, Löwenzahn, Gänseblümchen und Sauerampfer.

Sonstiges: In der Apotheke Blüten als *Flores*, Blätter als *Folia* und Früchte als *Fructus Crataegi.*

Der eingriffelige Weißdorn (*Crataegus monogyna*) mit seinen tief fiederspaltigen Blättern kann genau so verwendet werden und hat die gleiche Wirkung.

Kommission E: In den beiden, für die Weißdornblätter mit Blüten und die Weißdornfrüchte erstellten Monographien von 1994 findet sich der Hinweis, daß die Drogen sowie wäßrig-alkoholische, weinige Auszüge und Frischpflanzensaft traditionell zur Stärkung und Kräftigung der Herz-Kreislauf-Funktionen eingenommen werden. Diese Angaben beruhen ausschließlich auf Überlieferung und langjähriger Erfahrung. Eine Wirksamkeit konnte bisher allerdings nicht belegt werden. Risiken sind keine bekannt.

WERMUT, echter

***Artemisia absinthium* - Absinth, Würmerkraut, Weiber-, Jungfern-, Johannisgürtel- und Sonnenwendkraut,**

Familie: Korbblütler - *Asteraceae* (*Compositae*)

Beschreibung: 60-125 cm hohe, ausdauernde, buschartige Pflanze mit ästigen, seidig behaarten Stengeln. Die seidig-filzigen Blätter sind unten 2-3-fach, oben einfach fiederspaltig mit länglich-lanzettlichen Lappen. Zahlreiche gelbe, filzige, nickende Blütenköpfehen in rispigen Ähren.

Blütezeit: Juli bis September

Geruch & Geschmack: Die Pflanze riecht und schmeckt herb würzig.

Standort: Schuttplätze, Wegränder, trockene Standorte, verbreitet

Sammelgut & -zeit: Blätter oder blühendes Kraut vom Juli bis September

Inhaltsstoffe: ätherische Öle (Thujon, Thujol, Phellandren), Bitterstoffe, Gerbstoffe

Wirkung: Regt die Sekretion der Magendrüsen an, verdauungsfördernd, galletreibend.

Heilanwendung:

- Tee: Aufguß aus 1/2 bis 1 Tl/Tasse, morgens 1 Tasse auf nüchternen Magen oder über den Tag verteilt in kleinen Schlucken gegen Appetitlosigkeit, Verdauungsbeschwerden wie Magen- und Darmkrämpfe, Koliken, Übersäuerung des Magens und Völlegefühl, bei Leberleiden und Blasenkatarrh.
- Wermuttinktur: Wermutkraut mit verdünntem Weingeist ansetzen, ca. 200 g auf 1 l, 1-3 mal täglich 10-15 Tropfen.
- Wermutwein: Etwa 20-30 g Wermutkraut für 1 l Wermutwein ansetzen und bis zur gewünschten Stärke ziehen lassen, abseihen. Vor dem Essen trinken.

Sonstiges: Kraut in der Apotheke als *Herba Absinthii.*

Wermut nicht verwenden bei Neigung zu inneren Blutungen, Magengeschwüren und blutenden Hämorrhoiden.

Wermutabsinth, ein grüner Likör, der besonders in Frankreich gern getrunken wurde, kann bei übermäßigem Genuß zu Gehirnstörungen und Verblödung führen. Er ist heute verboten und durch harmlose Bittermittel ersetzt.

Das Kraut wurde früher auch als wirksames Mittel gegen Eingeweidewürmer geschätzt.

Ähnlich wirksam ist der Beifuß, der aber erheblich weniger bitter schmeckt.

Wermuttee kann im Gartenbau gegen Obstmaden und Kohlfliegen, auch gegen Erdflöhe verwendet werden. Sehr wirksam!

Kommission E: Eine Monographie wurde 19848 erstellt. Als Anwendungsgebiete werden Appetitlosigkeit, dyspeptische Beschwerden und Dyskinesien der Gallenwege genannt. Allerdings liegen keine verwertbaren experimentellen pharmakologischen Daten aus neuerer Zeit vor. Die Wirkung im Sinne eines Amarum aromaticum wird auf den Gehalt an Bitterstoffen und ätherischen Ölen zurückgeführt.

WIESENBOCKSBART

Tragopogon pratensis

Familie: Korbblütler - *Asteraceae* (*Compositae*)

Beschreibung: 30-70 cm hohe Pflanze mit fleischigem, oben etwas dicker werdendem, beblättertem Stengel. Blätter stengelumfassend, grasartig schmal, am Grund scheidig erweitert. Stengel und die rübenartige Wurzel enthalten reichlich einen weißen, süßlichen Milchsaft. Blütenkörbchen gelb, etwa 5 cm Durchmesser, nur Züngenblüten, umgeben von sehr langen, schmalen Kelchblättern. Zur Fruchtreife eine große fedrige Kugel, ähnlich dem Löwenzahn.

Blütezeit: Mai bis Juli

Geruch & Geschmack: mild, etwas süßlich

Standort: fette Wiesen, Wegränder, zerstreut, stellenweise häufig

Sammelgut & -zeit: junge *Blätter* und *Triebe* mit Knospen von April bis Juni, *Wurzeln* September bis Oktober

Inhaltsstoffe: Wurzel enthält Inulin.

Verwendung in der Küche:

- Blätter und Triebe mit Knospen als Gemüse, allein oder mit herberen Kräutern gemischt.
- Wie Spargel: Junge Triebe gebündelt in Salzwasser kochen und vor dem Servieren mit Kerbel-, Petersilien- oder Kräuterbutter übergießen.
- Auflauf: Triebe in Stücke schneiden, in eine gefettete Auflaufform abwechselnd mit zerdrückten Petersilienkartoffeln oder mit in Taubnesselspinat zerdrückten, aufgeweichten Brötchen schichten, mit 2-3 Eiern übergießen, etwas Käse darüber reiben und im Backofen goldbraun backen.
- Roher Salat aus den Stielen: Stiele in kurze Stückchen schneiden und mit Zitrone, kleingehacktem Wiesenknopf, Petersilie, Salz und Öl, oder mit saurer Sahne und Äpfeln, anmachen.
- Stielmus: Gekochte Stiele zerdrücken, mit etwas Mehl andicken, mit Muskat und Piment würzen, braune Butter unterziehen.
- Wurzelgemüse wie Schwarzwurzeln.
- Wurzelsalat: Die gekochten Wurzeln in dünne Scheiben schneiden, Marinade aus Salz, Zitronensaft und Öl, geraspelten Nüssen und Äpfeln, Zwiebeln und Kräutern.

WIESENKNOPF

***Sanguisorba officinalis* - großer Wiesenknopf**

***Sanguisorba minor* - kleiner Wiesenknopf**

Pimpinell

Familie: Rosengewächse - *Rosaceae*

Beschreibung beider Arten:

Großer Wiesenknopf: Wird bis 150 cm hoch, hat grundständige, unpaarig gefiederte Blätter mit tiefgezähnten, spitzeiförmigen bis herzförmigen Fiedern. Am hohen, beblätterten, verzweigten Stengel sitzen endständig mehrere dunkle, blutrote, länglich-eiförmige Blütenköpfchen.

Kleiner Wiesenknopf: Ist dem großen sehr ähnlich, wird aber nur etwa bis 70 cm hoch. Die unpaarig gefiederten Blätter haben rundliche, tiefgezähnte Fieder. Die Blütenköpfchen sind wesentlich unscheinbarer, klein und kugelig, zunächst grün, später rot überlaufen.

Blütezeit: Der große Wiesenknopf blüht vom Juni bis August, der kleine vom Mai bis Juni.

Geruch & Geschmack: angenehm würzig, herb

Standort: *Großer Wiesenknopf:* Auf Hochmooren, nassen Wiesen, sehr häufig, oft massenhaft. *Kleiner Wiesenknopf:* Auf Trockenrasen, an Wegrändern, wärmeliebend, zerstreut, stellenweise aber massenhaft.

Sammelgut & -zeit: junge Blätter vom Frühjahr bis Herbst

Inhaltsstoffe: Gerbstoffe und Saponine

Heilwirkung: Nach der alten medizinischen Signaturenlehre schrieb man der Pflanze blutstillende Wirkung zu, was durch den hohen Gerbstoffgehalt auch bestätigt wird.

Verwendung in der Küche:

- Wiesenknopf-Cocktail: Einige Wiesenknopfstengel zerdrücken, mit etwas Whisky, Puderzucker und Zitronensaft verrühren, pulverisierte bzw. kleingestoßene Eisstückchen untermischen und in Gläser über zerkleinerte Eisstückchen gießen. Mit Wiesenknopf garnieren.
- Wiesenknopf-Essig: ¼ l trockenen Weißwein, ¼ l Weinessig, 1 Tasse frisch gehackte Wiesenknopfblätter, ½ gehackte Zwiebel oder 5 Zehen Knoblauch und etwas Melisse mischen und etwa eine halbe Stunde leicht kochen, filtrieren und in Flaschen abfüllen. Nach 2 Wochen in kleinere Gebrauchsflaschen umfüllen und in diese noch einige frische Stengel Wiesenknopf geben.
- Wiesenknopfknödel wie Wegerichknödel.
- Vor allem der kleine Wiesenknopf schmeckt gut als Würze oder Beigabe zu Kräuterbutter und zu Kräuterquark, Brotaufstrich, Salaten, Suppen und Gemüsen.

Sonstiges: Der Name kommt von den blutroten Blütenköpfchen. Die volkstümlich verwendete Bezeichnung „Pimpinell" gehört eigentlich zu einer völlig anderen Art, der Bibernelle (Pimpinella), einem dem Anis verwandten Doldengewächs. Der Name ist wahrscheinlich wegen der ähnlich gestalteten Blätter übernommen worden.

WIESENSCHAUMKRAUT

Cardamine pratensis **– Kuckucksblume, Wiesenkresse**

Familie: Kreuzblütler – *Brassicaceae* (*Cruciferae*)

Beschreibung: 15–50 cm hohe Pflanze mit hohlem, fast rundem Stengel. Grundblätter rosettig, drei- bis elfzählig gefiedert mit größerer, ausgeschweift dreilappiger Endfieder. Teilblättchen rundlich. Stengelblätter fiederschnittig, Fiederchen ganzrandig und schmal. Die Blüten sind zart violett oder rötlich bis weiß, netzartig geadert, mit gelben Staubgefäßen.

Blütezeit: April bis Juni

Geruch & Geschmack: Die Blätter schmecken würzig, etwas bitter, dem Geschmack der Brunnenkresse verwandt.

Standort: feuchte Wiesen, Auwälder, Bergwiesen und feuchte Laubwälder, formenreich, zerstreut bis verbreitet

Sammelgut & -zeit: junge Blätter und Stengelspitzen mit Knospen im März bis Mai

Inhaltsstoffe: reichlich Senföle und Vitamin C

Wirkung: stoffwechselanregend, harntreibend

Heilanwendung:

- Wurde früher gegen Skorbut, Wassersucht und bei chronischen Hautausschlägen verwendet, am wirksamsten als Frischsaft oder Salat.

Verwendung in der Küche:

- Als Rohkost, Salat oder Beigabe zu Salaten und Gemüsen.

Sonstiges: Der Name bezieht sich auf den Schaum, den man häufig am Stengel findet. Er rührt von der Schaumzirpe, einer Insektenlarve, her.

WILDKIRSCHE

Prunus avium (= Cerasus avium) **-**
Süßkirsche, gemeine Vogelkirsche, Waldkirsche

Familie: Rosengewächse - *Rosaceae*

Beschreibung: 10 bis 20 m hoher Laubbaum mit glatter Rinde, die rund um den Baum geringelt ist. Die Blätter sind spitz-eiförmig mit doppelt gesägtem Rand, kurz gestielt. Der Blattstiel hat 1-2 warzige Drüsen. Weiße, fünfzählige Blüten in lockeren Scheindolden. Aus ihnen entstehen kleine, dunkelrote, oft fast schwarze Steinfrüchte, die an dünnen, schwach holzigen, grünen Stielen sitzen bzw. hängen.

Blütezeit: April bis Mai, Reifezeit Juni bis Juli, August

Geruch & Geschmack: Die Blüten duften schwach, die Früchte schmecken reif sehr süß und aromatisch, Stiele bitter und zusammenziehend.

Standort: Laubwälder, Hecken, v.a. am Rand von Quellabhängen an kleinen Tälern, an Wegen- und Straßenrändem, verbreitet, stellenweise massenhaft. Oftmals verwilderte, kultivierte Kirschen.

Sammelgut & -zeit: reife Früchte und Fruchtstiele im Juni bis Juli

Inhaltsstoffe: *Früchte:* Zucker, v.a. Fruchtzucker, Aromastoffe, Vitamine. In den Kernen reichlich Blausäureglykoside. *Stiele:* Gerbstoffe, Blausäureglykoside.

Wirkung: Saft der Früchte als Kräftigungsmittel bei kleinen Kindern, Kirschenstiele wirken stark entwässernd.

Heilanwendung:

➢ Teeabkochung aus den Stielen, 1 schwacher Tl/Tasse, 2 Tassen täglich bei Harnverhaltung, zur Blutreinigung bei Gicht und Rheuma.

Verwendung in der Küche:

➢ Sirup: Die Früchte werden mit wenig Wasser aufgesetzt und langsam weich gekocht (5-10 Minuten), dann zerdrückt, ohne die Kerne zu zerstören, und durch ein Flanelltuch ausgepreßt. Den Saft versetzt man mit der gleichen Menge Zucker und, wenn er nicht säuerlich genug schmeckt, mit dem Saft einer Zitrone auf 1l. Man füllt ihn in kleine Flaschen ab, die man verschließt und pasteurisiert.

➢ Likör: Man füllt eine 0,7 l Flasche zu $^2/_3$ mit Kirschen, gibt 200 g Zucker zu und schüttet bis zum Flaschenrand Doppelkorn hinzu. Nach 2-3-wöchigem Stehen an einem sonnigen Platz (öfter umschütteln!) gießt man ab und füllt erneut mit Doppelkorn auf. Diesmal laßt man die Früchte 4-6 Wochen stehen, gießt dann ab und mischt beide Ansätze gut durch. Man gibt nun nach Geschmack noch Zucker hinzu, auch einige Schnapsgläser voll Kirschgeist. Das Aroma wird gesteigert, wenn man die Kirschen vor dem zweiten Ansatz zerdrückt. - Wer den Geschmack liebt, kann auch 2-3 Kirschkerne zerstoßen und dem Ansatz zufügen. Die alkoholisierten Kirschen schmecken sehr gut gezuckert und in Milch oder Schlagsahne.

➢ Piroggen: s. Heidelbeerpiroggen.

➢ Sonstige Verwendung als Obst wie die gezüchteten Süß- oder Sauerkirschen, wobei die Wildkirsche zwar kleiner, aber meist wohlschmeckender ist.

Sonstiges: Die Stiele der kultivierten Kirscharten in der Apotheke als *Stipites Cerasorum.*

Die Wildkirsche wurde erst von den Römern aus Kleinasien über die Alpen gebracht, ihr Anbau wurde schon durch Karl den Großen empfohlen. Bereits in prähistorischer Zeit aber kannte man hier schon die einheimische Traubenkirsche.

TRAUBENKIRSCHE

Prunus padus

Familie: Rosengewächse - *Rosaceae*

Beschreibung: 5-15 m hoher Strauch oder schlanker Baum, von der Gestalt und den Blättern der Wildkirsche sehr ähnlich. Die etwas kleineren, weißen Blüten stehen in dichten, meist hängenden Trauben. Die in Trauben hängenden, schwarzen Steinfrüchte sind meist kleiner als die der Wildkirsche.

Blütezeit: April bis Mai

Geruch & Geschmack: Blüten riechen unangenehm, Früchte schmecken süß und aromatisch.

Standort: Au- und Laubmischwälder, selten bis zerstreut, stellenweise häufig

Sammelgut & -zeit: reife Früchte und Fruchtstiele im September bis Oktober

Alle übrigen Angaben wie oben.

WINDE

***Convolvulus arvensis* - Ackerwinde**

Familie: Windengewächse - *Convolvulaceae*

Beschreibung: Die Pflanze hat eine Pfahlwurzel, aus der ein langer, liegender oder windender, kahler Stengel treibt. Blätter wechselständig, pfeilförmig, gestielt. Einzelne trichterförmige Blüten auf Stielen in den Blattachseln, weiß mit rötlichen Streifen oder rosarot, duftend. Die Pfahlwurzel bildet zahlreiche Seitenwurzeln, bis über 1 m im Umkreis, aus deren Knoten oder abgetrennten Stückchen neue Pflanzen treiben. Ganze Pflanze führt einen bitteren weißen Milchsaft.

Blütezeit: Juni bis Oktober

Geruch & Geschmack: Blüten angenehm duftend; die ganze Pflanze schmeckt bitter, zusammenziehend.

Standort: auf Äckern, Feldrainen, Wegen, Gärten, Schuttplätzen, Weinbergen, sSehr verbreitet und häufig, schwer auszurotten.

Sammelgut & -zeit: *Wurzel* März bis April und September bis Oktober, blühende *Pflanze* Juni bis August

Inhaltsstoffe: Harze, Harzglykoside, Gerbstoffe und eine blutgerinnungsfördernde Substanz

Wirkung: abführend

Heilanwendung:

- Als Teeaufguß 1 schwacher bis gehäufter Tl/Tasse Wasser (nach Bedarf individuell ausprobieren, mit geringer Dosierung anfangen), morgens und abends 1 Tasse bei Verstopfung.
- **Sonstiges:** Von gleicher, fast noch stärkerer Wirkung ist die Zaunwinde.

ZAUNWINDE

Calystegia sepium (= ***Convolvulus sepium***)

Familie: Windengewächse - *Convolvulaceae*

Beschreibung: Insgesamt sehr ähnlich der oben beschriebenen Ackerwinde. Die Pflanze windet aber vorzugsweise an Zäunen, Gebüschen, Baumstämmen, die Blüten sind etwas größer, sie kommen aus 2 auffälligen Vorblättern hervor, die auch nach Abfallen der Blütenkrone noch stehen bleiben.

Alle übrigen Angaben wie bei der Ackerwinde.

WOLFSTRAPP

Lycopus europaeus

Familie: Lippenblütler - *Lamiaceae* (*Labiatae*)

Beschreibung: 20-100 cm hohe, krautige Pflanze mit vierkantigen Stengeln, kreuzgegenständigen, breitlanzettlichen Blättern, die am Rand tief und grob gesägt bis gekerbt sind. Kleine, weiße, nur schwach asymmetrische Lippenblüten in dichten Quirlen in den oberen Blattachseln.

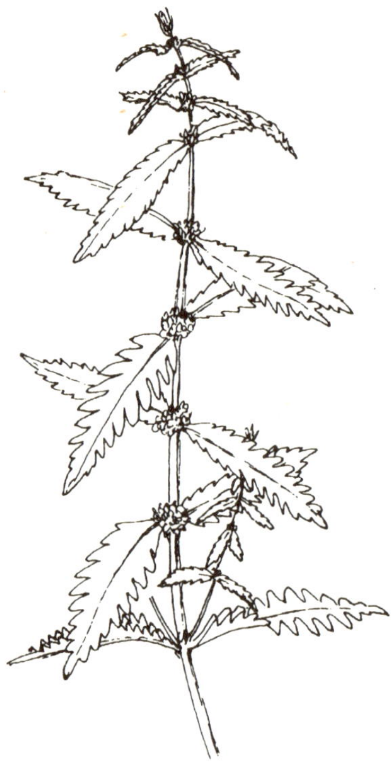

Blütezeit: Juli bis August

Geruch & Geschmack: schwach, etwas bitter und zusammenziehend

Standort: Wälder und Gebüsche an feuchten Stellen, stehendem oder fliessendem Wasser, in ganz Europa verbreitet, zerstreut

Sammelgut & -zeit: blühendes Kraut im Juli

Inhaltsstoffe: Lycopin, Lithospermsäure, wenig ätherisches Öl, Gerbstoffe, hoher Gehalt an Fluorverbindungen

Wirkung: Verringert die Schilddrüsenfunktion, härtet den Zahnschmelz.

Heilanwendung:

- Als Teeaufguß, 1 gehäufter Tl/Tasse, 1-2 Tassen täglich über einen längeren Zeitraum gegen Überfunktion der Schilddrüse und deren Folgeerscheinungen: Kropf, Nervosität, nervöse Herzstörungen, Neigung zu Depressionen in den Wechseljahren.
- Zum Mundspülen und Gurgeln bei Karies, zur Vorbeugung ½ Tasse täglich.

VERWENDUNG

HEILANWENDUNG

Wir sind in diesem Buch bei der Zusammenstellung von Rezepten in erster Linie von selbst gesammelten Pflanzen und Kräutern ausgegangen. Es wird aber nicht immer möglich sein, alle in einem Rezept angegebenen Pflanzen bzw. deren Trockenpräparate vorrätig zu haben oder sie im Bedarfsfall auf einer benachbarten Wiese sammeln zu können.

Deshalb sind bei den meisten Rezepten die für einen bestimmten Tee brauchbaren Pflanzen nach Wirkungsgruppen angeordnet. Um nun eine möglichst gute Wirkung zu erzielen, sollte bei einer ausgewogenen Teemischung von jeder dieser Gruppen mindestens eine Pflanze vertreten sein. Die verhältnismäßigen Anteile einer jeden Gruppe wurden dazu ebenfalls angegeben. Im allgemeinen nimmt man von jedem Kraut eine Prise (die Menge, die man zwischen drei Fingern fassen kann). Natürlich kann man die Anteile auch genau auswiegen. Achten Sie bei Prisen von sehr unterschiedlichen Bestandteilen (Blüten/Wurzeln) auf die verschiedenen Schweren und versuchen Sie, diese dadurch auszugleichen, daß Sie von den leichteren etwas mehr fassen.

Sie können im Einzelfall auch Wirkungsbereiche besonders betonen. Gegen einen Reizhusten z.B. nehmen Sie mehr hustenreizstillende Kräuter, bei einer Verschleimung mehr schleimlösende. Wenn Sie mit einer Magenteemischung eine Schleimhautentzündung behandeln wollen, werden Sie das Schwergewicht zweckmäßig auf reizmildernde, entzündungswidrige und beruhigende Kräuter legen.

Es empfiehlt sich, mit der Zeit einen „Hausvorrat“ verschiedener Teesubstanzen anzulegen. Kräutertees in immer wieder neuen, eigenen Mischungen schmecken nicht nur gut, sie wirken auch vorbeugend und gesundheitserhaltend. Und Sie haben mit diesem Vorrat auch immer vorgesorgt für akute Fälle. Sollten Sie aber einmal nicht alle notwendigen Bestandteile eines benötigten Heiltees zur Verfügung haben, bekommen Sie diese heute in jeder Apotheke oder in einem Kräuterhaus.

Bereitung von Tee und Preßsaft

Der Aufguß (Infus)

Übergießen Sie die jeweils bei der Pflanze angegebene Menge der zerkleinerten Teedroge, im allgemeinen 1-2 Tl/Tasse, mit siedendem Wasser. Nach 3-5 minütigem Ziehen seihen Sie ab. Diese Zubereitungsweise wird bei Blättern, Blüten und allen zarteren Pflanzenteilen angewandt.

Die Abkochung (Absud, Dekokt):

Die angegebene Menge setzen Sie mit kaltem Wasser an, lassen zugedeckt möglichst langsam zum Sieden erhitzen, 2-3 Minuten, in Einzelfällen länger, auf kleiner Flamme ziehen und seihen dann ab. Dieses Verfahren wendet man bei allen zähen, holzigen Pflanzenteilen an (Wurzeln, Rinde, Holz), deren Wirkstoffe man sonst nicht ausziehen könnte.

Der Kaltwasserauszug (Mazeration):

Lassen Sie die zerkleinerten Pflanzenteile mindestens 3-5 Stunden, besser aber über Nacht oder tagsüber mit kaltem Wasser stehen, seihen ab und erwärmen erst vor dem Trinken schwach. Dieses Vorgehen empfiehlt sich vor allem bei sehr empfindlichen oder schleimhaltigen Pflanzen (Königskerze, Malve), oder, wenn Sie nur einen Teil der Inhaltsstoffe ausziehen möchten (Bärentraubenblätter).

Der Preßsaft:

Geben Sie die frische, zerkleinerte, vor allem saftreiche Pflanze in einen Entsafter, eine Saftpresse, oder als Notbehelf in einen Kartoffelquetscher o.ä. und pressen gründlich aus.

Alle diese Zubereitungsformen eignen sich nicht für die längere Aufbewahrung. Aufgüsse, Abkochungen oder Kaltwasserauszüge sollten Sie höchstens für den Tagesbedarf bereiten und die nicht sofort verwendete Menge kühl stellen.

Der Frischsaft kann bei sorgfältiger Zubereitung einige Tage im Kühlschrank aufbewahrt werden. Wenn Sie ihn sofort in sterilisierte Flaschen füllen, bleibt er sogar manchmal bis zu einem halben Jahr haltbar. Angebrochene Flaschen müssen Sie aber auch rasch verbrauchen.

Bereitung von Tinkturen

Die Tinktur ist eine alkoholische Zubereitung, die lange Zeit, oft über mehrere Jahre, unverändert wirksam bleibt. Bei getrockneten Pflanzen oder Pflanzenteilen geben Sie die zerkleinerte Teedroge in eine weithalsige, helle Flasche (Milchflasche, Saftflasche), so daß die Flasche zur Hälfte damit gefüllt ist und gießen mit Doppelkorn, in Einzelfällen mit höherprozentigem Alkohol auf.

Achtung: Um gefährliche Verwechslungen zu vermeiden, entfernen Sie bitte die alten Etiketten und beschriften die Flasche sofort korrekt neu. Vergessen Sie dabei nicht, den Alkoholgehalt anzugeben.

Diesen Ansatz lassen Sie zwei Wochen an einem warmen, sonnigen Platz stehen und schütteln wiederholt gut durch. Dann seihen Sie ab und können die Tinktur nach einer Woche Stehen an einem kühlen Ort (Keller, Gemüsefach des Kühlschranks) filtrieren. Bei Frischpflanzen gehen Sie genauso vor, benötigen jedoch aus Haltbarkeitsgründen 70 %igen Alkohol.

Tinkturen werden meist recht konzentriert angesetzt (5 oder 10 Gewichtsteile der getrockneten Pflanze auf 100 Teile Alkohol). Sie müssen sie vorsichtig dosieren, etwa 10-25 Tropfen mit etwas Wasser oder Zucker.

REZEPTE ZUM HEILEN

Abführ- und Verdauungstee

bei Verdauungsstörungen mit Verstopfung

- Abführend: Faulbaum, Winde, wilder Ampfer, 2 Anteile
- Galletreibend: Minze, Beifuß, Löwenzahn, 1 Anteil

1 Tl/Tasse, abends 1 Tasse

Außerdem ist besonders auf schlackenreiche Kost zu achten, das heißt, möglichst viel Salat, Gemüse, Rohkost, Vollkornbrot, Naturreis essen. Eine derartige Ernährung ist auf alle Fälle einer künstlichen Zufuhr von Schlackenstoffen (Kleiepulver, Kleietabletten) vorzuziehen, da diese aus Haltbarkeitsgründen denaturiert sind. Hilfreich ist in vielen Fällen auch Leinsamen-Schrot.

Beruhigungstee für Säuglinge

bei unruhigem Schlaf, Leibkrämpfen, Blähungen

je 1 Teil Engelwurz, Kamille und Minze, 2 Teile Kümmel oder Fenchel.

Blasen- und Nierentee

bei leichteren Harnwegsinfektionen, Brennen beim Wasserlassen sowie zur Unterstützung medikamentöser Behandlungen.

- Desinfizierend: Preiselbeere, Bärentraube, Heidelbeere, Hopfen, 2 Anteile
- Harntreibend, spülend: Weide, Quecke, Birke, Holunder, Ackerschachtelhalm, Waldkirsche, Schlehe, 1 Anteil
- Beruhigend, krampflösend, schmerzstillend: Weide, Pestwurz, Schöllkraut, Schlüsselblume, 1 Anteil

1-2 Tl/Tasse, 3-4 Tassen täglich. Die Kur muß mindestens 3 Tage nach dem Verschwinden der Beschwerden noch fortgesetzt werden.

Ein bewährtes Rezept: Heidelbeerblätter 3 Teile, Hopfen 3 Teile, Birkenblätter, Quecke, Holunderblätter, Weide, Pestwurz und Ackerschachtelhalm je 1 Teil.

Zur Unterstützung der Behandlung kann man viel frischen Kressesalat oder Bärlauch essen oder den Preßsaft davon einnehmen.

Blutreinigungstee

bei Hautleiden, Ekzemen, Flechten, Akne, Mitessern, Furunkulose

Man nimmt möglichst viele der in der Aufstellung der Heilanwendung bei 'blutreinigend' aufgeführten Pflanzen, von dieser Mischung dann 1 gehäuften Tl/Tasse, zur Kur 3-4 Tassen am Tag.

Dazu sollte man eine entsprechende Diät einhalten, die fettes Fleisch, Butter, Schokolade, Süßigkeiten und süßes Gebäck, Alkohol und Zigaretten vermeidet, statt dessen reichlich Vollkorn- oder Knäckebrot, Quark, Joghurt, frisches Obst bevorzugt. Viel grüne Salate aus Löwenzahn, Brunnenkresse, Bachbunge, Sauerampfer, Gänseblümchen unterstützen die Kur ganz wesentlich.

Brust- und Hustentee

bei Husten, Reizhusten, Verschleimung, Bronchitis

- Hustenreizstillend: Wegerich, Königskerze, Efeu, Taubnessel, Malve, Kiefer, Tanne, Fichte, Lärche, Klatschmohn (davon nur wenig!)
- Schleimlösend: Wegerich, Schlüsselblume, Quendel, Wasserfenchel, Efeu, Dost, Stiefmütterchen, Roßkastanie (Blüten)

Je nach Bedarf mehr von der einen oder der anderen Gruppe, möglichst mehrere Pflanzen aus jeder von beiden.

Hustentee für Säuglinge: Malve, Taubnessel, Königskerze, Wegerich, Huflattich und Quendel zu gleichen Teilen mischen. Nur bei sehr hartnäckigem Reizhusten wenig Klatschmohn dazu mischen. 1 Tl/Tasse, 2-3 Tassen über den Tag verteilt.

Durchfalltee

bei Durchfällen jeglicher Herkunft

- Zusammenziehend: Ampfer, Eiche, Fingerkraut, Gänsefingerkraut, Nelkenwurz, Roßkastanie, 2 Anteile
- Desinfizierend: Eberwurz, Mädesüß, 1 Anteil
- Krampflösend: Kamille, Pestwurz, Schafgarbe, Schöllkraut, 1 Anteil
- Giftausschwemmend: Roßkastanie, Weide, 1 Anteil

1 Tl/Tasse, 3-4 Tassen am Tag.

Wichtig: Anfangs 24 Stunden Teepause, d.h. nichts, oder höchstens gesalzenen Haferschleim teelöffelweise essen. Genügend trinken, dabei wegen des hohen Verlustes an Kochsalz auf genügende Salzzufuhr achten; das ist besonders bei länger andauernden Durchfällen zu beachten.

Eine bewährte Mischung: je 1 Teil Gänsefingerkraut, Nelkenwurz, Eiche, Kamille, Mädesüß, Weide, Roßkastanie

Fiebertee

bei Grippe, Erkältungen und anderen fiebrigen Erkrankungen

- Schweißtreibend, entgiftend: Holunder, Linde, Weidenrinde, Quecke, Mädesüß, Efeu
- Fiebersenkend: Weidenrinde

1 Tl/Tasse, 3-4 Tassen am Tag.

Die heilende Wirkung sollte durch Halswickel, Körperwickel oder Schwitzpackungen unterstützt werden, drastische Fiebersenkung mit Medikamenten ist nicht ratsam. Falls das Fieber über 40 Grad steigt, ist unbedingt ein Arzt zu Rate zu ziehen. Sehr wirksam ist in vielen Fällen auch eine Durchspülung des Darms. Dadurch wird der Körper besonders schnell von Giftstoffen befreit. (Rauch, „Heilung der Erkältungskrankheiten")

Eine bewährte Mischung: 3 Teile Weidenrinde, je 2 Teile Linden- und Holunderblüten, je 1 Teil Mädesüß und Quecke. Anwendung wie oben.

Frauentee

bei zu starker Blutung, leichten Reizungen der Geschlechtsorgane, Weißfluß

Ehrenpreis, Frauenmantel, Hirtentäschelkraut, Kamille und Schafgarbe zu gleichen Teilen mischen. 1 Tl/Tasse, 1-2 Tassen am Tag

Bei Weißfluß, Entzündungen oder Juckreiz sind Sitzbäder mit einzelnen Kräutern oder einer Teemischung heilungsfördern. 1/2 Tasse Eichenrinde mit 3 l Wasser 5 Minuten auskochen, vom Feuer nehmen, je 1 Tasse Frauenmantel, Kamille, Taubnessel und Zinnkraut 3-5 Minuten darin ziehen lassen. Abseihen, auf etwa 10 l oder mehr verdünnen.

Hämorrhoiden

Sitzbad: 1 Tasse Eichenrinde und 1 Tasse Queckenwurzel mit 3 l Wasser 5 Minuten auskochen, darin 1 Tasse Kamille 5 Minuten ziehen lassen, abseihen, auf ein kleines Sitzbad (5-10 l) verdünnen.

Bei Verstopfung zusätzlich ein mildes Abführmittel anwenden, um den Stuhl etwas geschmeidiger zu machen.

Hautspiritus gegen unreine Haut, Akne, Mitesser:

Je 2 gehäufte El Weidenrinde und Kamillenblüten, je 1 Tl Quendel, Beinwell und Rosmarin (Küche) werden mit 200 ml 45 %igem Alkohol (je 100 ml 90 %iger Alkohol und Wasser) angesetzt und 2 Wochen unter wiederholtem Schütteln stehen gelassen, danach filtriert. Hiermit betupft man regelmäßig das Gesicht oder die anderweitig gereizte, unreine oder entzündete Haut..

Herz- und Kreislauftee

bei nervösen Herzstörungen, leichten Herzrhytmusstörungen, Altersherz

- Herzfunktionsstärkend: Herzgespann, Weißdorn, Mistel, Braunwurz
- Beruhigend, entkrampfend: Baldrian, Gänsefingerkraut, Hopfen, Johanniskraut, Schlüsselblume
- Kreislaufanregend: Berberitze (wenig verwenden)

1 Tl/Tasse, je nach Beschwerden 1-3 Tassen täglich.

Eine Ernährung mit viel Knoblauch (Bärlauch) wirkt außerdem heilend und vorbeugend gegen Arteriosklerose (Verkalkung), einer Ursache für die meisten schweren Herzerkrankungen.

Inhalationen und Dampfbäder

bei Erkältungskrankheiten wie Schnupfen, Husten, Bronchitis, Stirnhöhlenvereiterung sowie bei unreiner Haut je eine Handvoll Kamille und frische Triebspitzen oder Nadeln von Kiefer, Lärche, Tanne, Fichte auf eine Schüssel mit sehr heißem Wasser geben, evtl. in einem Kessel zuvor kurz zugedeckt aufkochen.

Den Kopf darüber halten, mit einem Handtuch oder einer Decke gut abdichten, möglichst lange darunter bleiben.

Kräuterkissen

zum Erwärmen, Entkrampfen, Schmerzstillen, z.B. bei Kopf-, Zahn- und Ohrenschmerzen, Drüsenschwellungen, steifem Nacken, Nieren- oder Blasenkrämpfen, Leibschmerzen

- Grundlage: Heublumen, 3 Anteile
- Erwärmend, durchblutungsfördernd: Dost, Quendel, Thymian, wenig Rosmarin (aus den Küchengewürzen), Wacholder, Kiefer und andere Nadelgewächse, 1 Anteil
- Schmerzstillend, entzündungswidrig: Kamille, Schafgarbe, Johanniskraut, 1 Anteil
- Entkrampfend: Waldmeister, Steinklee, 1 Anteil

Aus Stoffresten wird ein kleines Kissen (etwa 20 x 20 cm) genäht, das an einer Seite mit einem rostfreien Reißverschluß gut verschlossen wird. Dahinein füllt man die Kräuter. Vor der Anwendung erwärmt man das Kissen entweder trocken auf dem Ofen oder einem heißen Kessel oder hängt es in einem Sieb solange in heißen Wasserdampf (in einem Topf mit kochendem Wasser), bis es ganz heiß und feucht geworden ist. Möglichst heiß auflegen, nach feuchter Anwendung unbedingt gut trocknen. Den Inhalt öfters auswechseln!

Wenn die Heublumen von einer sehr bunten Wiese oder einem Weg- oder Feldrain stammen, genügen sie allein völlig. Da die meisten Wiesen aber inzwischen zu 'Knäuelgras-Prärien' degeneriert sind, fehlen darin meist viele der wirksamen Kräuter.

Leber-Galletee

bei schwacher Verdauung, Galleträgheit, Gallenkolik, nach Gallenblasenoperationen, bei Leberleiden zur Unterstützung ärztlicher Behandlung

- Galletreibend: Minze, Berberitze, 2 Anteile
- Krampflösend: Minze, Schöllkraut, Pestwurz, Erdrauch, 1 Anteil
- Verdauungsanregend: Beifuß, Fieberklee, Tausendgüldenkraut, Wermut, 1 Anteil
- Abführend: Faulbaum, Ackerwinde, Brennessel, 1 Anteil
- Heilend: Löwenzahn, Wegwarte, 1 Anteil

1-2 Tl/Tasse, 2-3 Tassen am Tag.

Eine bewährte Mischung: 3 Teile Minze, 2 Teile Löwenzahn, je 1 Teil Pestwurz, Faulbaum und Tausendgüldenkraut.

Außerdem sollte eine fettarme Ernährung angestrebt werden. Vor allem tierische Fette wie Schmalz, fettes Rind- und Hammelfleisch sind zu meiden, da diese die Leber und Galle besonders belasten.

Lungentee

bei Tuberkulose (TBC), Lungenentzündung, chronischer Bronchitis, Emphysemen (Blählunge).

- Gewebefestigend: Ackerschachtelhalm, Lungenkraut, Vogelknöterich, Roßkastanie, bei TBC und Emphysemen 3 Anteile, sonst 2
- Reizstillend: Königskerze, Taubnessel, Wegerich, Kiefer und andere Nadelhölzer, 1 Anteil
- Schleimlösend: Schlüsselblume, Quendel, Wegerich, Wasserfenchel, Stiefmütterchen, 1 Anteil, bei chronischer Bronchitis 2 Anteile.

2 Tl/Tasse, 2-3 Tassen, bei TBC 3-5 Tassen täglich.

Magenbitter

bei Verdauungsstörungen, als Aperitif oder nach reichlichem, fettem Essen

- Bitter: Beifuß, Fieberklee, Tausendgüldenkraut, Wermut, auch (schwächer) Kohlkratzdistel, Löwenzahn (Blüten), Wegwarte
- Aromatisch, appetitanregend: Bibernelle, Dost, Engelwurz, Geißfuß, Kalmus, Pastinak, Quendel
- Krampflösend: Gänsefingerkraut, Kamille, Schafgarbe, Pestwurz, Nelkenwurz, Erdrauch und Schöllkraut (wenig nehmen)
- Blähungstreibend: Engelwurz, Kümmel
- Galletreibend: Minze, Berberitze

Man nimmt möglichst viele verschiedene Kräuter von dieser Liste, füllt sie in helle Flaschen zu zwei Drittel voll und gießt mit Doppelkorn auf. Während zweiwöchigem Stehen an einem sonnigen Platz öfter umschütteln, danach abseihen, die Kräuter gut auspressen und den Magenbitter nach einer Woche Ruhe im Keller filtrieren. Er wird besser und abgerundeter, wenn man ihn mindestens ein halbes bis ein Jahr ablagern läßt. Aber das ist uns bisher selten gelungen, weil er schon vorher längst verbraucht war.

Magentee

bei nervösem Magenleiden, Magenschleimhautentzündung, -geschwür, Sodbrennen

- Entzündungswidrig, reizmildernd: Kamille, Schafgarbe, Beinwell, Malve, Huflattich, Pestwurz (Blätter), 3 Anteile
- Krampflösend, blähungstreibend: Kamille, Gänsefingerkraut, Kümmel, Engelwurz, 1 Anteil
- Verdauungs-, appetitanregend: Beifuß, Fieberklee, Tausendgüldenkraut, Wermut, Kalmus, 1 Anteil
- Beruhigend: Johanniskraut, Baldrian, Quendel

2 Tl/Tasse, 3 x täglich ½ Tasse, ½ Stunde vor den Mahlzeiten.

Eine bewährte Mischung: 2 Teile Kamille, je 1 Teil Schafgarbe, Beinwellblätter, Gänsefingerkraut, Kümmel, Johanniskraut, Beifuß.

Nerventee

zur Beruhigung bei nervlicher Überreizung, bei vegetativen, psychosomatischen Störungen (Magenreizung, nervösen Herzstörungen, Kreislaufstörungen o.ä.). In höherer Dosierung (2 Tl/Tasse) auch als Schlaftee.

- Beruhigend: 2 Teile Baldrian, je 1 Teil Hopfen und Johanniskraut, dazu noch 1 Teil von Gänsefingerkraut, Quendel oder Schlüsselblume.
- Geschmacksverbessernd: 1 Teil Pfefferminze, Hagebutten oder Quendel.

1 (-2) Tl/Tasse, täglich 1-2 Tassen schluckweise über den Tag verteilt bzw. abends vor dem Schlafengehen 1 Tasse.

Rheumatee

bei Gliederschmerzen, Rheuma, Gicht, Arthrose und Arthritis, blutreinigend, schmerzstillend und giftausschwemmend.

3 Teile Weidenrinde, je 2 Teile Holunder (Blätter), Brennessel, Roßkastanie (Blätter, auch Blüten), je 1 Teil Birke (Blätter), Quecke und Faulbaum

1 Tl/Tasse, 2-3 Tassen am Tag.

Venentee

bei Krampfadern, Venenstauungen, Raucherbein

- Grundlage: Roßkastanie (entwässernd, gewebefestigend, schmerzstillend), 3 Anteile
- Durchblutungsfördernd: Waldmeister, Steinklee, 1 Anteil
- Entwässernd: Quecke, Berberitze, Hopfen
- Herzstärkend: Weißdorn, Mistel

2 Tl/Tasse, 1-2 Tassen täglich über den Tag verteilt.

Wassertreibender Tee

bei Wassersucht, Ödemen, dicken Beinen

Man nimmt möglichst viele der unter ‚harntreibend' im Register aufgeführten Kräuter zur Mischung, hiervon 1 Tl/Tasse, 1-2 Tassen täglich.

Zahnfleischtropfen

bei Mundfäule, Aphten, Zahnfleischbluten, Parodontose

10 g Fingerkraut-Wurzel, je 5 g Kalmus-Wurzelstock, Kamillen-Blüten und Pfefferminz-Blätter

Statt der Fingerkrautwurzel kann man auch Nelkenwurz verwenden oder eine Mischung aus beiden. Die Kräuter werden mit 100 ml 70 %igem Alkohol zu einer Tinktur angesetzt, man läßt sie unter wiederholtem Umschütteln ein bis zwei Wochen stehen, filtriert dann ab und preßt gut aus.

Mit dieser Tinktur bepinselt man die entzündeten Stellen unverdünnt. Man kann sie auch tropfenweise (20-30 Tropfen) auf warmem Wasser zum Mundspülen oder Gurgeln verwenden.

REZEPTE FÜR DIE KÜCHE

Die hier vorgestellten Rezepte sollen in erster Linie Anregungen für eine vielfältige Kräuterküche sein. Sie müssen sich nicht an angegebene Mengen und Zusammenstellungen halten. Probieren Sie nach Ihrem Geschmack Neues aus, lassen Sie auch in bezug auf Ihre alltägliche Küche Ihre Phantasie spielen. Bei sehr vielen Gerichten werden Sie durch die Verwendung von Wildkräutern ein völlig neues Aroma hervorlocken können.

Die Rezepte sind auf den „normalen“ Haushalt abgestimmt, in dem weißes Auszugsmehl, geschälter Reis, raffinierter Kristallzucker, reichlich Fleisch usw. verwendet wird. Der Gebrauch von Vollkornmehl, Naturreis, braunem Zucker oder Honig, der Natur wesentlich näher stehende Produkte, die mit einem höheren Gehalt an Vitaminen und Mineralstoffen auch einen höheren Sättigungswert verbinden und dem Körper wichtige Ballaststoffe zuführen, sowie ein möglichst weitgehender Verzicht auf Fleisch[3] ist dem jedoch bei weitem vorzuziehen. Bei Verwendung von Naturprodukten müssen bei unseren Rezepten meist nur Kochzeiten und Flüssigkeitsmengen verändert werden.

SUPPEN

Frühlingssuppe

Brennessel, Bibernelle, Löwenzahn, Gänseblümchen, Wegerich und/oder andere frühe Kräuter zu gleichen Teilen, wenig Gundermann und Schafgarbe klein schneiden, in kaltem Wasser ansetzen und etwa 20 Minuten kochen, salzen. Mit in saurer Sahne oder Buttermilch verquirltem Mehl andicken, noch einmal kurz aufkochen und würzen, nach kurzem Erkalten mit einem oder zwei Eiern abziehen und mit Schnittlauch bestreuen.

Kräutersuppe

½ Tasse Weizenkörner leicht rösten und mahlen. Fein gehackte Zwiebeln andünsten, zerhackte Kräuter (Frauenmantel, Wiesenbocksbart, Löwenzahn, Wiesenknopf und Quendel) hinzugeben, nach 10 Minuten mit Wasser auffüllen und aufkochen, salzen. Das Weizenmehl mit etwas Zitronensaft und Brühe verrühren, damit die Suppe andicken, evtl. mit Ei verfeinern. Mit gerösteten Brotstückchen kurz vor dem Servieren bestreuen.

[3] Aus je 10 Joule (oder Kalorien), die die moderne Landwirtschaft in Form von Düngemitteln, Pestiziden, technischen Hilfsmitteln und Energie einsetzt, gewinnt sie 10 Joule als Gemüse, Getreide o.ä. pflanzliche Nahrung zurück, aber nur 1 Joule in Form von Rind- oder Schweinefleisch! Bei Eiern oder Milchprodukten sieht dieses Verhältnis etwas günstiger aus.

Grüne Suppe I

Sauerampfer, Melde, Gänseblümchen, Wiesenschaumkraut, Brennessel, Taubnessel, Hirtentäschel, Wegerich grob hacken und mit Zwiebeln andünsten, mit Mehl bestäuben und mit Wasser oder Brühe aufgießen, etwa 20 Minuten kochen, dann mit Salz und frischen Kräutern abschmecken.

Grüne Suppe II

Frischsaft aus verschiedenen Kräutern herstellen (Entsafter o.ä.). Schinkenspeckwürfel mit Zwiebeln anrösten, zerdrückte Knoblauchzehen und Mehl hinzufügen, ebenfalls bräunen, mit dem Gemüsesaft ablöschen und auffüllen, etwa 10 Minuten leicht kochen lassen, salzen.

Grüne Suppe III

Gänsefuß, Malve, Vogelmiere, Sauerampfer, Wegerich, Wiesenbocksbart und Melde grob hacken und 20 Minuten in etwas Wasser kochen, durch ein Sieb passieren. Die durchpassierten Kräuter und das Kochwasser in eine helle Mehlschwitze geben und kurz aufwallen lassen, würzen und vom Feuer nehmen. Vor dem Servieren mit Eigelb abziehen. Mit Kräuter-Eierstich oder Grießnockerln servieren.

Fleischbrühe mit Kräutern

500 g Fleisch (Rind oder Huhn) oder die entsprechende Menge Fleischknochen in 1-2 l kaltem Wasser ansetzen und etwa ½ Stunde leicht kochen lassen. Mehrere Hände voll Löwenzahn, Brennessel, Bärenklau, Geißfuß, etwas Quendel und Dost zerhacken und zugeben, nochmals 20 Minuten kochen, würzen. Vor dem Servieren das Fleisch klein schneiden bzw. von den Knochen lösen.

Käsesuppe

Man gibt in einen großen Topf einige in Stücke geschnittene Mohrrüben, 2-3 ganze Zwiebeln, 1 Stange Lauch in Scheiben sowie 2-3 Tassen grob zerschnittene Kräuter: Bärlauch mit Blattstielen, Pastinak, Sauerampfer, Hirtentäschel, Schlangenknöterich mit Wurzeln, Waldweidenröschen, Wasser und Salz. Zum Kochen bringen, ein großes Stück, etwa 250g kräftigen Hartkäse (Emmentaler, Gruyère o.ä.) dazugeben. Nach etwa einstündiger Kochzeit sind die Gemüse und Kräuter gar, der Käse zu feinen Flocken aufgelöst. Nachwürzen mit frisch gemahlenem Pfeffer und Salz, vor dem Servieren mit Petersilie bestreuen.

Tomatensuppe mit Kräutern

In Butter röstet man Mehl hellgelb, gibt enthäutete Tomaten und reichlich gehackte Kräuter (Waldweidenröschen, Melde, Vogelmiere, Beinwell, Bibernelle, Taubnessel) hinzu, läßt sie etwa 20 Minuten dünsten, gießt mit Wasser oder Fleischbrühe auf, würzt mit Salz, einer Prise Zucker und Rotwein. Dazu körnigen Reis servieren.

Suppenpulver

Getrocknete Kräuter wie Sauerampfer, Löwenzahn, Waldmeister, Brombeerblätter, Wegerich im Mörser zerstoßen. Man bereitet am besten einen kleinen Vorrat vor, jedoch nicht zuviel, da die Gefahr besteht, daß das Pulver muffig wird.

SAUCEN

Wildkräutersauce I

2 kleingehackte Zwiebeln und evtl. 1-2 Zehen Knoblauch in Butter bräunen, mit Mehl überstäuben und mit Wasser, Gemüsebrühe oder Fleischbrühe ablöschen. 1 große Schüssel voll kleingeschnittener Kräuter (Löwenzahn, Brennessel, Sauerampfer, Bärenklau, Franzosenkraut, Wiesenknopf, Vogelmiere) hinzufügen, salzen und etwa 15 Minuten dünsten lassen, mit Zitronensaft und Muskat abschmecken.

Wildkräutersauce II

In Weißwein läßt man eine Mischung kleingeschnittener Kräuter (Ackerdistel, Bachbunge, Ackerhellerkraut oder Hirtentäschel, Melde, Gänseblümchen, Wegerich) 24 Stunden ziehen, seiht sie ab, gibt sie in eine braune Grundsauce (Mehlschwitze) und köchelt sie in ihr etwa 10 Minuten. Nach kurzem Erkalten schmeckt man ab, zieht ein in Weißwein oder saurer Sahne verquirltes Ei unter; und streut frische, gehackte Kräuter darüber.

Wildkräutersauce III

2-3 Tassen fein gehackte Kräuter (Bibernelle, Wiesenknopf, Quendel, Guter Heinrich, Gundermann, Schafgarbe, Wiesenschaumkraut, Gänseblümchen, Hirtentäschel) in etwas Fett anschmoren, salzen, mit Wasser oder Brühe aufgießen, 10-20 Minuten leicht kochen lassen. Mit Kartoffelstärke andicken, abschmecken und evtl. saure Sahne unterziehen.

Kräutersauce für Fisch

Gehackte Zwiebeln und zerkrümeltes Brot goldbraun rösten, 1 Tl Zitronensaft und 1-2 Tassen gehackte Kräuter (Sauerampfer, Vogelmiere, wenig Gundermann, Wegerich, Bachbunge, Brunnenkresse, Bärlauch oder Knoblauchsrauke) dazugeben und 5 Minuten weiterdünsten, dann vom Feuer nehmen. 1 geriebenen Apfel, 1 Tasse Joghurt, ½ Tasse Quark daruntermischen, mit Salz und Paprika, evtl. Pfeilkresse würzen.

Käsesauce mit Kräutern

1 Tasse geriebenen Käse mit der gleichen Menge Butter verkneten und diese Masse in kleine Stückchen unter ständigem Rühren einem Viertel Liter leicht siedender Milch hinzufügen. 2 Tassen fein gehackte Wildkräuter unterrühren, salzen, aufkochen lassen, auf kleiner Flamme weitere 5 Minuten leicht köcheln. Nach

kurzer Abkühlung 2 mit Milch verquirlte Eigelb unterziehen. Am besten zu Wurzelgemüsen servieren.

Kalte Kräutersauce I

2-3 Handvoll Kräuter (Beinwell, Sauerampfer, Brunnenkresse, Hirtentäschel, Wiesenknopf, Gänseblümchen, Löwenzahn, Wegerich) sehr klein hacken und mit 2-3 hartgekochten Eiern, ebenfalls fein gehackt, 1 Tasse Öl, 1-2 zerdrückten Knoblauchzehen und 1 geriebenen Zwiebel mischen, Zitronensaft oder etwas Essig dazugeben, salzen. Eventuell noch Joghurt, saure Sahne oder Buttermilch hinzufügen.

Kalte Kräutersauce II

Fein gehackte, hartgekochte Eier, rote und grüne Paprikaschoten, Zwiebeln und Wildkräuter (Bibernelle, Wiesenschaumkraut, Dost, Knoblauchsrauke oder Bärlauch, Wiesenknopf, Sauerampfer) mischen mit Senf, etwas Weißwein oder Zitronensaft und Olivenöl, salzen. Mindestens ½ Tag kühl stellen und ziehen lassen.

Vinaigrette

Fein gehackte, kleine Zwiebeln bzw. Schalotten, fein gewiegte Kräuter (Wiesenknopf, Sauerampfer, Hirtentäschel, Beinwell, Brunnenkresse, Minze), Olivenöl oder Sonnenblumenöl, etwas Weinessig, etwas Pfeffer und Salz mischen.

Kräuter-Majonnaise

2-3 Eigelb salzen, etwas Zitronensaft und Senf hinzugeben, tropfenweise ¼ l Olivenöl oder Sonnenblumenöl hineinrühren, bis die Masse ganz dick ist, dann sehr fein gehackte Kräuter (Bärlauch, Brunnenkresse, Gänseblümchen, Pfeilkresse, Schafgarbe, Wegwarte) unterziehen.

GEMÜSE

Wildgemüse I

Ackerhellerkraut, Bärenklau, Löwenzahn, Wegerich, Sauerampfer, Wiesenknopf, Melde, Quendel fein hacken, mit Zwiebeln in Butter anrösten und nach Zugabe von wenig Wasser etwa 20 Minuten dünsten, salzen. Mit 1 Tl Frischkäse und wenig Vollkornmehl binden.

Wildgemüse II

Löwenzahn, Melde, Taubnessel, Frauenmantel, Kohlkratzdistel grob hacken und in Fett scharf anbraten, mit Muskat und Salz würzen, Milch und/ oder Wasser aufgießen (in kleinen Mengen) und 15 Minuten dünsten lassen. Vor dem Servieren mit Ei leicht binden.

Wildgemüse III

In eine helle Mehlschwitze eine Kräutermischung aus Wegerich, Sauerampfer, Schlangenknöterich, Wegwarte, Barbenkraut, Gänseblümchen geben, mit reichlich Weißwein ablöschen und auffüllen, 20-30 Minuten einkochen lassen, salzen. Mit Eimilch übergießen, Semmelbrösel, geriebenen Käse und Butterflöckchen darüber streuen und im Ofen kurz überbacken.

Wildgemüse IV

Ackerdistel, Wiesenbocksbart, Sauerampfer, Mädesüß, Gänsefuß, Franzosenkraut, Wegerich und Vogelknöterich in wenig Salzwasser etwa 20 Minuten kochen, abseihen und klein hacken. Zwiebeln fein hacken und andünsten, Mehl darüber streuen und goldgelb werden lassen. Die Kräuter untermischen, mit dem Gemüsewasser ablöschen und auffüllen, würzen und 5 Minuten leicht kochen lassen. Saure Sahne unterziehen oder nach leichter Abkühlung 1 Ei in saurer Sahne verquirlen und unterziehen.

Wildkräuterauflauf

Etwa 2 Pfund frische Wildkräuter (Giersch, Taubnessel, Bärenklau, Löwenzahn, Vogelmiere, Wegerich, Hirtentäschel) durch den Fleischwolf drehen und sie in einen Teig aus 125 g Mehl, 125 g Butter, 250 g Quark und 3 Eiern zusammen mit Schinkenwürfeln geben und gut mischen. Mit etwas Salz und nach Geschmack mit Kümmel oder Muskat würzen, mit Semmelbrösel, geriebenem Käse und Butterflöckchen bestreuen und etwa 30 Minuten überbacken. Dazu eine frische Kräutersauce oder Wildsalat reichen.

Kräuterpudding

Melde, Bärenklau, Franzosenkraut, Taubnessel, Frauenmantel, Knöterich, Vogelmiere, Waldweidenröschen, Gänseblümchen und Dost sehr fein hacken und mit geriebenen Zwiebeln und eingeweichten Brötchen zerdrücken, in heißer Butter dünsten, abkühlen lassen. Bratenreste, Hühnerfleisch o.ä. fein schneiden, Eigelb und Salz einrühren, Eischnee unterziehen und das Ganze in einer Auflaufform etwa 1 Stunde backen lassen. Auf eine Platte stürzen und mit brauner Butter übergießen.

Kräuterauflauf mit Kartoffeln

Etwa 1 kg Taubnessel, Löwenzahn, Wegerich, Gänseblümchen, Vogelmiere, Ackerhellerkraut fein hacken und mit Zwiebeln, 1-2 zerdrückten Knoblauchzehen 5 Minuten andünsten, salzen, evtl. mit etwas Muskat würzen. 1 kg Pellkartoffeln zerdrücken, mit Milch oder Sahne, Eigelb, Salz und Pfeffer verrühren. Das Gemüse und den Kartoffelbrei abwechselnd in eine Auflaufform schichten. Auf die oberste Schicht (sollte Kartoffelbrei sein) Semmelbrösel, geriebenen Käse und Butterflöckchen streuen. Im Ofen ca. 30 Minuten überbacken.

Wildkräuter mit Bananen

Etwa 1 kg Vogelmiere, Beinwell, Franzosenkraut, Waldweidenröschen, Brennessel und Wegerich grob schneiden und anbraten, wenden, weiteres Gemüse hinzufügen bis alles Gemüse auf diese Weise angebraten und im Topf untergebracht ist, würzen und 5-10 Minuten dünsten. Sesam-Samen oder geriebene Haselnüsse (oder andere Kerne/Nüsse) anrösten. Bananen in Scheiben schneiden, die Scheiben unter das Gemüse mischen, die gerösteten Samen oder Nüsse darüber streuen.

Krautrouladen

Man bereitet einen Hackfleischteig aus 250 g Hackfleisch, 1 in Milch eingeweichtem gut ausgedrücktem Brötchen, 1 Ei, etwas ausgelassenem Speck oder Schinkenspeck, 1 fein gehackten Zwiebel, würzt mit Salz, Pfeffer, Paprika und fein gehackten Kräutern, wickelt diese Füllung in große Huflattich- oder Pestwurzblätter ein, umwickelt diese mit Garn und läßt die Rouladen in einer dunklen Grundsauce (Mehlschwitze) 30-45 Minuten garen.

Wildwurzelsülze

Verschiedene Wurzeln und Triebe wie Beinwell, Nachtkerze, Pastinak, Waldweidenröschen, Wiesenbocksbart, Hopfen weich dünsten. Dann die Brühe mit Zitronensaft und Gewürzen, fein gehackten Kräutern abschmecken und aufgelöste Gelatine in die warme Brühe rühren. Eine Schüssel mit hartgekochten Eiern auslegen, etwas Brühe darübergießen und erstarren lassen. Dann eine Lage Wurzeln darauf schichten, Brühe aufgießen und erstarren lassen usw. Nachdem mehrere Lagen übereinander erstarrt sind, die Sülze stürzen und mit sauren Gurken, Tomaten und frischen Kräutern garnieren.

Erbsen in Wildgemüse

Frische Erbsen in Butter 5 Minuten dünsten, etwas Wasser zugießen und mit Salz und Honig (1 El auf 500 g Erbsen) würzen, gehackte Kräuter (Quendel, Wiesenknopf, Hirtentäschel, Minze, Pastinak) dazugeben und weitere 10 Minuten dünsten. Vom Feuer nehmen, Eigelb mit Milch oder Sahne verquirlen und unterziehen.

Teltower Rübchen in Kräuter-Rahmsauce

1 kg junge Teltower Rüben (Mairüben) sauber bürsten, längs halbieren, in reichlich Butter mit wenig Wasser 15 Minuten zugedeckt dünsten. Je 1 Tasse Joghurt und saure Sahne oder steif geschl. süße Sahne, 1 Tasse fein gewiegte Kräuter (Wegerich, Wiesenkopf, Taubnessel, Hirtentäschel, Gänseblümchen, wenig Gundermann, Dost) gut verrühren, weißen Pfeffer und Salz nach Geschmack, über die Rüben gießen. Nur leicht anwärmen, auf keinen Fall kochen, sonst gerinnt die Sauce.

Zucchini-Auflauf mit Kräutern

500 g Zucchini, 1-2 Zwiebeln, Knoblauch, Kräuter (Wegerich und Hirtentäschel zu gleichen Teilen, doppelt soviel Taubnessel, grob hacken), Salz, Oregano,

Thymian, Quendel, 2 Eier, geriebener Käse, Muskatnuß, 2 altbackene, in Wasser eingeweichte Brötchen.

In einer Pfanne die kleingehackten Zwiebeln und Knoblauch bräunen, Kräuter hinzufügen, kurz andünsten, vom Feuer nehmen. In Scheiben geschnittene Zucchini ebenfalls, aber getrennt andünsten und zu den Kräutern geben. Dann die kurz angedünsteten Taubnessel mit den ausgedrückten und zerkleinerten Brötchen vermengen, gut verdrücken und anbraten. Alles mischen, würzen und in die Auflaufform geben, mit verquirlten Eiern übergießen, geriebenen Käse und Semmelbrösel darüberstreuen, evtl. auch Butterflöckchen und im Ofen etwa 30 Minuten überbacken.

Variationen: mit Hackfleisch oder Schinkenspeck und/oder Pilzen

Man kann auch große Zucchini halbieren und aushöhlen, einen Teil des Fruchtfleisches mit der vorbereiteten Masse (wie oben) mischen und die Hälften damit füllen, ebenfalls im Ofen überbacken.

Gefüllte Kartoffeln

Mittelgroße bis große Kartoffeln in einer Gemüsebrühe halbweich kochen, halbieren und aushöhlen. In die Vertiefung folgende Füllung geben: In Öl oder Butter gedünstete Zwiebeln und ebenfalls gedünstete Kräuter wie Brennessel, Löwenzahn, Sauerampfer, Wegerich, etwas Salz, Ei, geriebenen Käse und eingeweichte, ausgedrückte Brötchen gut verkneten. Die gefüllten Kartoffeln in eine feuerfeste Form stellen, mit geriebenem Käse und Butterflöckchen bestreuen, zur Hälfte mit Gemüsebrühe auffüllen und im Backofen etwa 30 Minuten dünsten lassen. Dazu am besten eine Wildkräutersauce reichen.

Füllungen

für Tomaten, Paprika oder Rouladen (s. auch bei Huflattich)

- Gekochtes Hühner- oder Schweinefleisch klein schneiden, geriebene Haselnüsse, Zitronensaft, gekochten Reis und fein gehackte Kräuter wie Gundermann, Brunnenkresse, Quendel, Dost, Hirtentäschel, Melde mischen und salzen.
- Speck oder Schinkenspeck in kleine Würfel schneiden und zusammen mit gehackten Zwiebeln und Knoblauch bräunen, gehackte Oliven und Reis hinzufügen, mit verschiedenen Kräutern vermischen und würzen.
- Zwiebeln und Knoblauch in Butter andünsten, Kräuter hinzufügen, mit Milch verrührten Quark und geriebenen Käse untermischen, evtl. eingeweichte, gut ausgedrückte Brötchen oder Pellkartoffeln einkneten, mit Salz, Koriander und Pfeffer würzen.

Nituke

1-2 Handvoll Kräuter werden sehr fein geschnitten und in heißem Fett, evtl. zusammen mit einer Zwiebel, stark geröstet. Bei zähen Kräutern (Löwenzahn z.B. oder Wurzeln) gibt man zwischendurch 1 El Wasser hinzu. Nach 15-20 Minuten gut salzen und über frisch gekochten Reis oder Polenta streuen. Besonders gut geeignet sind Löwenzahn, Kohlkratzdistel, Bärenklau, Ackerhellerkraut.

SALATE

Salatmarinaden

- 1 Becher Joghurt mit ½ Zitrone, etwas Zucker, 1 feingehackten Zwiebel, Pfeffer und Salz mischen, geeignet für alle grünen und anderen Salate.
- Zur obigen Marinade geriebene Haselnüsse geben, schmeckt besonders gut zu Feldsalat, milden Salaten wie Melde, Gänseblümchen, Hirtentäschel, Waldweidenröschen und zu Wurzelsalaten.
- Vinaigrette (s. Saucen): gut zu gekochten, kalten Trieben wie Hopfen, Waldweidenröschen, Wiesenbocksbart, Schlangenknöterich.
- 1 kleines Stück fetter Speck wird in sehr kleine Würfel geschnitten und bei großer Hitze in einer Pfanne ausgelassen, bis die Würfel angebräunt sind. Man gießt das Fett mit den Würfeln zu einer Mischung aus 1 feingehackten Zwiebel, 1 El mildem Weinessig, Salz, verrührt das Ganze, zieht es unter grünen Salat mit z.B. Löwenzahn, Feldsalat, Wegerich, Waldweidenröschen.).
- Quark mit saurer Sahne oder Joghurt, je 1 Prise Salz und Zucker, 1 zerdrückten Knoblauchzehe, 1 fein gehackten Zwiebel und Zitronensaft verrühren und über die Salatkräuter geben. Geeignet sind Löwenzahn, Geißfuß, Bärlauch, Bibernelle, Gänseblümchen, Wegerich, Sauerampfer.
- 1 rohes Eigelb mit ½ Tl Senf, etwas geriebener Zwiebel und zerdrücktem Knoblauch, Salz verrühren, 2-3 El Öl und zum Schluß feingehackte Würzkräuter zufügen.
- Öl und Kräuteressig vermischen, Salz und Pfeffer und evtl. Würzkräuter hinzufügen, paßt zu fast allen Salaten.
- Saure Sahne mit Tomatenmark mischen, mit Salz, Pfeffer und Paprika würzen, Würzkräuter hinzufügen, eignet sich besonders gut für Wurzelsalate.

Wildkräutersalat I

Taubnessel, Brennessel, Sauerampfer, Löwenzahn, wenig Schafgarbe, Wegerich waschen und in Streifen schneiden, mit Zitronensaft, süßer Sahne, etwas Öl, Salz und gemahlenen Nüssen anmachen.

Wildkräutersalat II

Von einem kräftigen Landbrot wird ein handtellergroßes Stück Rinde abgeschnitten, auf der Innenseite sehr gründlich mit mehreren Knoblauchzehen abgerieben und in feine Streifen geschnitten (evtl. rösten). Die Streifen gibt man zu einem Salat aus Löwenzahn, Melde, Hirtentäschel, Wegerich (einzeln oder zusammen verwendet), der mit Öl, Zitronensaft und Salz gemischt wurde.

EIERSPEISEN

Eier in Frühlingssauce

In eine helle Mehlschwitze gibt man eine Mischung aus fein gehackten Kräutern: Scharbockskraut, Gänseblümchen, Löwenzahn, Wegerich, Sauerampfer, Taubnessel, fügt zerdrückten Knoblauch und etwas Zitronensaft hinzu, läßt die Sauce etwa 10 Minuten leicht kochen. Salzen, Kapern untermischen, vom Feuer nehmen und nach kurzem Abkühlen Ei in Sahne oder Wein verquirlt unterziehen. Hartgekochte, halbierte oder ganze Eier einlegen und servieren.

Eier in Kräutercreme

2 El Weizenmehl in Butter hellgelb schwitzen und mit ¼ l heißer Milch ablöschen, bis zum Aufkochen umrühren und etwa 10 Minuten auf kleiner Flamme ziehen lassen, vom Feuer nehmen. Würzen mit Zitronensaft, abgeriebener Zitronenschale, Muskat, weißem Pfeffer und Salz. 1 Tasse fein gehackte Kräuter (Brunnenkresse, Wiesenschaumkraut, Sauerampfer, Bärlauch, Schnittlauch, Kerbel) und 1 Tasse halbsteif geschlagene Sahne unterziehen. 6-8 frische Eier einzeln in eine Suppenkelle schlagen und vorsichtig in siedendes Essigwasser gleiten lassen, pflaumenweich kochen und in die Kräutercreme einlegen. Dazu einen körnigen Naturreis und Brunnenkresse- oder Löwenzahnsalat reichen.

Eierstich mit Kräutern (für 5-10 Personen)

150 g Butter schaumig rühren, 6-8 Eigelb nach und nach hinzufügen, salzen, 150 g Mehl, dann 1-2 Tassen Kräuter (Löwenzahn, Wegerich, Ehrenpreis, Bibernelle, Barbenkraut, guter Heinrich, Mädesüß, Wiesenknopf, gemischt oder auch einzeln verwendbar) untermischen. Eischnee von den 6-8 Eiern einziehen. Den Teig auf ein gefettetes Blech streichen und goldgelb backen. Nach dem Erkalten in verschobene Vierecke schneiden und mit Gemüsesuppe, Kräutersuppe, Fleischbrühe oder Saucen servieren.

Käse-Soufflé

60-70 g Butter in einer warmen Schüssel schaumig rühren, nach und nach 2 Eigelb, 150 g geriebenen Käse, 2 El Mehl mit ⅛ l saurer Sahne verquirlt, 2 Tassen fein gehackte Kräuter (Hirtentäschel, Sauerampfer, Gänseblümchen, Brunnenkresse, Wiesenknopf, Vogelsteinmiere) dazugeben, evtl. auch ein Glas Vogelbeer- oder Wacholderschnaps, mit Salz und Pfeffer (oder Pfeilkresse) würzen. Den Eischnee von 2-3 Eiern unterziehen, die Masse in eingefettete, feuerfeste Förmchen füllen, mit Semmelbrösel, wenig geriebenem Käse und Butterflöckchen bestreuen und etwa 10 Minuten überbacken. Dazu Brot und Wildkräutersalat servieren.

Kräutereierkäse

6 Eier mit ¼ l Fleischbrühe, Salz, weißem Pfeffer, Muskat, 1 El Butter, 1 fein geschnittenen Zwiebel, 2 Tassen fein gewiegten Kräutern (Bärlauch, Geißfuß,

Sauerampfer, Wegerich, Brennessel) gut verschlagen, dazu ½ Tasse fein geschnittenen geräucherten Schinken, Zunge o.ä. geben. Das Ganze in eine gebutterte Schüssel gießen, diese in einen Topf mit siedendem Wasser setzen, zudecken bzw. eine halbe Stunde in den Backofen schieben, bis die Masse gestockt ist.

Quarkpfannkuchen mit Wildkräuterfüllung

Aus 750 g Quark, 1 Joghurt, 3 Eiern und 1-2 El Mehl einen Pfannkuchenteig herstellen, Pfannkuchen ausbacken und mit Kräuterbutter bestreichen, zusammenklappen und servieren.

Kräuterpfannkuchen

Man stellt einen Pfannkuchenteig her und gibt in diesen junge, ganz fein gehackte Kräuter (sollten diese nicht mehr ganz jung sein, vorher leicht andünsten), bäckt ihn dünn aus. Dazu Brunnenkressen- oder Löwenzahnsalat und/oder eine Pilzsauce.

Eiersalat

6-8 Eier hart kochen, erkalten lassen und klein hacken. Würzen mit Senf, Salz und etwas Pfeffer, Öl und Zitronensaft, etwas Milch nach Bedarf, und frische Kräuter wie Brunnenkresse, Wiesenschaumkraut, Sauerampfer, Hirtentäschel, Dost, Pfeilkresse, Löffelkraut, Bärenklau und/oder Knoblauchsrauke untermischen.

Großes Frühstück

Eier mit etwas Milch verquirlen, salzen, klein gehackte Kräuter nach Belieben und Möglichkeit hinzufügen und über knusprige Bratkartoffeln gießen, stocken lassen und höchstens einmal wenden.

FISCH- und FLEISCHGERICHTE

Aal grün

1 Aal in drei Finger breite Portionsstücke schneiden und in einer Brühe aus je 1 Tasse Wasser und herbem Weißwein, 1 kleines Lorbeerblatt, 1 in Scheiben geschnittene Zwiebel, einigen Wacholderbeeren, schwarzen Pfefferkörnern, etwas Petersilie, der Schale und dem Saft einer Zitrone, ½ Tl Salz kurz aufkochen und 20 Minuten auf kleiner Flamme ziehen lassen. Dann bereitet man eine hellgelbe Mehlschwitze aus 1 El Mehl und 1 El Butter und löscht diese mit der durchgeseihten Fischbrühe ab, kurz aufkochen. 2 Tassen frische, gehackte Kräuter wie Sauerampfer, Bibernelle, Minze (wenig), Wiesenknopf, Hirtentäschel, Gänseblümchen, Zwiebelgrün und/oder Schnittlauch werden untergemischt. Die Sauce noch einmal kurz aufkochen, vom Feuer nehmen, mit 2 Eidottern, in etwas Sahne verquirlt, verfeinern und über die warm gehaltenen Aalstücke gießen.

Cordon vert

Große, dünne Kalbs- oder Schweineschnitzel waschen, gut trocknen, mit Salz und etwas Knoblauch einreiben, zur Hälfte mit feingehackten, evtl. leicht angedünsteten Kräutern bestreuen. Darauf eine Scheibe Käse legen und auf diese eine dicke Schicht Kräuter geben. Die Schnitzel zusammenklappen und mit Zahnstochern o.ä. zusammenstecken. Dann paniert man sie und brät sie auf beiden Seiten in einer Pfanne mit reichlich Fett.

Sauerbraten mit Kräutern

Ein schönes Stück Rindfleisch von ca. 1 kg wird in folgender Marinade eine Woche eingelegt: 1 Zwiebel in Scheiben, 1 Tl Senfkörner, 5 Pfefferkörner, 5 Pimentkörner, 1 Lorbeerblatt, 1-2 Nelken und nach Geschmack 1-4 Knoblauchzehen werden in 1:1 verdünntem Weinessig kurz aufgekocht.

Das Fleisch gut abtrocknen und in heißem Fett sehr scharf anbraten. Man gibt eine kleingeschnittene Zwiebel hinzu und gießt mit wenig Marinade auf. Hinzu kommen nun 2 El Rosinen, 1 zerbröselte Scheibe Pumpernickel, Vollkornbrot oder 1-2 Printen, 1 Glas Rotwein, Salz und 2-3 gemahlene Pimentkörner, etwas Zimt und Nelken. Gut zudecken und ½-¾ Stunde schmoren. Währenddessen 2 Tassen gehackten Sauerampfer, Wiesenschaumkraut, Flohknöterich (wenig), Brennessel in etwas Butter andünsten, 2 El Mehl dazugeben und mit wenig Rotwein zu einer sehr dicken Sauce verrühren, die man dann an den fast fertigen Braten gibt. Abschmecken und kurz vor dem Servieren 2 El Sauerrahm unterziehen.

Grüne Klopse in Weinsauce

Man bereitet einen Fleischteig aus 300 g Hackfleisch, 1 eingeweichtem, gut ausgedrücktem Brötchen, 1 Ei, 2 Tassen kleingehackten Kräutern (Geißfuß, Portulak, Schlangenknöterich, Wiesenknopf, Quendel, Petersilie) und 1 kleinen, fein gehackten Zwiebel, würzt mit Salz und weißem Pfeffer und formt aus der Masse pflaumengroße Klopse.

In einer hellen Grundsauce (Mehlschwitze, die mit Fleischbrühe, 1 Glas herbem Weißwein und dem Saft von ½-1 Zitrone abgelöscht und aufgefüllt wurde) läßt man die Klopse nun etwa 20 Minuten auf kleiner Flamme und gut zugedeckt ziehen. Vor dem Servieren 1-2 Tl Kapern zugeben und mit 1 Ei, in 1 Glas Weißwein verrührt, legieren.

Frikasse-Sauce

1-2 Zwiebeln, fein gehackt, in 1-2 El Butter goldgelb dünsten, 2 El Mehl hinzufügen, mit etwas herbem Weißwein oder Fleischbrühe ablöschen und aufgießen. 1-2 El Zitronensaft, 1 El Kapern aus Gänseblümchen o.a., weißen Pfeffer und Salz hinzufügen und kurz aufkochen lassen. Kurz vor dem Servieren kommen dazu 1-2 Tassen sehr fein gehackte, rohe Kräuter (Sauerampfer, Brunnenkresse, Löffelkraut, Bärlauch, Wiesenschaumkraut), nach kurzer

Abkühlung 1 in Weißwein verrührtes Ei und die warmgestellte Einlage bzw. Fleisch. (Huhn, Kalbfleisch, Restemischungen). Mit offenen Gänseblümchen garnieren!

Gulasch mit Kräutern

300–400 g Schweine- und Rindfleischstückchen mit magerem Speck anbraten. Eine grob geschnittene Zwiebel zufügen, nach 10-minütigem Schmoren 2–3 Tassen gehackte Kräuter zugeben (Kohlkratzdistel, Bärenklau, Wiesenbocksbart, Waldweidenröschen, Sauerampfer, Löwenzahn, Wegerich), mit Wasser oder Wein auffüllen und ½ Stunde einkochen lassen, evtl. zwischendurch wieder Flüssigkeit auffüllen, abschmecken und würzen, andicken.

Geflügelsalat mit Eiern und Kräutern

3 Tassen Geflügelfleisch werden in kleine Stücke geschnitten, ebenso 1 geschälter, säuerlicher Apfel und 5 hartgekochte Eier. Dazu kommen 1–2 Tassen gehackte Kräuter (Gänseblümchen, Hirtentäschel, wenig Flohknöterich, Wiesenschaumkraut, Feldsalat, Brunnenkresse, Sauerampfer) sowie 1 Tasse nicht zu weich gekochte Wurzeln (Schlangenknöterich, Nachtkerze, Waldweidenröschen, Sellerie, Möhren). Mit schwarzem Pfeffer, Salz, Essig und Öl würzen, vorsichtig mischen. Mit Geißfuß und Petersilie, Schnittlauch und Eierscheiben garnieren.

REISGERICHTE

Reissalat

250 g körnig gekochten Reis mischen mit 1 in Würfel geschnittenen Apfel, 2–3 klein geschnittenen eingelegten Gürkchen und hart gekochten Eiern, 2 Tassen fein gehackten Kräutern (Barbenkraut, Bibernelle, Dost, Gundermann, Löffelkraut, Schafgarbe, Sauerampfer, Wiesenknopf); würzen mit Öl, Zitronensaft oder Joghurt, Salz.

Grüner Reisring

Reis in wenig kochendes Salzwasser geben und etwa 10 Minuten auf kleiner Flamme ziehen lassen, evtl. zwischendurch etwas Wasser hinzugeben, aber darauf achten, daß der Reis trocken bleibt.

Eine Eiermilch aus gründlich verquirlten Eiern, Salz, Milch oder Sahne herstellen, Schinkenwürfelchen und fein gehackte Kräuter zufügen und unter den Reis mischen. Der Reis wird in eine Reisringform, Auflauf- oder Kuchenringform gefüllt, Butterflöckchen und evtl. geriebenen Käse darauf verteilen, im Ofen etwa 40 Minuten backen. Auf eine Platte stürzen und in das Innere des Rings nach Belieben Frikasse, Ragout füllen, Salat dazu reichen.

Risotto mit Kräutern

1-2 Tassen Reis werden mit einer gehackten Zwiebel in genügend Fett glasig geschmort. Dann gibt man 2 Tassen grob gehackte Kräuter (Frauenmantel, Kohlkratzdistel, Malve, Löwenzahn, Geißfuß, Wegerich, Wiesenknopf, Bibernelle) zu, läßt die Kräuter im zugedeckten Topf zusammenfallen und füllt mit etwa 2 Tassen Brühe auf. Würzen und etwa 15 Minuten garen lassen, zwischendurch Flüssigkeit ergänzen.

Kräuterreismus mit Bällchen

1-2 Tassen Kräuter (Löwenzahn, Wermut, Brennessel, Schnittlauch, Vogelmiere, Barbenkraut, Wiesenknopf, Kresse) sehr fein schneiden und in Öl braten. 100 g Reis untermischen, salzen, mit etwas Wasser auffüllen und quellen lassen.

150 g Reismehl mit heißem Wasser verkneten, salzen, zu kleinen Bällchen formen und in schwimmendem Öl ausbacken. Die Bällchen werden auf den Reis gesetzt, kurz weiter gekocht und dann mit dem Reis serviert.

MEHLSPEISEN

Kräuterkuchen

80 g Weizenschrot, 250 g Quark, 125 g Butter, 3 Eier, 3 El Milch, 500g gehackte Kräuter, etwas Salz, Pfeffer, Muskat, 1 fein gehackte Zwiebel zu einem Teig verarbeiten und gut durchkneten, in eine gefettete Springform geben und bei Mittelhitze etwa 30 Minuten backen. Dazu Tomaten- oder Zitronensauce reichen.

Maultaschen (Ravioli)

250 g Weizenmehl werden in eine Schüssel gesiebt. In eine Vertiefung in der Mitte gibt man 2 frische Eier und 1 El Öl, 1 Prise Salz. Man mischt nun von innen nach außen gut durch und fügt soviel Wasser (ca. $^1/_8$ l) zu, daß ein fester Nudelteig entsteht. Gut durchkneten, 30 Minuten an einem warmen Ort ruhen lassen. Danach wird der Teig dünn ausgerollt und 10 x 10 cm große Quadrate ausgeschnitten bzw. mit einem großen Glas Kreise ausgestochen. Man gibt auf die Mitte 1 Tl Füllung, klappt die Quadrate oder Kreise zusammen und drückt den Rand mit der Gabel fest zusammen, legt sie in siedendes Salzwasser oder besser in eine Fleischbrühe und läßt sie darin auf schwacher Flamme 10-15 Minuten ziehen. In der Fleischbrühe oder mit Tomatensauce servieren, oder auch in der Pfanne in genügend Fett goldbraun backen.

Hackfleischfüllung: 100 g Hackfleisch, 3 Tassen gehackte Kräuter (Bärlauch, Quendel, Dost, Schafgarbe, Wegerich, Gundermann) werden mit wenig Fett kurz angedünstet, bis das Hackfleisch krümelig wird und die Kräuter zusammenfallen. Nach dem Erkalten werden 1 Ei, 1 eingeweichtes, gut ausgedrücktes Brötchen, 1 El Butter, 1 feingehackte Zwiebel, Pfeffer und Salz untergeknetet.

Kräuterquarkfüllung: 4 Tassen Kräuter klein hacken, mit 1 großen Zwiebel, ebenfalls gehackt, in wenig Fett andünsten, mit 500 g Quark, 1 Ei, 2 El geriebenem Schweizerkäse, Pfeffer, Salz, Muskat verkneten.

Blätterteigpastete mit Wildkräutern

Gebackene Pasteten werden mit heißem, gedünstetem Wildgemüse, das mit einer bechamelähnlichen Sauce gebunden und mit frischen Kräutern gewürzt ist, gefüllt.

Wildkräuter-Blätter in Teig ausgebacken

Geeignet sind Wegerich, Beinwell, Bärenklau, Huflattich, Schlüsselblumen, Frauenmantel, Malve. Die sauber gewaschenen Blätter müssen gut abtropfen, bevor man sie in Pfannkuchenteig taucht und in heißem Fett ausbäckt.

Kräuterstrudel

In 200 g Mehl wird ein guter El Butter zerbröckelt, dazu knetet man 1 Ei, 1 Prise Salz und nach und nach 3-4 El lauwarmes Wasser. Man bereitet daraus einen nicht zu festen Teig, gibt evtl. noch etwas Mehl oder Wasser zu. Der Teig wird nun auf eine bemehlte Platte gelegt, mit lauwarmem Wasser bepinselt und mit einer Schüssel gut zugedeckt; mindestens ½ Std. ruhen lassen. Danach legt man den Teigklumpen auf ein sehr gut bemehltes Tuch und rollt ihn mit einem Nudelholz möglichst papierdünn aus. Der Teig wird mit zerlassener Butter bepinselt, mit saurer Sahne bestrichen und die Füllung gleichmäßig darauf verteilt. Dabei läßt man an beiden Seiten einen schmalen, an einem Ende einen breiteren Streifen frei. Das ganz belegte Ende schlägt man mit den Händen, notfalls mit Hilfe eines breiten Messers, um und rollt den Strudel durch langsames Hochnehmen des Tuchs locker auf. Er kommt nun in eine gebutterte Kasserolle (Reine), und wird im Backofen mit etwas Fleischbrühe oder Wasser bei Mittelhitze 1 knappe Stunde lang hellbraun gebacken. Zwischendurch immer wieder mit der Brühe bzw. dem Wasser begießen.

Füllung: In 2 El Butter werden eine gehackte Zwiebel und 2-3 gehäufte El Semmelbrösel goldgelb geröstet. Dazu kommen 3 Tassen grob gehackte Kräuter (Wegerich, Taubnessel, Brennessel, Bärlauch, Sauerampfer, Melde, Gundermann einzeln oder als Mischung), die man zusammenfallen läßt und mit einem Spritzer Weißwein 5 Minuten offen dünstet. Mit Salz, Muskat, weißem Pfeffer abschmecken, nach dem Erkalten feingehackte Petersilie und Schnittlauch zufügen.

Variationen: Hackfleisch, Quark oder geriebenen Käse zugeben.

Fruchtstrudel

Man kann den gleichen Strudelteig auch mit Früchten füllen. Dazu eignen sich besonders Heidelbeeren, Preiselbeeren, Moosbeeren, Wildkirschen oder eine pikante Mischung aus Äpfeln mit Preiselbeeren.

Eine knappe Tasse Sauerrahm wird mit 2 Eigelb, 2 gehäuften El Semmelbröseln oder zerstossenen Löffelbisquits, 2 El Butter und 2-3 El Zucker verrührt und die sehr steif geschlagenen Eiweiß vorsichtig untergezogen. Diese Masse wird auf den Teig gestrichen und die Früchte darauf gestreut. Evtl. mit wenig Zimt und Zitronensaft würzen. Weiter verarbeiten wie oben.

Pizza

Aus etwa 250 g Mehl, ½ Päckchen Hefe, 2 El Öl, 2 El Milch, 1 Prise Salz und etwas Wasser bereitet man einen halbweichen Hefeteig, den man mindestens ½ Stunde zugedeckt gehen läßt. Auf einem gefetteten Backblech dünn ausziehen.

Darauf kommen als erstes in Scheiben geschnittene, geschälte Tomaten und eine dicke Lage geriebener Käse (Emmentaler, besser: Mozzarella), darauf viel streifig geschnittener Bärlauch, als Gewürze Quendel, Dost (Oregano), Basilikum, Salz. Man kann, muß aber nicht, noch mit Schinken, Salamischeiben, Oliven, Kapern, Peperoni garnieren. Im sehr heißen Ofen etwa 10–20 Minuten backen.

Grüne Nudeln

Aus 500 g Mehl, 3 Eiern, ½ Tl Salz und etwas Wasser, das man nach und nach zugibt, sowie 1 Tasse sehr fein gehackter, kurz angedünsteter Kräuter (Melde, Gänsefuß, Wegerich, Malve, wenig Gundermann oder Bärlauch allein oder in Mischung) knetet man mit der Hand einen festen Teig. Man läßt ihn ½ Std. ruhen und rollt ihn dann auf einem bemehlten Brett sehr dünn aus. Mit einem scharfen Messer in beliebig schmale Streifen schneiden. Es erspart viel Arbeit, wenn man den Teig zuvor einige Male faltet. Diese Nudeln werden entweder sofort in siedendem Salzwasser gekocht, dann mit Butter und geriebenem Käse oder einer geeigneten Sauce serviert oder zu späterem Gebrauch getrocknet. Dazu faltet man die Streifen auseinander und hängt sie über Stuhllehnen, dünne, runde Hölzer oder sonstige Behelfe (scharfe Kanten vermeiden!).

Nudelsauce: 1 Tasse Bärlauch oder Knoblauchsrauke und 1 Zwiebel fein hacken, in Öl scharf anbraten, mit wenig Rotwein 5 Minuten köcheln lassen. Tomatenmark zugeben, mit Quendel, Dost, Basilikum, Thymian, Bohnenkraut oder anderen Kräutern würzen, salzen.

Lasagne

Zunächst kocht man die benötigte Menge Teigplatten in reichlich Salzwasser weich oder bereitet einen Nudelteig wie oben.

250 g Hackfleisch werden mit 1 fein geschnittenen Zwiebel und 2 zerdrückten Knoblauchzehen in wenig Fett kurz durchgebraten, dann kommen 3 Tassen grob gehackte Kräuter (Quendel, Dost, Barbenkraut, Löwenzahn, Franzosenkraut, Waldweidenröschen, Wiesenbocksbart oder Schlangenknöterich zusammen oder allein) dazu. 2 El Quark, 2 Eier und 1 Becher Sauerrahm unterrühren, nach Geschmack etwas Tomatenmark zugeben (oder auch nicht), mit schwarzem Pfeffer, Paprika und Salz abschmecken. Nun gibt man in eine Auflaufform abwechselnd je

eine Schicht von dieser Masse und den Nudeln, wobei oben und unten Sauce sein muß. Auf die oberste Schicht eine dicke, gleichmäßige Lage geriebenen Käse verteilen (Mozzarella, Schweizer), in den vorgeheizten Backofen geben und ½-¾ Stunde backen.

Kräuterplätzchen

Zunächst wird ein dickflüssiger Hefeteig bereitet aus 1 Päckchen Hefe, 1 Prise Salz, 100g Weizenmehl sowie nach Möglichkeit 100g Buchweizenmehl, 50g Haferflocken und 50g Paniermehl, (notfalls durch eine entsprechende Menge Roggen- oder Vollkornmehl, aber auch Kichererbsenmehl ersetzen) sowie 2 Eiern, 1 Tl Öl und genügend Milch. Diesen Teig läßt man lange genug, mindestens 2 Stunden gehen. Wenn er sich verdoppelt hat, rührt man ihn jedesmal zusammen.

3-4 Hände voll grobgehackte Kräuter (z.B. Wegerich, Luzerne, Beinwell, Hirtentäschel, Geißfuß, Barbenkraut) und ½ Zwiebel werden in wenig Fett unter Beigabe von sehr wenig Wasser langsam weichgedünstet und unter den fertigen Teig gerührt. Daraus backt man in heißem Fett in der zugedeckten Pfanne (damit sie schön aufgehen) kleine Teigflecken goldbraun aus. Dazu grünen Salat oder Löwenzahnsalat servieren.

Kräuterknödel (für 3 Personen)

3-4 altbackene Brötchen auf einer Reibe abreiben, den Rest in feine Streifen schneiden und mit sehr wenig Milch übergießen (die Masse darf nicht zu weich werden, sie fällt sonst beim Kochen auseinander) und salzen, mindestens ½ Stunde stehen lassen. Währenddessen ca. 3 Hände voll fein geschnittene Kräuter (Wegerich, Taubnessel, Malve, Melde, Brunnenkresse, Barbenkraut, als Würze Geißfuß, Gundermann, Dost) mit einer fein geschnittenen Zwiebel in wenig Fett weich dünsten, unter die feste Brötchenmasse geben. 2 Eier untermischen und mit Salz, Muskatnuß abschmecken. Wenn der Teig zu weich geworden ist, mit etwas Paniermehl andicken. Noch ½ Stunde ruhen lassen, danach faustgroße Knödel daraus formen und in schwach siedendem Wasser etwa 15 Minuten ziehen lassen.

WÜRZKRÄUTER

Acker-Senf (Senf, wilder)
Bärlauch
Beifuß
Bibernelle
Brunnenkresse
Dost
Engelwurz
Flohknöterich
Gundermann
Kalmus
Knoblauchsrauke
Kümmel
Löffelkraut
Minze
Nelkenwurz
Pastinak
Pfeilkresse
Quendel
Sauerampfer
Schafgarbe
Steinklee
Wacholder
Waldmeister
Wasserpfeffer
Wiesenknopf, Kl. und Gr.

Kapern

Blütenknospen von Löwenzahn, Gänseblümchen, Scharbockskraut (einschließlich Brutknöllchen), Sumpfdotterblumen mit etwas Salz und Essig aufkochen und in gut verschließbaren Gläsern aufbewahren oder 1 Tag in Salzwasser einlegen und dann mit Essig, am besten Kräuteressig, übergießen.

Kräuteressig

Minze, Wiesenknopf, Barbenkraut, Bärlauch, Dost, Flohknöterich, Quendel, Knoblauchsrauke (oder andere Zusammensetzungen) grob hacken und mit Weinessig übergießen, 2–3 Wochen möglichst in der Sonne stehen lassen. Dann filtert man den Essig ab, füllt ihn in kleinere Flaschen, fügt 1–2 Stengel Quendel oder Wiesenknopf hinzu und bewahrt ihn kühl auf.

Sie können aber auch ganze Stengel und blühende Kräuter in die Flaschen füllen und mit einer Essigessenz-Zubereitung übergießen. So gefüllte Flaschen sehen hübsch aus und eignen sich gut für Geschenke im Freundeskreis.

Brennesselessig

Ein 10-Liter-Steinguttopf (Holzfäßchen, Plastikeimer) wird zur Hälfte mit kleingeschnittenen, sauren Äpfeln mit ihrer Schale gefüllt. 500g getrocknetes Brennesselkraut zugeben und mindestens ½ l sauer gewordenen Wein darüber gießen. Mit warmem Wasser auffüllen und mit einem Tuch zubinden. Man stellt den Topf an einen gleichmäßig warmen Platz, rührt gelegentlich gründlich um. Nach 6–8 Wochen ist die Gärung beendet und man kann abpressen, filtrieren und in kleinere Flaschen abfüllen.

Kräutersenf

In 1 l Weinessig werden 15 g gemahlener Zimt, 4 Nelken (Nelkenwurz), 8 g Piment, 3 in Scheiben geschnittene Zwiebeln, 3–6 zerdrückte Knoblauchzehen und 2 Tassen fein gehackte Kräuter (Bibernelle, Brennessel, Engelwurz, Vogelknöterich, Pfeilkresse, Dost, Quendel, Wiesenbocksbart, Wiesenknopf o.a.) mit 250 g Zucker unter Rühren mehrmals aufgekocht, zugedeckt und 1 Stunde ruhig gestellt. Die Brühe durch ein Sieb passieren und 500 g schwarzes Senfmehl unterrühren. Unter Rühren wird der Senf noch einmal kurz aufgekocht. Nach Abkühlung am besten in Steinguttöpfe oder Gläser füllen, gut verschließen.

BROTAUFSTRICH

Kräuterbutter

Dazu eignen sich folgende Kräuter: Barbenkraut, Brunnenkresse, Flohknöterich, Hirtentäschel, Bärlauch, Knoblauchsrauke, Gänseblümchen, Melde, Bachbunge, Brennessel, Taubnessel, Löwenzahn, Wegerich, Beinwell, Wiesenknopf, Quendel, Schafgarbe, Sauerampfer, Scharbockskraut, Löffelkraut, Portulak, Bibernelle und andere „zarte" Pflanzen. Man nimmt nur ganz junge Blätter, zerhackt diese sehr fein und zerdrückt sie mit Butter, fügt Salz und evtl. 1 zerdrückte Knoblauchzehe hinzu.

Schmeckt gut zu frischem Brot, Fleisch, Fisch, Kartoffeln, Reis, Artischocken.

Quark mit Wildkräutern

Quark mit Milch, Salz und Pfeffer verrühren und möglichst verschiedene klein gehackte Kräuter wie Sauerampfer, Wiesenschaumkraut, Wiesenknopf, Quendel, Taubnessel, Bibernelle, Bärlauch, Gänseblümchen, Dost hinzufügen.

Kräuterkäse

Bibernelle, Wiesenknopf, Bärlauch, junger Ackersenf, Kümmel (auch das Kraut), Pfeilkresse, Vogelknöterich, Quendel werden fein gehackt und mit einer gerade knetbaren Mischung aus geriebenem Hartkäse und Butter zu einer geschmeidigen Paste verarbeitet. Etwas salzen.

Angebatzter (Obatzter)

200 g Camembert werden mit 2-3 El saurer Sahne oder Joghurt, etwas Butter und Milch zu einem sämigen Brei zerdrückt. Eine fein geschnittene Zwiebel, 1 gehäufter El Bärlauch, 2-4 El andere gehackte Kräuter wie Brunnenkresse, Scharbockskraut, Löffelkraut, Petersilie, Portulak, Schnittlauch untermischen und mit Salz, weißem Pfeffer und Paprika abschmecken.

FRÜCHTE, BEEREN UND NÜSSE

Berberitze
Brombeere
Buche
Eiche
Hagebutte
Haselnuß
Heidelbeere
Himbeere
Holunder
Kornelkirsche
Moorbeere
Moosbeere
Preiselbeere
Sanddorn
Schlehe
Vogelbeere
Wacholder
Walderdbeere
Weißdorn
Wildkirsche

Fruchtauflauf

Brötchen oder Weißbrot in Milch einweichen. Einige Eier schaumig schlagen, Milch und Zucker, evtl. etwas Rum oder Cognac hinzufügen. Dann schichtet man in eine Auflaufform abwechselnd je eine dünne Lage eingeweichte, ausgedrückte Brötchen und Früchte, gießt die Eiermilch darüber, streut Butterflöckchen darauf und überbackt den Auflauf etwa 45 Minuten.

Joghurtcreme mit Früchten

2 Eigelb werden mit 2-3 gehäuften El Zucker schaumig gerührt, 2 Becher Joghurt darunter gemischt. Dazu gibt man 1-2 Tassen frische, zerkleinerte Früchte oder 4-5 El Konfitüre oder Kompott und rührt gut durch. Mit Zitronensaft und

abgeriebener Zitronenschale abschmecken. 1 Päckchen aufgelöste Gelatine wird nun unter die Masse gerührt. Nach kurzem Stehen Eischnee aus 2 Eiern unterziehen und an einem kühlen Ort oder im Kühlschrank steif werden lassen.

Fruchtcreme

½ l Milch mit 70 g Zucker, 1 Vanillezucker, 1 Prise Salz und ¼ l Fruchtsaft zum Kochen bringen, 40 g in Milch angerührtes Stärkemehl unterrühren und noch einmal aufkochen. Die Creme mit einem Schneebesen bis zum Erkalten schlagen, 1 El Zitronensaft hinzufügen, in Glasschalen füllen und mit geriebenen Nüssen bestreuen.

Rote Grütze

1 l Fruchtsaft (Kirsch, Himbeer, Brombeer, Erdbeer, Holunder) mit ½ l Wasser aufkochen, 1 Glas Rotwein hinzufügen, 1 Prise Salz und Zucker nach Geschmack. In die kochende Flüssigkeit etwa 100 g kalt angerührtes Stärkemehl geben, noch einmal kurz aufkochen und in Schüsselchen abfüllen. Mit frischer Milch oder Sahne servieren.

VERSCHIEDENES

Fermentation von Hausteesorten

Mit diesem Verfahren erhält man einen koffeinfreien (= teeinfreien) Tee, der bei sorgfältigem Vorgehen einem guten schwarzen Tee geschmacklich sehr nahe kommt, aber nicht dessen anregende Wirkung hat.

Hierfür eignen sich vor allem die jungen, zarten Blätter verschiedener Rosengewächse wie der Himbeere, Brombeere, Walderdbeere, aber auch der Hagebutte oder in kleineren Mengen des Mädesüß.

Man pflückt die jungen Blätter möglichst früh am Morgen, wenn sie noch feucht vom Tau sind, wickelt sie fest in ein Tuch und läßt sie an einem warmen, sonnigen Platz etwa einen halben Tag liegen, bis sie welk und schlaff sind.

Danach zerdrückt man sie in kleinen Portionen auf einem großen Holzbrett mit dem Nudelholz. Man kann sie auch zwischen den Händen rollen. Das ist zwar wesentlich mühsamer und zumindest bei sehr stachligen Brombeerblättern auch recht schmerzhaft, die größere Mühe wird aber durch ein besseres Ergebnis belohnt.

Nun werden die Blätter mit etwas warmem Wasser besprengt, in ein Flanelltuch gewickelt und in einer wasserdichten Folie 1-2 Tage an einer sehr warmen Stelle, bei etwa 30 Grad, aufbewahrt. Wenn die Blätter gleichmäßig schwarz geworden sind, zupft man sie auseinander, trocknet sie schnell in dünner Lage (notfalls bei milder Ofenhitze) und bewahrt sie in gut verschlossenen Blechbüchsen oder Gläsern auf.

Anschließend noch ein Kurzverfahren: Nach entsprechender Vorbereitung (welken, rollen) werden die Blätter in einer dicht verschlossenen Blechdose in den maximal 50 Grad warmen Backofen gestellt; bei höherer Temperatur würden die wichtigen Fermente zerstört, die das Dunkeln der Blätter hervorrufen. Die Fermentation ist im allgemeinen schon nach etwa 4-5 Stunden abgeschlossen.

Diese Angaben können nur als allgemeine Richtlinien gelten, da das Ergebnis je nach Wetterlage, angewandten Temperaturen, Feuchtigkeitsgrad, Ausdauer beim Rollen der Blätter recht unterschiedlich ausfallen kann, die Erfahrung zeigt es Ihnen!

Zuckersirup

für die Naßzuckerung von Likören, Weinansätzen, Hagebuttenmark u.v.a.

1 kg Zucker wird mit 450 ml (einem knappen halben Liter) Wasser und einem schwachen Tl Zitronensäure sehr vorsichtig unter ständigem Rühren erhitzt, bis der Zucker vollständig aufgelöst ist. Notfalls ein Drahtnetz unterlegen, da der Zucker sehr leicht anbrennt. Den evtl. aufsteigenden bräunlichen Schaum sorgfältig mit einem Kaffeesieb oder Schaumlöffel abnehmen, die Masse unter mäßiger Hitzezufuhr solange kochen, bis man eine herausgenommene Probe zwischen 2 Fingern zu einem langen Faden auseinanderziehen kann.

Da dieser Zuckersirup nur sehr wenig Wasser enthält, kann dieses beim Ansatz meist unberücksichtigt bleiben. Bei größeren Zuckermengen nehmen Sie 20% mehr Sirup und entsprechend weniger Wasser.

Soll der Sirup aufbewahrt werden, füllt man ihn noch heiß in weithalsige Flaschen. Da er bei Raumtemperatur sehr dickflüssig oder sogar fest werden kann (auskristallisieren), muß man ihn vor der Verwendung im Wasserbad erwärmen, um ihn aus der Flasche gießen zu können. Diese Sirupbereitung dient zu einer weiteren Klärung, Läuterung des Zuckers. Verunreinigungen, die eine Trübung von Likören hervorrufen könnten, werden beseitigt. Durch das Kochen unter Säurezusatz wird außerdem ein Teil des Zuckers (Saccharose) in den wesentlich bekömmlicheren Invertzucker (Glucose und Fructose, d.h. Trauben- und Fruchtzucker) gespalten, wie es uns aus dem Honig bekannt ist. Da die Saccharose nur nach der Aufspaltung in Invertzucker vergärbar ist, bedeutet die Zugabe von Zuckersirup statt des trockenen Kristallzuckers eine wesentliche Verbesserung bei der Wein- und Fruchtweinzubereitung.

Sterilisieren von Flaschen und Gläsern im Dampfkochtopf

Man füllt in einen Dampfkochtopf nur etwa 1 Finger hoch Wasser ein. Auf dem Boden des Topfs setzt man den Dreifuß aus Draht oder, als Behelf, 3 Kieselsteine. Nun wird mit der durchlöcherten Platte abgedeckt und die zu sterilisierenden Gefäße darauf gestellt. Man schließt den Topf, erhitzt auf großer Flamme, bis aus der Öffnung kräftig Dampf ausströmt, und verschließt mit dem Ventil. Wenn die

Markierung für die normale Kochstufe sichtbar wird, stellt man die Hitze zurück. Nach 10 Minuten ausstellen, langsam abkühlen lassen.

Behelfsmäßig können die Gefäße auch in einen Topf mit viel Wasser gelegt und mindestens 15 Minuten gründlich ausgekocht werden.

Pasteurisieren

Man stellt die gefüllten und sorgfältig verschlossenen Flaschen oder Gläser in einen Kochtopf, gießt 3-4 Finger hoch Wasser dazu, legt den Deckel auf und erhitzt langsam bis zum Kochen. Nach guten 3 Minuten Kochzeit abstellen, erkalten lassen und nach ½ Tag nochmals wie oben erhitzen. Danach überprüft man die Dichtigkeit der Verschlüsse und bewahrt die Flaschen oder Gläser kühl auf.

KRÄUTER IM GARTEN

Kräuter als Bodenheilmittel und zur Schädlingsbekämpfung

Die Kräuter werden in den angegebenen Mengen mit Regenwasser, notfalls auch mit Leitungswasser, kalt angesetzt. Für eine Brühe läßt man sie höchstens 3 Tage lang stehen. Will man eine Jauche erhalten, muß man die Pflanzen in einem genügend großen Gefäß mit dem Wasser anrühren, dann mit einem Brett und einem schweren Stein unter Wasser halten. Unter täglichem Umrühren solange stehen lassen, bis die bald einsetzende Gärung abgeschlossen ist, die Jauche nicht mehr schäumt und eine dunkle Färbung angenommen hat.

Brühen kann man konzentriert und verdünnt anwenden, Jauchen müssen mindestens auf die 5-10-fache Menge verdünnt werden, bevor man sie aufbringt. Bei der Verwendung von getrockneten Pflanzen entsprechen 200-300 g einem Kilogramm der frischen.

ACKERSCHACHTELHALM

1 kg frisches Kraut auf 10 l als Brühe oder Teeaufguß, auf die 5-fache Menge verdünnen

➢ gegen Pilzkrankheiten des Bodens und der Pflanzen (Mehltau, Monilia, Rost), Schorf, Milben, Kräuselkrankheit

Ackerschachtelhalm mit Baldrian und Kamille, getrocknete Kräuter 100/20/50 g auf 10 l als Tee unverdünnt

➢ gegen Blattläuse

Ackerschachtelhalm mit Brennesseln, frische Pflanzen je 500 g auf 10 l als Brühe oder Tee unverdünnt

➢ zur Schädlingsbekämpfung, gegen Pilzkrankheiten.

Ackerschachtelhalm mit Rainfarn, getrocknete Kräuter 200/100 g auf 10 l als Tee 5-fach verdünnt

➢ zur Bodenvorbereitung im Frühjahr

AUGENTROST

500 g frisches Kraut auf 5 l als Brühe oder Tee, unverdünnt

➢ zum Spritzen gegen Schädlinge

BALDRIAN

Getrocknete Blüten als Teeaufguß 1 Tl auf l Wasser, bei frischen etwa 2 Tl/l unverdünnt

➢ als Samenbad (Beize) für Sellerie, Tomaten, Zwiebeln, Porree, Kartoffeln

Man läßt die Samen zum Quellen 24 Stunden in dem Tee ruhen.

BEINWELL

1 kg frische Blätter auf 10 l als Jauche, 10-fach verdünnt zur Düngung, 20-fach verdünnt zur Schädlingsabwehr

BRENNESSEL

- wie Beinwell verwenden
- Jauche unverdünnt als wirksames Spritzmittel gegen Blattläuse

FICHTE

Fichtennadeln und andere, abgefallene Koniferen-Nadeln zur Bodenmulchung (Bedeckung), wirksam gegen Schnecken.

Fichten- und Tannennadeln mit Eichenblättern zu einem Spezialkompost für Rhabarber verarbeiten. Auch als Beimengung zum normalen Kompost.

HOLUNDER

1 kg frische Blätter auf 10 l als Jauche, unverdünnt

- gegen Wühlmäuse (direkt in die Gänge gießen) und Möhrenfliege (vor Aufgehen der Saat unverdünnt, danach alle 1-2 Wochen 10-fach verdünnt gießen
- zerhackte Blätter als Bodenmulchung gegen Erdflöhe

KAMILLE

Getrocknete Blüten als Teeaufguß 1 Tl pro l Wasser, unverdünnt

- als Samenbad (Beize) für Erbsen, Bohnen, Rettich, Radieschen, wie Baldrian verwenden
- als Kräftigungsmittel hin und wieder dem Gießwasser zufügen

LÖWENZAHN

1,5-2 kg der frischen Pflanze mit Wurzel auf 10 l als Tee oder Brühe unverdünnt, als Jauche 5-fach verdünnt, zur Düngung

WERMUT

1 kg frisches Kraut auf 10 l Wasser als Tee oder Brühe, 2-fach verdünnt

- gegen Blattläuse, Erdflöhe, Obstmaden und Kohlfliegen, gegen Säulenrost

Wermut kann bei gleicher Wirkung durch 1-1,5 kg Beifuß ersetzt werden

Wermut mit Rainfarn, frische Pflanzen je 500g auf 10 l unverdünnt

- als Spritzmittel gegen Kohlfliegen und Obstmaden

PFLANZENJAUCHE

aus Beinwell, Brennessel und Löwenzahn zu gleichen Teilen 1 kg auf 10 l, unverdünnt

- zur Düngung von Starkzehrern wie Kohlgewächse, Mais, Tomaten, Gurken, Lauch, Sellerie vor dem Einbringen der Saat.

MULCH

Jedes Wildkraut, vor der Blüte ausgezogen oder gejätet und zerkleinert, kann zur *Bodenbedeckung* (Mulchung) auf den Beeten liegen gelassen werden. Nach dem Vorbild der Natur, die kein Stückchen Erde unbedeckt läßt, wird damit ein Schutz geschaffen, der das Auswaschen oder Austrocknen des Bodens bzw. der Humusschicht verhindert. Außerdem entsteht ein günstiges Kleinklima, das zum Wachstum der Kulturpflanzen beiträgt. Gleichzeitig werden Mikroorganismen und Kleinlebewesen im Boden versorgt, die Nährstoffe erzeugen und die Humusschicht vermehren. Der Mulch unterdrückt ein allzu starkes Nachwachsen von nicht erwünschten Kräutern, hält den Boden feucht und Sie sparen sich allzu häufiges Gießen.

Quecke-, Giersch-, Brennessel- und Löwenzahnwurzeln sollten Sie allerdings vorher verjauchen, da aus ihnen allzu leicht neues Leben erwächst.

ZEIGERPFLANZEN

Aus dem häufigen Vorkommen oder Überwiegen bestimmter Pflanzen können Sie die Qualität, die Art und den Zustand des Bodens ziemlich genau erkennen.

stickstoffhaltig: Franzosenkraut, Klettenlabkraut
guter Nährstoffgehalt: Ackerhellerkraut, Gänsefuß, Franzosenkraut, Melde, Baldrian, Brennessel, Erdrauch
Humusreichtum/Lehmboden: Ehrenpreis, Kamille, Vogelsternmiere
Wärme/Trockenheit: Königskerze
Feuchtigkeit/Nässe: Ackerminze und andere Minzen, Kohlkratzdistel, Mädesüß, Schlangenknöterich, großer Wiesenknopf, Wiesenschaumkraut, Schlüsselblume
gute Wasserführung: Vogelmiere, rote Taubnessel und andere Taubnesseln
basischer Boden: Ackersenf, Stiefmütterchen
saurer Boden: Ehrenpreis, Hederich
schwer verdichteter Lehm: Breitwegerich, Gänsefingerkraut

WILDKRÄUTER SELBST ZIEHEN

Es gibt eine ganze Reihe von Gründen dafür, Wildkräuter im Garten oder auf dem Balkon selbst zu kultivieren. Es kann zum Beispiel sein,

- daß Pflanzen, die wir häufig oder in größeren Mengen brauchen, in unserer Umgebung nicht vorkommen,
- daß unsere Wunschkräuter an ungünstigen oder belasteten Stellen wachsen,
- daß wir seltene Pflanzen nicht in Ihrem Bestand gefährden wollen.

Allerdings eignen sich nicht alle Wildpflanzen für den eigenen Anbau, sind sie doch meist 'Individualisten' mit ganz speziellen Ansprüchen an Boden, Klima, Nachbarpflanzen und weitere Umweltbedingungen. So entzieht sich z.B. die 'Arnica montana' allen Domestizierungsversuchen. Sie ist in den Bergen zu Hause und ihre notwendigen Lebensbedingungen können wir in unserem Garten einfach nicht herstellen.

Studieren Sie die Pflanzen und ihre Bedürfnisse zunächst in ihrer natürlichen Umgebung und versuchen Sie dann, es ihnen bei sich 'zu Hause' heimisch zu machen. Das ist überhaupt eines der Erfolgsgeheimnisse aller Formen des naturnahen Gartenbaus, aller nachhaltigen Anbaumethoden, die sich in den letzten Jahren und Jahrzehnten entwickelt haben. Seit den Anstößen von Rudolf Steiner, der die biologisch-dynamische Wirtschaftsweise initiiert hat, oder Alwin Seifert kamen die wohl wichtigsten Anregungen von Masanobu Fukuoka sowie Bill Mollison und anderen Vertretern der Permakultur, die ihre Philosophie nicht nur vertreten, sondern selbst vorleben.

Permakultur – PERMAnent agriCULTURE. ist mehr als nur Anbau 'in Harmonie mit der Natur' (so ein Buchtitel von Fukuoka), sie ist eine lebendige Kultur auf der Grundlage natürlicher Muster. Sie bedeutet, in Kreisläufen und Zusammenhängen zu denken, auf überschaubaren, regionalen Ebenen gemeinschaftlich zu handeln, unsere Lebensräume zu schützen und für zukünftige Generationen zu bewahren. Sie läßt dabei Raum für phantasievolles Schöpfen und Gestalten und führt zu einer Lebenseinstellung, die sich überall, auch in der Stadt, leben läßt.

Beachten Sie bitte, daß Sie sich zwar von allen wildwachsenden Pflanzen mindestens in kleinem Umfang Samen holen, aber keinesfalls geschützte Pflanzen ausgraben dürfen. So können Sie z..B. von der Schlüsselblume alle oberirdischen Teile sammeln, die Wurzeln dürfen Sie aber nicht beschädigen.

Samen und Stauden einheimischer Wildpflanzen aus naturnahem Anbau finden Sie bei (Stauden-) Gärtnereien oder spezialisierten Versandfirmen. Inwischen gibt es immer mehr Betriebe, die diese Erkenntnisse umsetzen und ökologisch, naturnah wirtschaften. Da können Sie z.B. alte Kulturpflanzen wie den 'Guten Heinrich' oder die Melde, aber auch Heilkräuter wie Baldrian, Johanniskraut, Zahnwurz und viele mehr kaufen und können sich auch zu Auswahl und Anbau beraten lassen.

Eine kleine Auswahl von Bezugs- und Informationsquellen listen wir nachfolgend auf, aber schauen Sie auch einmal in Ihrer Umgebung nach Staudengärtnereien oder fragen beim örtlichen Gartenbauverein nach. Es ist immer besser, die vielen positiven Ansätze: in der Nähe zu stärken, als den Versand zu finanzieren.

Bezugsquellen

Abtei zur Hl. Maria, Schulstraße 1, D-36037 Fulda

Arche Noah, Gesellschaft zur Erhaltung der Kulturpflanzenvielfalt und deren Entwicklung. Obere Straße 40, A-3553 Schloß Schiltern, Tel.: 0043 2734 / 8626

Bornträger & Schlemmer, Samen von Heil und Gewürzpflanzen. D-67591 Offstein, Tel.: 06243 / 7079

Dreschflegel, W. Kreimer, Sämereien aus kontrolliert biologischem Anbau. Föckinghauser Weg 9, D-49324 Melle, Tel.: 05422 / 1397

Hild Samen GmbH, Postfach 1161, D-71666 Marbach, Tel.: 07144 / 847311

Kräuterzauber, Daniel Rühlemann, Am Himpberg 32, D-27367 Stuckenborstel, Tel.: 04264 / 2284

Naturgarten Landschaftsbau KEG, Martin Mikulitsch, Linzerstr. 418, A-1140Wien, Tel.: 0043 1 / 9141473

Naturgarten e.V. Verein für naturnahe Garten- und Landschaftsgestaltung. Postfach 430906, D-80739 München, Tel.: 089 / 5234770, Fax 7900544

Naturwuchs GmbH, Heimische Gewächse., Am Römerstein 48. D-82205 Gilching, Tel.: 08105 / 543

Pro Specie Rara Sortenzentrale, Postfach 95, CH-5742 Kölliken

Richter's, Canada's Herb Specialist. Viele seltene Sämereien. Goodwood, Ontario LOC IAO, Tel.: 1-905-640-6677 + -6641 (Bezug teilweise über Kräuterzauber)

Saale Saaten Torner, Merseburgerstr. 41, D-06112 Halle

Verein zur Erhaltung der Nutzpflanzen e.V (VEN) Bötzen 47, D-79219 Staufen, Tel.: 07633 / 5569

Wildpflanzengärtnerei W. Lau, Lindenweg 17, D-79737 Großherrischwand, Tel.: 07764 / 239

Winkler & Richard AG, Zur Schmiede, CH-9506 Lommis, Tel.: 0041 5237 / 62275

Informationsquellen

IFOAM-Verbände

IFOAM = 'International Federation of Organic Agriculture Movements', auf deutsch 'Internationale Vereinigung biologischer Landbaubewegungen' ist eine große Dachorganisation verschiedener Bio-Landbau-Verbände. Ökozentrum Imsbach, D-66636 Tholey-Theley, Tel.: 06853 / 5190

Stiftung Ökologie & Landbau. / IFOAM – Die Stiftung gibt eine Zeitschrift heraus. Weinstraße Süd 51, D-67098 Bad Dürkheim

AGÖL - Arbeitsgemeinschaft Ökologischer Landbau, Brandschneise 1, D-64295 Darmstadt

Bioland, Verband für organisch-biologischen Landbau e.V., Nördliche Ringstraße 91, D-73033 Göppingen

Naturland, Verband für naturgemäßen Landbau e.V., Kleinhaderner Weg 1, D-82166 Gräfelfing

Biologisch-dynamische Wirtschaftsweise:

Auskunftstelle für BDW am Goetheanum, Bruderholzhof, CH-4143 Dornach

Initiativkreis zur Förderung der BDW in Österreich, Tilgnerstr. 3, A-1040 Wien

Forschungsring für BDW e.V. Brandschneise 2, D-64295 Darmstadt

Permakultur:

Permakultur Institut e.V., Brandenburg, Am Friedhof 4. D-15306 Langsow

Zentrum Prinzhöfte. Simmershausener Str. 1, D-27243 Prinzhöfte

S. Tatschl, Seidengasse 32/53, A-1070 Wien

E. Bühlmann, Asylstr. 46, CH-8708 Männedorf

Staatliche Institute

Institut für Pflanzenbau. Bundesforschungsanstalt für Landwirschaft, Bundesallee 50, D-38116 Braunschweig, Tel.: 0531 / 596-1

Institut für Pflanzengenetik und Kulturpflanzenforschung. Corrensstraße 3, D-06466 Gatersleben, Tel.: 039842 / 5-0

ANHANG

KRANKHEITEN-REGISTER

Aleppobeule

Berberitze

antibakteriell, antibiotisch

(s. desinfizierend)

Appetitlosigkeit

(s. Verdauungsschwäche)

Beifuß - Dost - Engelwurz - Fieberklee - Geißfuß - Hederich - Hopfen - Kümmel - Löwenzahn - Minze - Tausendgüldenkraut - Wacholder - Wermut

Arterienverkalkung

(= Arteriosklerose)

Bärlauch - Knoblauchsrauke - Mistel

Arthritis

(= Gelenkentzündung)

(s. Arthrose, Gicht, Gliederschmerzen, Rheuma)

Brennessel - Quecke

Arthrose

(= degenerative Gelenkerkrankung)

(s. Arthritis, Gliederschmerzen, Rheuma)

Beinwell - Löwenzahn - Wacholder

Asthma

(s. Atemwege, Verschleimung)

Ehrenpreis - Fichte - Gundermann - Huflattich - Kiefer - Lärche - Lungenkraut -Tanne - Wasserfenchel - Wegerich

Atemwege, Erkrankung der oberen

(s. Asthma, Bronchitis, Erkältung, Heiserkeit, Husten, Schnupfen, Verschleimung)

Bärlauch - Bibernelle - Dost - Fichte - Gundermann - Huflattich - Kamille - Kiefer - Königskerze - Lärche - Lungenkraut - Malve - Pestwurz - Quecke - Quendel - Sanikel - Schlüsselblume - Seifenkraut - Tanne - Taubnessel - Wacholder - Wegerich

Augen, überangestrengte

Heidelbeere

Augenkrankheiten

Augentrost - Gänsefingerkraut - Kamille

Ausschläge

(s. Ekzeme, Flechten, Geschwüre, Hautkrankheiten)

Ampfer - Braunwurz - Ehrenpreis - Stiefmütterchen - Taubnessel - Vogelmiere - Waldmeister - Weide

Bein, offenes

(s. Durchblutungsstörungen und Geschwüre)

Beruhigung

(s. Nervosität, Schlaf)

Baldrian - Hopfen - Johanniskraut - Klatschmohn - Pestwurz - Quendel - Schlüsselblume - Schöllkraut - Waldmeister - Wasserfenchel

Blähungen

(s. Verdauungsstörungen)

Engelwurz - Fieberklee - Heidelbeere - Kalmus - Kamille - Kümmel - Pastinak

Blasenleiden

(s. harntreibend, Harnwegsinfektionen, Niere)

Efeu - Ehrenpreis - Gundermann - Heidelbeere - Hopfen - Labkraut - Löffelkraut - Löwenzahn - Mädesüß - Preiselbeere - Schöllkraut - Wermut

Blutarmut
(s. Kräftigungsmittel)

Blutdruck
Bärlauch - Knoblauchsrauke - Mistel

Blutergüsse
Beinwell - Johanniskraut

blutreinigend
(s. Frühjahrskur, harntreibend, schweißtreibend, stoffwechselanregend)
Ackerschachtelhalm - Bachbunge - Bärlauch - Birke - Brennessel - Efeu - Ehrenpreis - Erdrauch - Fieberklee - Holunder - Hagebutte - Klette - Löwenzahn - Quecke - Sauerampfer - Schlehe - Schlüsselblume - Stiefmütterchen - Taubnessel - Wacholder - Walderdbeere - Wegerich - Wildkirsche

Blutungen
Ackerschachtelhalm - Beinwell - aufrechtes Fingerkraut - Frauenmantel - Hirtentäschelkraut - Gänsefingerkraut - Mädesüß - Mistel - Nelkenwurz - Schlangenknöterich - Vogelknöterich - Walderdbeere - Wegerich - Wiesenknopf

Blutungen, innere
Gänsefingerkraut - Hirtentäschelkraut - Sanikel - Schlangenknöterich - Vogelknöterich

Brandwunden
Eiche - Johanniskraut - Taubnessel - Wegerich

Brechdurchfall bei Säuglingen
(s.Durchfall, Verdauungsstörungen)
Vogelknöterich

Bronchitis
(s. Asthma, Atemwege, Husten, Verschleimung, Lungenleiden)
Ackerschachtelhalm - Augentrost - Efeu - Ehrenpreis - Engelwurz - Fichte - Huflattich - Kiefer - Lärche - Quecke - Steinklee - Tanne - Wacholder - Wasserfenchel

Darmerkrankungen, -geschwüre
(s. Magengeschwüre, Blähungen Verdauungsstörungen)
Ackerschachtelhalm - Bärlauch - Beinwell - Brombeere - Dost - Eberwurz - Ehrenpreis - Gundermann - Kamille - Sanikel - Schafgabe - Schöllkraut - Vogelknöterich - Wacholder - Wermut

Depressionen
Johanniskraut

desinfizierend
Bärlauch - Dost - Eberwurz - Fichte - Hopfen - Kiefer - Knoblauchsrauke - Lärche - Mädesüß - Preiselbeere - Quendel - Tanne - Wacholder - Weide

Diabetes
(= Zuckerkrankheit)
Brennessel - Heidelbeere - Löwenzahn - Walderdbeere - Wegwarte

Drüsenschwellungen
Beinwell - Dost - Malve

durchblutungsanregend
(s. Kreislaufschwäche)
Ackerschachtelhalm - Engelwurz Fichte - Heublumen - Kiefer - Lärche - Roßkastanie - Steinklee - Tanne - Waldmeister

Durchfall
(s. Verdauungsstörungen)
Ampfer - Brombeere - Eiche -

aufrechtes Fingerkraut - Gänsefingerkraut - Heidelbeere - Himbeere - Kamille - Mädesüß - Malve - Nelkenwurz - Quendel - Roßkastanie - Schlangenknöterich - Taubnessel - Vogelknöterich - Walderdbeere - Weide

Ekzeme

(s. Ausschläge, Flechten, Geschwüre, Hautkrankheiten)

entwässernd

(s. harntreibend)

Entzündungen

Augentrost - Beinwell - Eiche - aufrechtes Fingerkraut - Gänsefingerkraut - Gundermann - Heidelbeere - Huflattich - Johanniskraut - Kamille - Nelkenwurz - Roßkastanie - Schafgarbe - Waldmeister - Wegerich - Weide

Erbrechen

(s. Verdauungsstörungen)

Erfrierungen

(s. Frostbeulen)

Erkältungen

(s. Atemwege, Bronchitis, Fieber, Grippe, Husten, schweißtreibend, Verschleimung)
Heublumen - Holunder - Hagebutte - Linde - Sanddorn - Vogelmiere

Fieber

(s. Erkältungen, Grippe, schweißtreibend)
Heublumen - Holunder - Esche - Linde - Mädesüß - Weide

Flechten

(s. Ausschläge, Geschwüre, Hautkrankheiten, Schuppenflechte)
Efeu - Klette - Löwenzahn - Seifenkraut - Wegerich

Frauenleiden

(s. Blutungen, Gebärmutterstörungen, Geburt, Menstruationsbeschwerden, Weißfluß)
Frauenmantel - Kamille - Schafgabe - Taubnessel

Frostbeulen

Efeu - Eiche - Roßkastanie

Frühjahrskur

(s. blutreinigend, stoffwechselanregend)
Bachbunge - Bärlauch - Birke - Brennessel - Brunnenkresse - Gänseblümchen - Holunder - Löffelkraut - Löwenzahn - Quecke - Sauerampfer - Schafgarbe - Taubnessel

Füße, schmerzende, müde

(s. durchblutungsanregend)
Ackerschachtelhalm - Eiche - Fichte - Kiefer - Lärche - Tanne

Fußschweiß

Eiche

Gallenleiden, -koliken

(s. Krämpfe, Leber, Verdauungsstörungen)
Berberitze - Efeu - Erdrauch - Klette - Löwenzahn - Minze - Pestwurz - Quecke - Schöllkraut - Wegwarte

galletreibend

(s. Verdauungstörungen)
Ackerdistel

Beifuß - Berberitze - Brunnenkresse - Fieberklee - Hederich - Löwenzahn - Minze - Schöllkraut - Tausendgüldenkraut - Wegwarte - Wermut

Gebärmutterstörungen

(s. Frauenleiden, Geburten)
Mistel

Geburten
(s. Blutungen, Frauenleiden, Gebärmutterstörungen)
Frauenmantel - Hirtentäschel

Gelbsucht
(s. Leberleiden)
Erdrauch - Labkraut - Löwenzahn - Minze - Seifenkraut - Waldmeister - Wegwarte

Geschwüre
(s. Ausschläge, Ekzeme, Flechten, Hautkrankheiten)
Braunwurz - Efeu - Ehrenpreis - Eiche - Frauenmantel - Hopfen - Huflattich - Kamille - Klette - Malve - Quecke - Sanikel - Schafgarbe - Schlangenknöterich - Steinklee - Stiefmütterchen - Taubnessel - Vogelmiere - Wegerich - Weide

Gicht
(s. Arthritis, Gliederschmerzen, Rheuma)
Beinwell - Birke - Brennessel - Ehrenpreis - Engelwurz - Esche - Geißfuß - Holunder - Löffelkraut - Löwenzahn - Mädesüß - Quecke - Roßkastanie - Schlüsselblume - Seifenkraut - Vogelmiere - Wacholder - Weide - Wildkirsche -

Gliederschmerzen, Gelenkschmerzen
(s. Arthritis, Arthrose, Gicht, Rheuma)
Brennessel - Esche - Heublumen - Johanniskraut - Quecke - Roßkastanie - Stiefmütterchen

Grippe
(s. Erkältungen, Fieber, schweißtreibend)
Heublumen - Holunder - Mädesüß - Linde

Haare
Ampfer - Birke - Brennessel - Kamille - Klette - Schöllkraut - Seifenkraut

Hämorrhoiden
(s. Blutungen, Entzündungen, Verstopfung)
Ackerschachtelhalm - Braunwurz - Eiche - Hirtentäschelkraut - Kamille - Quecke - Steinklee - Vogelknöterich - Waldmeister

Halsentzündungen
(s. Atemwege, Drüsenschwellungen, Heiserkeit)
Eiche - Heidelbeere - Huflattich - Kamille - Malve - Nelkenwurz - Pestwurz - Sanikel - Vogelmiere - Wegerich

harntreibend
(s. Blasenleiden, blutreinigend, Wassersucht)
Ackerschachtelhalm - Bachbunge - Berberitze - Bibernelle - Birke - Brennessel - Brunnenkresse - Eberwurz - Efeu - Erdrauch - Esche - Fichte - Geißfuß - Holunder - Hopfen - Hagebutte - Kiefer - Klette - Königskerze - Labkraut - Lärche - Löffelkraut - Löwenzahn - Mädesüß - Pastinak - Pestwurz - Quecke - Roßkastanie - Sanikel - Schlehe - Schlüsselblume - Seifenkraut - Steinklee - Stiefmütterchen - Tanne - Vogelknöterich - Wacholder - Walderdbeere - Waldmeister - Wasserfenchel - Wegwarte - Weide - Wiesenschaumkraut

Harnwegsinfektionen
(s. Blasenleiden, harntreibend, Niere)
Bärentraube - Birke - Brunnenkresse

- Heidelbeere - Hopfen - Löffelkraut - Preiselbeere

Hautkrankheiten

(s. Ausschläge, blutreinigend, Ekzeme, Flechten, Geschwüre, Hühneraugen, Schuppenflechte, Warzen)

Birke - Efeu - Ehrenpreis - Eiche - Erdrauch - Hopfen - Kamille - Labkraut - Löwenzahn - Schöllkraut - Seifenkraut - Stiefmütterchen - Weide - Wiesenschaumkraut

Hautpflegemittel

Efeu - Johanniskraut

Heiserkeit

(s. Atemwege, Halsentzündung)

Fichte - Huflattich - Kamille - Kiefer - Königskerze - Lärche - Lungenkraut - Pestwurz - Tanne

Herz

(s. Blutdruck, durchblutungsanregend)

Bärlauch - Baldrian - Braunwurz - Herzgespann - Hopfen - Knoblauchsrauke - Mistel - Quendel - Weißdorn

Hühneraugen

(s. Hautkrankheiten)

Efeu - Schöllkraut

Husten

(s. Atemwege, Bronchitis, Verschleimung)

Augentrost - Brunnenkresse - Dost - Efeu - Fichte - Gundermann - Hederich - Huflattich - Kiefer - Klatschmohn - Königskerze - Lärche - Linde - Lungenkraut - Pestwurz - Quecke - Quendel - Roßkastanie - Schlüsselblume - Stiefmütterchen - Taubnessel - Vogelknöterich - Vogelmiere - Wacholder - Wasserfenchel - Wegerich

Insektenstiche

(s. Verletzungen)

Ackerdistel

Ischias

(s. Nervenschmerzen, Rheuma)

Geißfuß - Heublumen - Holunder - Johanniskraut - Wacholder

Keuchhusten

(s. Atemwege, Bronchitis, Husten)

Efeu - Klatschmohn - Wacholder

klimakterische Beschwerden

(s. Frauenleiden)

Frauenmantel

Knochenbrüche

(s. Verletzungen)

Beinwell

Koliken

(s. Krämpfe)

Kopfschmerzen

(s. Migräne, Nervenschmerzen)

Waldmeister - Minze

Kosmetika

(s. Haar-, Hautpflegemittel)

Kräftigungsmittel

(s. Appetitlosigkeit, Vitaminmangel)

Brombeere - Ehrenpreis - Esche - Fieberklee - Heidelbeere - Himbeere - Holunder - Hagebutte - Kalmus - Mistel - Sanddorn - Sanikel - Taubnessel - Tausendgüldenkraut -Walderdbeere

Krämpfe

(s. Galle, Magen, Niere)

Fichte - Kamille - Kiefer - Labkraut - Lärche - Minze - Pestwurz - Schafgarbe - Schlehe - Schöllkraut - Taubnessel

Krampfadern
(s. durchblutungsanregend, harntreibend)
Johanniskraut - Mistel - Roßkastanie - Taubnessel

Kreislaufschwäche
(s. Blutdruck, durchblutungsanregend, Herz)
Berberitze - Mistel

Leberleiden
(s. Gallenleiden, Gelbsucht)
Erdrauch - Klette - Löwenzahn - Schöllkraut - Wegwarte

Luftwege
(s. Atemwege)

Lungenleiden
(s. Atemwege, Asthma)
Ackerschachtelhalm - Lungenkraut - Schlüsselblume - Vogelknöterich - Wacholder

Magenblutungen
(s. Magengeschwüre)

Magengeschwüre
(s. Magenstörungen)
Ackerschachtelhalm - Beinwell - Eiche - aufrechtes Fingerkraut - Gänsefingerkraut - Kamille - Malve - Sanikel - Vogelknöterich

Magenkoliken, -krämpfe
(s. Magenstörungen)
Augentrost - Beifuß - Dost - Fieberklee - Kamille - Minze - Pestwurz - Tausendgüldenkraut - Wermut

Magenstörungen
(s. Magengeschwüre, -koliken, Verdauungsschwäche, Verdauungsstörungen)
Beifuß - Gundermann - Kamille - Labkraut - Pestwurz - Quecke - Schafgarbe - Schöllkraut - Tausendgüldenkraut - Wacholder - Wermut

Mandelentzündung
(s. Halsentzündungen, Drüsenschwellungen)

Menstruationsbeschwerden
(s. Frauenleiden, Blutungen)
Brombeere - Frauenmantel - Gänsefingerkraut - Himbeere - Hirtentäschelkraut - Sanikel - Taubnessel - Walderdbeere

Migräne
(s. Kopfschmerzen, Nervenschmerzen)
Baldrian - Holunder - Minze - Waldmeister

milchbildend
Kümmel

Milz
Quecke

Mumps
(s. Drüsenschwellungen, Halsschmerzen)

Mundfäule
(s. Mundschleimhautentzündungen)

Mundschleimhautentzündungen
Beinwell - Brombeere - aufrechtes Fingerkraut - Gänsefingerkraut - Heidelbeere - Himbeere - Kamille - Löffelkraut - Nelkenwurz - Sanikel - Schlangenknöterich - Walderdbeere

Muskelkrämpfe
(s. Gliederschmerzen)
Fichte - Heublumen - Johanniskraut - Kiefer - Lärche - Tanne

Nervenschmerzen
(s. Migräne)
Engelwurz - Holunder - Johanniskraut - Minze - Waldmeister

Nervosität
(s. Beruhigung, Schlafmittel)
Baldrian - Hopfen - Quendel - Johanniskraut

Neuralgien
(s. Nervenschmerzen)

Nierenbecken
(s. Nieren)

Nierenleiden
(s. Blasenbeschwerden, harntreibend, Harnwegsinfektionen)
Ackerschachtelhalm - Bärentraube - Efeu - Heublumen - Labkraut - Mädesüß - Pestwurz - Preiselbeere - Quecke - Schöllkraut - Vogelknöterich

Nierensteine
(s. harntreibend)
Hagebutte - Schlehe - Vogelknöterich - Waldmeister

Ödeme
(s. harntreibend)

Orientbeule
(s. Aleppobeule)

Pilzinfektionen
(s. desinfizierend, Hautkrankheiten)
Beinwell

Prellungen
(s. Blutergüsse, Verletzungen)
Beinwell - Johanniskraut

Prostataleiden
(s. Blasenleiden, Nierenleiden)
Brennessel

Rheuma
(s. blutreinigend, Gicht, Gliederschmerzen, harntreibend)
Beinwell - Birke - Brennessel - Ehrenpreis - Engelwurz - Esche - Fichte - Geißfuß - Heublumen - Holunder - Johanniskraut - Kiefer - Lärche - Löffelkraut - Löwenzahn - Mädesüß - Quecke - Roßkastanie - Schlehe - Schlüsselblume - Seifenkraut - Tanne - Vogelmiere - Wacholder - Walderdbeere - Weide - Wildkirsche

Roborans
(s. Kräftigungsmittel)

Rückenschmerzen
(s. Ischias, Muskelschmerzen)

Ruhr
(s. Durchfall)

Schilddrüse
Wolfstrapp

Schlaflosigkeit
(s. Beruhigung, Nervosität)
Baldrian - Hopfen - Johanniskraut - Quendel - Schlüsselblume - Steinklee

schmerzstillend
(s. Kopfschmerzen, Migräne, Nervenschmerzen)
Beinwell - Engelwurz - Johanniskraut - Minze - Schlüsselblume - Schöllkraut - Steinklee - Vogelknöterich - Weide

Schnupfen
(s. Atemwege, Erkältungen, Verschleimung)
Ackerschachtelhalm - Augentrost - Fichte - Hederich - Kamille - Kiefer - Lärche - Tanne

Schuppen
(s. Haare)

Schuppenflechte
(s. Flechten, Hautkrankheiten)
Birke - Kamille - Schöllkraut

schweißtreibend
(s. blutreinigend, Erkältungen, Fieber, Grippe)
Bibernelle - Efeu - Erdrauch - Holunder - Klette - Königskerze - Linde - Löffelkraut - Mädesüß - Quecke - Schlehe - Schlüsselblume - Seifenkraut - Stiefmütterchen - Waldmeister - Wasserfenchel - Weide

Schwerhörigkeit
(s. durchblutungsanregend)

Sehnenscheidenentzündung
(s. Entzündungen, Gliederschmerzen)
Beinwell

Sodbrennen
(s. Magenstörungen, Verdauungsschwäche)

Sonnenbrand
(s. Entzündungen)
Roßkastanie

Stirnhöhlenvereiterung
(s. Atemwege)
Fichte - Kamille - Kiefer - Heublumen - (Kräuterkissen)

stoffwechselanregend
(s. blutreinigend, Frühjahrskur, harntreibend, schweißtreibend, Verstopfung)
Bachbunge - Brunnenkresse - Gänseblümchen - Gundermann - Heublumen - Holunder - Klette - Löwenzahn - Mistel - Schafgarbe - Seifenkraut - Wacholder

Tic, Trigeminusneuralgie
(s. Nervenschmerzen)

Tuberkulose
(s. Lungenleiden)

Tumore
Mistel

Unterleibsbeschwerden
(s. Frauenleiden, Gebärmutterstörungen, Weißfluß)

Verbrennungen
(s. Brandwunden)

Verdauungsschwäche
(s. Appetitlosigkeit, Magenstörungen)
Ackerdistel - Ampfer - Beifuß - Beinwell - Berberitze - Bibernelle - Dost - Engelwurz - Geißfuß - Hederich - Kalmus - Kümmel - Löwenzahn - Minze - Nelkenwurz - Pastinak - Taubnessel - Tausendgüldenkraut - Wegwarte - Wermut

Verdauungsstörungen
(s. Durchfall, Gallenleiden, Magenstörungen)
Eiche - Erdrauch - Fieberklee - Heidelbeere - Kümmel - Minze - Nelkenwurz

Verletzungen
(s. Blutungen, Insektenstiche, Wunden)
Ackerdistel - Beinwell - Eiche - Gundermann - Hirtentäschelkraut - Johanniskraut - Kamille - Pestwurz - Schafgarbe - Walderdbeere

Vergiftungen
Eiche

Verschleimung
(s. Asthma, Atemwege, Bronchitis, Husten)
Bibernelle - Brunnenkresse - Dost - Efeu - Fichte - Gundermann - Huflattich - Kiefer - Königskerze -

Lärche - Linde - Lungenkraut - Pestwurz - Quendel - Schlüsselblume - Seifenkraut - Steinklee - Stiefmütterchen - Tanne - Taubnessel - Wasserfenchel - Wegerich

Verstauchungen
(s. Prellungen)

Verstopfung
(s. stoffwechselanregend, Verdauungsschwäche, Verdauungsstörungen)
Ampfer - Brennessel - Esche - Faulbaum - Holunder - Winde

Vitaminmangel
(s. Erkältungen, Grippe; Kräftigungsmittel)
Berberitze - Brennessel - Brombeere - Brunnenkresse - Heidelbeere - Himbeere - Hagebutte - Moosbeere - Portulak - Preiselbeere - Sanddorn - Scharbockskraut - Schlehe - Vogelbeere - Walderdbeere - Wiesenschaumkraut

Völlegefühl
(s. Magenstörungen, Verdauungsschwäche, Verstopfung)

Warzen
Efeu - Schöllkraut

Wassersucht
(s. harntreibend, Herz, Kreislaufschwäche, stoffwechselanregend)
Berberitze - Birke - Holunder - Labkraut - Löffelkraut - Mädesüß - Pastinak - Seifenkraut - Wacholder - Waldmeister - Wiesenschaumkraut

Weißfluß
(s. Frauenleiden)

Würmer
Bärlauch - Eberwurz - Kamille, strahlenlose - Knoblauchsrauke

Wunden
(s. Blutungen, Verletzungen)
Ackerschachtelhalm - Beinwell - Birke - Efeu - Ehrenpreis - Eiche - Frauenmantel - Gänsefingerkraut - Hopfen - Huflattich - Labkraut - Mädesüß - Johanniskraut - Sanikel - Schafgarbe - Schlagenknöterich - Steinklee - Vogelmiere - Wasserfenchel - Wegerich

Zahnfleischerkrankungen
(s. Blutungen, Mundschleimhautentzündungen)
Ackerschachtelhalm - Brombeere - Eiche - aufrechtes Fingerkraut, - Frauenmantel - Gänsefingerkraut - Heidelbeere - Kalmus - Kamille - Nelkenwurz - Sanddorn - Schlangenknöterich - Schlehe - Walderdbeere

Zellulitis
(s. entwässernd)
Efeu

Zuckerkrankheit
(s. Diabetes)

SAMMELKALENDER

Im Sammelkalender können Sie rasch und übersichtlich erkennen, welche Pflanzen Sie wann und wo finden und sammeln können.

Eine Erläuterung der Sammelorte finden Sie vorn in der Einleitung im Kapitel 'Standort und Verbreitung'.

○ oder ◇ = kommt auch vor

Pflanze	Sammelgut	Sammelzeit: Jan.	Feb.	März	April	Mai	Juni	Juli	Aug.	Sept.	Okt.	Nov.	Dez.	Standort: Wald	Wiese	Weg	Acker	Heide	Wasser	Heilanwendung	Verwendung in der Küche
Ackerhellerkraut	Blätter/Triebe			●	●	●	●	○	○							◈	◈				Salat, Gemüse
Ackerschachtelhalm	Sommertriebe					●	●	●									◈			Lungen, Blutungen	
Ampfer, wilder	Wurzeln			●	●					●	●	●			◈		◈			Verstopfung, Haut	
	Früchte								●	●					◈		◈			Durchfall	
Augentrost	blühendes Kraut						●	●	●	●				◇	◈					Augen, Erkältung	
Bachbunge	Blätter/Triebe					●	●	●	●	●									◈	blutreinigend	Salat, Sauce
Baldrian	Wurzel								●	●	●			◈	◈				◈	beruhigend	
Barbenkraut	Blätter	●	●	●	●					●	●	●	●			◈	◈				Salat, Gemüse
Bärenklau	Blätter				●	●	●	●	●	●	●			◈	◈						Gemüse, Bier
Bärentraube	Beeren						●	●	●	●				◈				◈			Gelee, Konfitüre
	Blätter			●	●	●								◈				◈		Harnwegsinfektionen	
Bärlauch	Blätter			●	●	●								◈						blutreinigend, Arterienverkalkung, Infektion	Knoblauchersatz Salat, Gemüse, Sauce
	Zwiebeln						●	●	●	●				◈						wie oben	wie oben
Beifuß	Blätter/Triebe							●	●							◈	◈			Verdauung, Appetitmangel	Gewürz
Beinwell	Blätter/Triebe				●	●	●	●	●					◈	◈	◈					Gemüse
	Wurzeln			●	●					●	●			◈	◈	◈				Verletzungen, Brüche	
Berberitze/Mahonie	Früchte								●	●				◈						Vitamin-C-Mangel, harntreibend	Gelee, Saft

○ oder ◇ = kommt auch vor

Pflanze	Sammelgut	Sammelzeit												Standort						Heilanwendung	Verwendung in der Küche
		Jan.	Feb.	März	April	Mai	Juni	Juli	Aug.	Sept.	Okt.	Nov.	Dez.	Wald	Wiese	Weg	Acker	Heide	Wasser		
Berberitze/Mahonie	Rinde/Wurzel			●	●							●		◈						harntreibend	
Bibernelle	Blätter/Wurzeln					●	●	●	●	●	●			◈	◈					Verdauung, Erkältung	Gewürz (Gemüse)
Birke	Blätter					●	●							◈				◈		harntreibend, blutreinigend	
	Knospen/Saft				●									◈				◈		Haut- und Haarerkrankungen	
Braunwurz	Kraut						●	●						◈						blutreinigend, Herzrhythmusstörungen	
	Wurzel										●			◈						blutreinigend, Herzrhythmusstörungen	
Brennessel	Blätter/Triebe		●	●	●	○	○							◈		◈				blutreinigend, hautreizend, Diabetes	Salat, Gemüse, Suppe
Brombeere	Früchte								●	●	●			◈						aufbauend, Vitamine	Saft, Gelee, Obst
	Blätter				●	●								◈						Durchfall, Blähungen	Haustee
Brunnenkresse	Blätter		●	●	●					●	●	●	○						◈	stoffwechselanregend	Salat
Buche	Blätter				●	●								◈							Salat, Likör
	Früchte									●	●			◈							Nüsse, Öl
Dost	Blätter						○	●	●	●					◈	◈				Erkältung, Verdauung	Gewürz Oregano
Eberwurz	Wurzel			●	●						●				◈	◈		◈		harntreibend, antibakteriell	
Efeu	Blätter				●	●	○	○						◈		◈				blutreinigend; Husten, Haut	
Ehrenpreis	blühendes Kraut					●	●							◈	◈			◈		blutreinigend	

○ oder ◇ = kommt auch vor

Pflanze	Sammelgut	Sammelzeit Jan.	Feb.	März	April	Mai	Juni	Juli	Aug.	Sept.	Okt.	Nov.	Dez.	Standort Wald	Wiese	Weg	Acker	Heide	Wasser	Heilanwendung	Verwendung in der Küche
Eiche	Früchte										●	●		◈						Durchfall, Frostbeulen, Verletzungen	Kaffee
	Rinde					●								◈						wie oben	
Engelwurz	Blätter						●	●						◈		◈					Gewürz
	Wurzel				●	●				●	●									Verdauung, Husten	Schnaps
Erdrauch	blühendes Kraut					●	●	●	○							◈	◈			blutreinigend, Leber, Galle	
Esche	Blätter/Rinde					●	●	●						◈						abführend, harntreibend	
	Früchte									●	●	●	○	◈						Einreibung	Gewürz
Faulbaum	Rinde					●	●	●		●	●			◈						abführend	
– Kreuzdorn	Früchte										●	●		◈						abführend	
Feldsalat	Blätter		●	●	●						●	●				◈	◈				Salat
Fichte	Triebe				●	●								◈						Durchblutung, Stoffwechsel	
	Nadeln	●	●	●	●	●	●	●	●	●	●	●	●	◈						Erkältung	
Fieberklee	Blätter					●	●											◈	◈	Verdauung	Magenbitter
Fingerkraut, aufr.	Wurzelstock			●	●					●	●			◈	◈			◈		Blutungen, Durchfall	
Flohknöterich	Blätter						●	●	●	●						◈	◈				Gewürz
Franzosenkraut	Blätter/Triebe					●	●	●	●	●						◈	◈				Salat, Gemüse
Frauenmantel	junge Blätter					●	●	●	○						◈	◈			◈		Mischgemüse

● oder ◇ = kommt auch vor

Pflanze	Sammelgut	Sammelzeit Jan.	Feb.	März	April	Mai	Juni	Juli	Aug.	Sept.	Okt.	Nov.	Dez.	Standort Wald	Wiese	Weg	Acker	Heide	Wasser	Heilanwendung	Verwendung in der Küche
Frauenmantel	blühendes Kraut						●	●	●	○					◈	◈			◈	Blutungen, Frauenleiden	
Gänseblümchen	Blätter/Knospen	●	●	●	●	●	●	●	●	●	●	●	●		◈					Stoffwechsel	Salat, Gemüse, Kapern
Gänsefingerkraut	Blätter					●	●	●	●						◈	◈	◈			Blutungen, Durchfall	Gemüse
	Wurzeln			●	●					●	●				◈	◈	◈			wie oben	Salat, Gemüse
Gänsefuß, weißer	junge Blätter					●	●	●	●							◈	◈				Salat, Gemüse
Geißfuß	Blätter			●	●	●	●	●	●	●				◈		◈				blutreinigend, Verdauung	Salat, Gemüse
Gundermann	Blätter/Triebe				●	●	●							◈	◈					Verdauung, Erkältung, Verletzung	Gewürz
Guter Heinrich	Blätter/Triebe				●	●										◈	◈				Salat, Gemüse
Hagebutte	Früchte									●	●			◈		◈				Vitamine, blutreinigend	Haustee, Wein, Marmelade
Haselnuß	Nüsse									●	●			◈							Nüsse
Hederich	Blätter/Triebe				●	●									◈		◈			Verdauung, Erkältung, Husten	Salat
	Wurzeln								●	●					◈		◈			Verdauung, Erkältung, Husten	wie Meerrettich
Heidelbeere	Blätter					●	●							◈				◈		Harnwegsinfektionen, Diabetes	
	Früchte							●	●					◈				◈		Durchfall, Blutungen, kräftigend (Vitamine)	Beeren, Saft, Kompott
Herzgespann	blühendes Kraut						●	●	●	●						◈				Herz	
Heublumen	Blüten div. Gräser					●	●								◈					Durchblutung, Stoffwechsel	

○ oder ◇ = kommt auch vor

Pflanze	Sammelgut	Sammelzeit Jan.	Feb.	März	April	Mai	Juni	Juli	Aug.	Sept.	Okt.	Nov.	Dez.	Standort Wald	Wiese	Weg	Acker	Heide	Wasser	Heilanwendung	Verwendung in der Küche
Himbeere	Blätter				●	●	●							◈						Durchfall, Blutungen	Haustee
	Früchte							●	●	○	○			◈						aufbauend (Vitamine)	Salat, Gelee, Obst
Hirtentäschelkraut	junge Blätter			●	●	●	●	○	○							◈	◈			Blutungen	Salat, Gemüse
Holunder	Blüten						●	●						◈		◈	◈			schweißtreibend	Sekt, Gebäck
	Beeren								●	●				◈		◈	◈			kräftigend, Nervenschmerzen	Saft, Gelee, Wein
	Blätter				●	●	●							◈		◈	◈			harntreibend, Stoffwechsel	
	Rinde		●	●	●					●	●	●		◈		◈	◈			wie oben	
– Attich	Wurzel			●	●	●				●	●			◈						harntreibend, Stoffwechsel	
Hopfen	Triebe (Sprossen)			●	●									◈					◈		Spargel, Salat
	weibl.Blüten									●				◈					◈	beruhigend, harntreibend, desinfizierend	Met, Bier
Huflattich	Blüten			●	●											◈				Husten	
	Blätter				●	●	●									◈				Husten, Asthma, Wunden, Durchfall	Gemüse, Rouladen
Johanniskraut	blüh.Kraut/Blüten						●	●	○					◈						Wunden, Nerven	
Kalmus	Wurzelstock			●	●					●	●								◈	Verdauung, Zahnfleisch	Gewürz, Magenbitter
Kamille	Blüten					●	●	●	○						◈	◈	◈			Krampf, Verdauung, Entzündung, Wunden	
Kamille, strahlenlose	blüh.Kraut/Blüten					●	●	●	●							◈	◈			Krampf, Verdauung	

○ oder ◇ = kommt auch vor

Pflanze	Sammelgut	Sammelzeit												Standort						Heilanwendung	Verwendung in der Küche
		Jan.	Feb.	März	April	Mai	Juni	Juli	Aug.	Sept.	Okt.	Nov.	Dez.	Wald	Wiese	Weg	Acker	Heide	Wasser		
Kiefer	Triebe				●	●								◈						Durchblutung, Hautreizung, Erkältung	
	Äste/Zweige				●	●	●							◈						wie oben	
	Nadeln	●	●	●	●	●	●	●	●	●	●	●	●	◈						wie oben	
	Harz			●	●	●								◈						wie oben	
Klatschmohn	Blüten					●	●								◈	◈	◈			beruhigend, Husten, Krämpfe	
Klette	Wurzel		●	●	●					●	●	●				◈				blutreinigend, Stoffwechsel, Haut & Haar	Kaffee, Gemüse
	Triebe				●	●	○									◈					Spargel
Knoblauchsrauke	Blätter/Triebe				●	●	●							◈		◈				blutreinigend, Verkalkung, desinfizierend	Gewürz, Gemüse
Kohl-Kratzdistel	Blätter			●	●	●	●								◈			◈	◈		Gemüse
	Blüten						●	●	●	●					◈			◈	◈	Verdauung	Magenbitter
Königskerze	Blüten							●	●	●						◈				Husten, harn- und schweißtreibend	
	Blätter								●	●						◈				wie oben	
Kornelkirsche	Früchte								●	●	●	○		◈		◈					Saft, Gelee
Kümmel	Früchte						●	●							◈	◈	◈			Verdauung, Milch bildend, Blähungen	Gewürz
	Wurzel				●	●									◈	◈	◈				Gewürz
Labkraut	blühendes Kraut						●	●	●	●					◈	◈				harntreibend, Krampflösend	
Lärche	Triebe				●									◈						Durchblutung, hautreizend	

○ oder ◇ = kommt auch vor

Pflanze	Sammelgut	Sammelzeit												Standort						Heilanwendung	Verwendung in der Küche
		Jan.	Feb.	März	April	Mai	Juni	Juli	Aug.	Sept.	Okt.	Nov.	Dez.	Wald	Wiese	Weg	Acker	Heide	Wasser		
Linde	Blüten						●	●						◈						schweißtreibend, Husten, Krampf	
Löffelkraut	Blätter				●	●													◈	schweiß- u. harntreibend, desinfizierend	Salat, Gemüse
Löwenzahn	Blüten				●	●	●							◈	◈	◈	◈	◈		Stoffwechsel, Verdauung, blutreinigend, harntreibend	Gemüse, Magenbitter, Honig
	Blätter		○	●	●	●	○	○	○	○	○	○		◈	◈	◈	◈	◈		wie oben	Salat, Gemüse
	Wurzeln		●	●	●					●	●			◈	◈	◈	◈	◈		wie oben	Gemüse, Kaffee
Lungenkraut	blühendes Kraut			●	●	●								◈					◈	Erkältung, Lungenerkrankung, Husten	
Mädesüß	Blüten						●	●							◈			◈	◈	harn- und schweißtreibend	
	Blätter				●	●	●								◈			◈	◈	Blutungen, Wunden	Mischsalat & Mischgemüse, Gewürz
	Wurzeln			●	●					●	●	●			◈			◈	◈	wie oben	
Malve	Blüten						●	●	●	●				◈		◈				reizmildernd, zusammenziehend	
	Blätter				●	●	●							◈		◈				reizmildernd, zusammenziehend	Gemüse, Suppe
	Früchte								●	●	●			◈		◈					Gemüse, Beilage
Melde	Blätter/Triebe					○	●	●	●							◈	◈				Salat, Gemüse
Minze	Blätter						●	●	●					◇	◈	◇	◈	◈	◈	Verdauung, Krämpfe	Gewürz, Erfrischungsgetränke
Mistel	Blätter	●	●	●							●	●	●	◈						Blutdruck, Kreislauf, Stoffwechsel	
Moosbeere	Früchte							○	●	●	○							◈	◈		Konfitüre, Obst

● oder ◇ = kommt auch vor

Pflanze	Sammelgut	Sammelzeit												Standort						Heilanwendung	Verwendung in der Küche
		Jan.	Feb.	März	April	Mai	Juni	Juli	Aug.	Sept.	Okt.	Nov.	Dez.	Wald	Wiese	Weg	Acker	Heide	Wasser		
Nachtkerze	Wurzeln		●	●	●					●	●	●				◈					Salat, Gemüse
Nelkenwurz, echte	Wurzelstock			●	●					●	●			◈						Blutungen, Entzündungen, Durchfall	Gewürz
– Bachnelkenwurz	Wurzelstock			●	●					●	●			◇	◈				◈	wie oben	wie oben
Pastinak	Blüten							●	●	●					◈						Sekt, Gebäck
	Blätter				●	●	●								◈						Gemüse
	Wurzeln									●	●	●			◈					Verdauung, harntreibend	Gewürz
Pestwurz	Blätter				●	●													◈	Husten, Wunden, harntreibend	
	Wurzelstock									●	●								◈	Krämpfe, beruhigend	
Pfeilkresse	Blätter					●	●									◈					Gewürz
	Samen							●	●							◈					Gewürz
Portulak	Blätter				●	●	●									◈	◈				Salat, Gemüse
Preiselbeere	Blätter				●	●	●							◈				◈		Harnwegsinfektionen	
	Früchte						●	●	●					◈				◈		Vitaminspender	Marmelade, Saft
Quecke	Wurzeln			●	●					●	●				◈	◈	◈			blutreinigend	zum Haustee
Queller	Kraut						●	●	●	●									◈		Salat, Gemüse
Quendel	Blätter						●	●	●	●	●				◈	◈		◈		Husten, Krämpfe, beruhigend	Gewürz

● oder ◇ = kommt auch vor

Pflanze	Sammelgut	Sammelzeit												Standort						Heilanwendung	Verwendung in der Küche
		Jan.	Feb.	März	April	Mai	Juni	Juli	Aug.	Sept.	Okt.	Nov.	Dez.	Wald	Wiese	Weg	Acker	Heide	Wasser		
Roßkastanie	Blüten					●	●							◈						Husten, harntreibend	
	Blätter				●	●								◈						Durchfall, Frostbeulen, Durchblutung	
	Früchte										●			◈						Durchfall, Frostbeulen, Durchblutung	
	Rinde		●	●	●					●	●	●		◈						Durchfall, Frostbeulen, Durchblutung	
Sanddorn	Früchte								●	●	●				◈				◈	Vitamin C	Saft, Marmelade
Sanikel	Blätter				●	●								◈						Blutung, harntreibend, Entzündung, Wunden	
	Wurzel									●	●			◈						wie oben	
Sauerampfer	Blätter				●	●	○	○	○	○	○				◈	◈				blutreinigend	Salat, Gemüse, Suppe
Schafgarbe	Blätter				●	●	●								◈	◈	◈				Gewürz, Salat
	blühendes Kraut							●	●						◈	◈	◈			Stoffwechsel, Entzündung, Krämpfe	
Scharbockskraut	Blüten/Knospen		●	●										◈	◈				◈	Vitamin C	Salat, Gewürz
	Wurzelknöllchen								●	●	●			◈	◈				◈		Gewürz
Schlangenknöterich	Blätter				●	●									◈			◈	◈		Gemüse
	Wurzeln					●	●	●	●	●					◈			◈	◈	Blutungen, Durchfall	
Schlehe	Blüten			●	●									◈						blutreinigend, Krämpfe	
	Früchte										●			◈						aufbauend, Durchfall, Blutungen	Saft, Likör, Kompott

○ oder ◇ = kommt auch vor

Pflanze	Sammelgut	Sammelzeit												Standort						Heilanwendung	Verwendung in der Küche
		Jan.	Feb.	März	April	Mai	Juni	Juli	Aug.	Sept.	Okt.	Nov.	Dez.	Wald	Wiese	Weg	Acker	Heide	Wasser		
Schlüsselblume	Blüten			●	●	●								◈	◈				◈	Husten, blutreinigend, beruhigend	
	Wurzel									●	●			◈	◈					Husten, beruhigend, hautreizend	
Schöllkraut	blühendes Kraut					●	●	●								◈	◈			Husten, beruhigend, hautreizend	
Seifenkraut	Blätter					●	●									◈				Husten, blutreinigend	
	Wurzel			●	●	●	●				●	●				◈				wie oben	
Senf, wilder	Blätter				●	●	●									◈	◈				Salat, Gemüse
Steinklee	blühendes Kraut						●	●	●	●						◈				Husten, harntreibend, Durchblutung	Gewürz
Stiefmütterchen	blühendes Kraut					●	●	●	●						◈		◈			blutreinigend, Husten	
Sumpfdotterblume	Knospen				●	●	●	●										◈	◈		Gewürz
Tanne	Triebe				●	●	●							◈						Durchblutung, hautreizend, Erkältungen	
	Nadeln	●	●	●	●	●	●	●	●	●	●	●	●	◈						wie oben	
Taubnessel	Blätter			●	●	●									◈	◈				Durchfall, Frauenleiden, blutreinigend, Hautkrankheiten	Gemüse
	Blüten/blüh.Kraut				●	●	●	●	●						◈	◈				wie oben	
Tausendgüldenkraut	blühendes Kraut						●	●	●					◈	◈					Verdauung, Drüsen	Magenbitter
Teufelskralle	Blüten					●	●	●						◈	◈						Gemüse, Suppen
	Blätter		○	○	○					●	●	○		◈	◈						Gemüse, Suppen

○ oder ◇ = kommt auch vor

Pflanze	Sammelgut	Sammelzeit												Standort						Heilanwendung	Verwendung in der Küche
		Jan.	Feb.	März	April	Mai	Juni	Juli	Aug.	Sept.	Okt.	Nov.	Dez.	Wald	Wiese	Weg	Acker	Heide	Wasser		
Teufelskralle	Wurzeln		○	○	○					●	●	○		◈	◈						Salat, Gemüse
Vogelbeere	Beeren								●	●	●	●		◈		◈	◈				Gelee, Likör
Vogelknöterich	Blätter					●	●	●							◈	◈	◈				Gemüse
	blühendes Kraut								●	●					◈	◈	◈			harntreibend, Blutungen, zusammenziehend	
Vogelmiere	Kraut				●	●	●	●	●	●					◈	◈	◈			Erkältung, Wunden	Salat, Gemüse
Wacholder	Beeren									●	●	●		◈				◈		harntreibend, blutreinigend, Husten, Einreibung	Gewürz
Walderdbeere	Blätter					●	●							◈		◈				kräftigend, entschlakkend	Obst, Saft, Bowle
Waldmeister	Kraut				●	●								◈							Bowle
	blühendes Kraut					●	●							◈						harntreibend, Krämpfe, Durchblutung, Nerven	
Wasserfenchel	Früchte								●	●									◈	Husten, Asthma	
	Blätter					●	●	●	○						◈				◈		Gewürz
Wegerich	Blätter			●	●	●	●	●	●						◈	◈	◈			Erkältung, Wunden, Haut	Salat, Gemüse, Gewürz
Wegwarte	Blätter				●	●										◈	◈				Salat, Gemüse
	Kraut						●	●	●							◈	◈			Verdauung, Leber u. Galle	
	Wurzel									●	●	●				◈	◈			Verdauung, Leber u. Galle	Gemüse, Kaffee
Weide	Rinde				●						●			◈				◈	◈	blutreinigend, Schmerzen, Fieber, Durchfall	

● oder ◇ = kommt auch vor

Pflanze	Sammelgut	Sammelzeit												Standort						Heilanwendung	Verwendung in der Küche
		Jan.	Feb.	März	April	Mai	Juni	Juli	Aug.	Sept.	Okt.	Nov.	Dez.	Wald	Wiese	Weg	Acker	Heide	Wasser		
Weidenröschen	Triebe/Blätter					●	●	●	●	●				◈	◈						Salat, Gemüse, Haustee
Weißdorn	Blüten					●	●							◈		◈				Herz, Blutdruck, beruhigend	
	Blätter				●	●	●							◈		◈				wie oben	Gemüse, Salat
	Früchte									●				◈		◈				wie oben	zu Gelees
Wermut	Blätter/blüh.Kraut							●	●	●						◈	◈			Verdauung, Galle	Gewürz, Magenbitter
Wiesenbocksbart	Blätter/Triebe				●	●	●								◈	◈					Gemüse, Salat
	Wurzeln									●	●				◈	◈					Gemüse, Salat
Wiesenknopf	Blätter			●	●	●	●	●	●	●	●				◈	◈		◈	◈	Blutungen	Gewürz
Wiesenschaumkraut	Blätter/Triebe			●	●	●								◈	◈					blutreinigend	Salat
Wildkirsche	Früchte						●	●						◈						Vitamine, kräftigend	Sirup, Likör, Obst
	Fruchtstiele						●	●						◈						harntreibend	
Winde	blühendes Kraut						●	●	●							◈	◈			Verstopfung	
	Wurzel			●	●					●	●					◈	◈			Verstopfung	
Wolfstrapp	blühendes Kraut							●						◈					◈	Schilddrüse	

DIE GROSSEN FAMILIEN

Pflanzen, die der gleichen Familie angehören, weisen oft ein sehr ähnliches Wirkungsspektrum auf und sind auch in der Küche ähnlich zu verwenden. Die meisten der heutigen Kulturpflanzen im Obst-, Gemüse- und Salatanbau stammen ebenfalls nur aus einigen wenigen Familien.

Aus der folgenden kurzen Übersicht können Sie diese Zusammenhänge ersehen.

Doldenblütler

Bärenklau, Bibernelle, Engelwurz, Geißfuß, Kümmel, Pastinak Sanikel, Wasserfenchel; zahlreiche Gewürze (Petersilie, Dill, Kerbel, Fenchel, Anis, Sellerie), aber auch einige höchst giftige Pflanzen (Wasser- und gefleckter Schierling, Hundspetersilie)

Ätherisches Öl: verdauungsfördernd, gegen Erkältung

Enziangewächse

Fieberklee, Tausendgüldenkraut

Bitterstoffe: verdauungsfördernd

Gänsefußgewächse

Gänsefuß, Guter Heinrich, Melde, Queller. – Futter- und Zuckerrüben, Rote Beete

Gräser

Heublumen, Quecke und alle Getreidearten

Wichtigste Stärkelieferanten

Heidekrautgewächse

Bärentraube, Heidelbeere, Moosbeere, Preiselbeere, aber auch einige giftige Pflanzen (Rauschbeere, Alpenrose, Rhododendron)

Kieferngewächse

Fichte, Kiefer, Lärche, Tanne und, als weitläufiger Verwandter, der Wacholder

Harze, ätherisches Öl: hautreizend, durchblutungsanregend

Knöterichgewächse

Ampfer, Flohknöterich, Sauerampfer, Schlangenknöterich, Vogelknöterich, Wasserpfeffer – Rhabarber, Buchweizen

Gerbstoffe, Oxalsäure

Korbblütler

Ackerdistel, Beifuß, Eberwurz, Franzosenkraut, Gänseblümchen, Huflattich, Kamille, Klette, Kohlkratzdistel, Löwenzahn, Pestwurz, Schafgarbe, Wegwarte, Wermut, Wiesenbocksbart; zahlreiche Salate (Kopfsalat, Endivien, Chicorée)

Inulin, Bitterstoffe und ätherisches Öl: verdauungsfördernd, krampflösend

Kreuzblütler

Ackerhellerkraut, Brunnenkresse, Hederich, Hirtentäschelkraut, Knoblauchsrauke, Löffelkraut, Pfeilkresse, Senf, Wiesenschaumkraut; unsere Kohlpflanzen, Raps, Steckrüben u.a.

Scharfe Senföle: appetitanregend, verdauungsfördernd, hautreizend

Liliengewächse

Bärlauch; die verschiedenen Zwiebelarten (Zwiebel, Knoblauch, Schnittlauch, Porree), aber auch Giftpflanzen (Maiglöckchen, Einbeere) und viele Zierpflanzen.

Scharfe Lauchöle: appetitanregend, fäulniswidrig

Lippenblütler

Dost, Gundermann, Herzgespann, Minze, Quendel, Taubnessel, Wolfstrapp; viele Gewürze (Majoran, Thymian, Bohnenkraut, Oregano)

Ätherisches Öl: appetitanregend und krampflösend

Mohngewächse

Erdrauch, Klatschmohn, Schöllkraut; Giftpflanzen (Schlafmohn)

Alkaloide: krampflösend, beruhigend

Nachtschattengewächse

Wichtige Nahrungslieferanten wie Kartoffel, Tomate, Paprika Aubergine - hier sind aber nur Giftpflanzen heimisch (Tollkirsche, schwarzer und bittersüßer Nachtschatten, Bilsenkraut, Stechapfel).

Alkaloide mit krampflösender Wirkung

Nelkengewächse

Seifenkraut, Vogelmiere

Saponine: schleimlösend, entwässernd

Rachenblütler

Augentrost, Bachbunge, Braunwurz, Ehrenpreis, Königskerze

Die meisten Rachenblütler sind mehr oder weniger giftig, viele enthalten herzwirksame Glykoside (Fingerhut): schleimlösend, entzündungswidrig, wassertreibend

Rauhblattgewächse

Beinwell, Lungenkraut

Schleim, Allantoin: reizmildernd, wundheilend

Rötegewächse

Labkraut, Waldmeister, Kaffee!

Viele enthalten Cumarin, das chemisch mit dem Koffein verwandt ist: durchblutungsanregend, entwässernd

Rosengewächse

Brombeere, Fingerkraut, Frauenmantel, Gänsefingerkraut, Himbeere, Hagebutte, Mädesüß, Nelkenwurz, Schlehe, Vogelbeere, Walderdbeere, Weißdorn, Wildkirsche; die meisten unserer Obstarten (Apfel, Birne, Kirsche, Erdbeere, Pflaume, Pfirsich, Aprikose, Mirabelle), d.h. viele Pflanzen mit eßbaren Früchten.

Fast alle enthalten viel Gerbstoffe: blutstillend, zusammenziehend

Schmetterlingsblütler

Steinklee; die Hülsenfrüchte (Bohne, Erbse, Linse)

Große Mengen pflanzlicher Eiweißstoffe

LITERATURVERZEICHNIS

Aichele: Was blüht denn da? Stuttgart 1973

Der Apotheker-Praktikant, Stuttgart 1967

Braun: Heilpflanzenlexikon, Stuttgart 1968

Brendler: Heilpflanzen / herbal remedies, on disc Berlin 1996

Brown: Tassajara-Kochbuch, Freiburg 1975

Davidis: Neuestes Kochbuch für alle Stände, Reutlingen ca. 1890

Deutsches Arzneibuch mit Europäischem Arzneibuch, 10. Ausg. Kommentar, Stuttgart 1996

Fahrenkamp: Wie man eyn teutsches Mannsbild bey Kräfften hält, München 1975

Fukuoka: In Harmonie mit der Natur, Schaafheim 1988

Garcke: Illustrierte Flora, Berlin und Hamburg 1972

Gemüseanbau auf naturgemäßer Grundlage, Fulda o.J.

Gerhard: Moderne Kräuterkunde, Bad Homburg 1961

Hagers Handbuch der pharmazeutischen Praxis, 10 Bände, Berlin 1990-95

Helm: Feld-, Wald- und Wiesenkochbuch, München 1978

Heyne Kräuterbuch, München 1968

Heyne, Die vegetarische Küche, München 1968

Hoppe: Taschenbuch der Drogenkunde, Berlin 1981

Karsten/Weber/Stahl: Lehrbuch d. Pharmakognosie, Stuttgart 1962

Das echte Kneipp-Kochbuch. Wörishofen 1897/München 1978

Kommission E (Phytotherapie): Monographien. Bundesanzeiger

Kreuter: Der biologische Garten, München 1977

Kölbl: Kräuterfibel, Grünwald 1961

Lamprecht: Kochbuch für drei und mehrere Personen, München 1922

Landmann: Koschere Kostproben, Rüschlikon/Zürich 1964

Lichtenstern: Wildgemüse, München 1972

Loewenfeld-Back: Kräuter in der Küche, Frankfurt/Berlin 1967

Mabey: Bei der Natur zu Gast, Köln 1978

Makrobiotische Ernährungslehre nach Ohsawa, Heidelberg 1965

Messegue: Die Natur hat immer recht, Wien/München/Zürich 1972

Meyer-Berkhout: Würzige Kräuterküche, München 1972

Pelt: Pflanzenmedizin, München 1983

Rauch: Heilung der Erkältungs- und Infektionskrankheiten durch natürliche Behandlung, Heidelberg 1971

Rothmaler: Exkursionsflora von Deutschland, Jena, Stuttgart 1994

Schanderl/Koch: Fruchtweinbereitung, Stuttgart 1939/1972

Schmeil-Fitschen: Flora von Deutschland, Heidelberg 1968

Schönfelder/Fischer: Welche Heilpflanze ist das? Stuttgart 1976

Seifert: Ackern, Gärtnern ohne Gift, München 1971

Standardzulassungen für Fertigarzneimittel Stuttgart 1996

Wegleitung zum biologischen Gartenbau, Gais 1971

Wichtl (Hrsg.): Teedrogen und Phytopharmaka, Stuttgart 1997

Willfort: Gesundheit durch Heilkräuter, Linz 1959

STICHWORT-REGISTER

– A –

– B –

–C–

–D–

–E–

—F—

—G—

–H–

—I—

—J—

—K—

–S–

–T–

–U–

–V–

–W–

–Z–

Eric Meyer (Hrsg.)

Das große Handbuch der Homöopathie

Ein Ratgeber für die ganze Familie

Festeinband, 322 Seiten
ISBN-10: 3-7205-2422-1
ISBN-13: 978-3-7205-2422-3

Die Homöopathie bietet ungeahnte Möglichkeiten, um die Gesundheit zu erhalten oder wiederherzustellen. Mit ihrer Hilfe lernen Sie Ihren Körper und seine Funktionen besser kennen, seine Signale verstehen, die Symptome Ihrer Beschwerden und Erkrankungen richtig deuten! Die vielfältigen Chancen der Selbstbehandlung, die die Homöopathie mit ungefährlichen und wirkungsvollen Heilmitteln bietet, können Sie in diesem Handbuch von Fall zu Fall nachschlagen, um sich und Ihren Angehörigen zu helfen. Über 300 Krankheiten, chronische Leiden, Symptome und Beschwerden werden erklärt und die gezielt anzuwendenden homöopathischen Mittel umfassend beschrieben.

IRISIANA

Dr. Leonhard Hochenegg und Anita Höhne

Heiltees

Wundermittel der Natur

144 Seiten, Broschur
ISBN 3-7205-2454-X

Vorbeugen und Teetrinken!
Ob Herz-Kreislaufprobleme, Hauterkrankungen oder grippaler Infekt: Für fast jedes körperliche Leiden oder Befinden gibt es ein passendes Gegenmittel. Anita Höhne und Dr. Leonhard Hochenegg stellen in ihrem übersichtlichen Ratgeber die wichtigsten Heiltees und ihre Rezepturen vor. Mit Hilfe dieser Elixiere lassen sich Krankheiten und Beschwerden lindern sowie Wohlbefinden und Lebenskraft fördern. Ideal für alle, die Ihre Gesundheit auf natürliche Weise fördern wollen!

IRISIANA